未名创新

全国高职高专规划教材·旅游系列

旅游写作实务

主编 李展

副主编 雷鸣 蔡黎

北京大学出版社
PEKING UNIVERSITY PRESS

内 容 简 介

本书比较全面地吸收和借鉴了旅游写作的前沿知识，立足旅游行业文职岗位，对接旅游行业实际写作技能需求，以为旅游行业培养出色的文职人员为目标，采用任务驱动的模式进行编写。本书打破了传统教材的编写模式，新颖独特，突出能力培养，体现高职特色。在编写体例和内容上具有较大的创新性、领先性和实用性。

本书共分 8 个模块，分别从旅游写作基本知识、旅游行政文书、旅游事务文书、旅游契约文书、旅游宣传文书、旅游礼仪文书、旅游法律文书、职场文书等方面解析了旅游业常用的文种写作知识。本书突出实训特色，精选了近年来优秀的写作案例作为例文，并配以评析，有助于学习和借鉴。

本书可作为高职高专旅游类专业及其他相关专业的教材，也可作为旅游从业人员的参考用书，供广大在职人员自学或进修。

图书在版编目（CIP）数据

旅游写作实务/李展主编．—北京：北京大学出版社，2011.9

（全国高职高专规划教材·旅游系列）

ISBN 978-7-301-19353-2

Ⅰ．①旅…　Ⅱ．①李…　Ⅲ．①旅游—应用文—写作—高等职业教育—教材　Ⅳ．①H152.3

中国版本图书馆 CIP 数据核字（2011）第 160401 号

书　　名：旅游写作实务
著作责任者：李　展　主编
策 划 编 辑：李　玥
责 任 编 辑：李　玥　周　励
标 准 书 号：ISBN 978-7-301-19353-2/G · 3203
出　版　者：北京大学出版社
地　　址：北京市海淀区成府路 205 号　100871
网　　址：http://www.pup.cn
电　　话：邮购部 62752015　发行部 62750672　编辑部 62765126　出版部 62754962
电 子 信 箱：zyjy@pup.cn
印　刷　者：河北滦县鑫华书刊印刷厂
发　行　者：北京大学出版社
经　销　者：新华书店
　　　　　787 毫米×1092 毫米　16 开本　18.75 印张　458 千字
　　　　　2011 年 9 月第 1 版　2011 年 9 月第 1 次印刷
定　　价：35.00 元

前　言

近年来，随着生活水平的不断提高，外出旅游的人越来越多。每逢节假日，各大景点人流涌动，人满为患。人们的出行需要折射到行业中，直接的效应就是带动了旅游业的迅猛发展。而旅游业的发展，离不开大量的从业人员。面对社会的需求，近年来各高校相继开设了旅游类专业。一时间，旅游类专业方兴未艾，招生火爆。

作为旅游类专业的教学工作者和建设者，笔者一直高度关注旅游行业的切实需求和高校的教学实况，特别是架设在两者之间的桥梁——教材建设情况。毫无疑问，近年来旅游类专业的教材如雨后春笋，纷纷破土面世。这对高校教学无疑起到了至关重要的作用。但是，经过广泛的调查研究，笔者发现，就写作方面的教材来说，可谓凤毛麟角，少之又少。很多老师面临着没有专门的旅游写作教材可用的尴尬。因而不得不选用应用文写作一类的教材。而应用文写作教材，在内容上远离旅游业，缺乏针对性，往往在教学中给教师带来诸多不便；同时，因为缺乏适用性和实用性，对学生以后就业时的指导意义不大。鉴于此，笔者在广泛征求旅游从业人员意见的基础上，拟定了本书的编写大纲，并联系了一批从事旅游写作教学的教师，编写了此书。

本书具有以下几个鲜明的特点。

一是在旅游写作实务教材建设方面，具有领先性。目前，市面上所见到的旅游应用文写作教材，多以应用文写作为基础；而本书在讲解应用文写作的同时，兼顾了旅游基础写作、法律文书写作等常用的旅游写作文体，在内容上具有丰富性和全面性，在编写思路上具有超前性和领先性。

二是在贴近旅游行业实际方面，具有紧密性。本书立足旅游行业的现实需求和岗位需求，并以此为出发点，讲授理论，展开训练。全书共选取旅游业常用的 51 个文种，进行深入分析和训练。书中的案例均来自旅游从业实践，这确保了知识体系与未来岗位实际的紧密衔接，可以让学生“未入企业门，先知企业事，先学企业文，先做企业人”，与旅游行业实现零距离对接。

三是在编写体例上的任务驱动模式，具有开创性。本书一改传统的应用文写作教材的编写模式，采用任务驱动模式编写。每一个任务，均以“写作任务”入手，突出实践性；“相关知识”、“任务实施”在讲授理论知识的同时，配以“写作提示”，指导教师教学和学生写作；“任务评估”以专业标准来检验完成任务的质量，对理论学习和写作实践起到升华作用；“例文评析”精选例文，加以点评，用于借鉴和参考；“文体实训”精心设计实训项目，用于进一步提高。总之，本书力图达到“学中练，练中学，学练合一，学练相融”的目的。

本书由李展担任主编，提出编写大纲，组织来自于高等院校旅游类专业教学第一线、具有丰富教学经验和工作实践经验的专业教师编写。具体的编写分工为：模块一、模块七、模块八由康新慧（河南商业高等专科学校）编写，模块二由蔡黎（郑州铁路职业技术学院）编写，模块三、模块六由王静（中州大学）编写，模块四由李展（郑州铁路职业技术学院）编写，模块五由雷鸣（郑州牧业工程高等专科学校）编写，并由李展统稿和修正。

本书在编写过程中，参考了大量的文献资料，吸收了最新的研究成果，特别是援引、借鉴、改编了大量的案例和训练素材。为了行文方便，对于所引成果及材料未能在书中一一注明。在此，笔者向有关作者一并表示感谢和致敬。

由于学识、时间等因素，教材中错漏之处肯定犹存，诚恳地期望各位专家、同人，以及使用本书的广大师生，提出真诚而宝贵的意见和建议，使之有机会修订时更趋完善。

编　者

2011 年 4 月 8 日

目　录

模块一　旅游写作基本知识 1
任务 1　掌握旅游写作的主题和材料 1
任务 2　掌握旅游写作的结构 4
任务 3　掌握旅游写作的表达方式和语言 7
模块二　旅游行政文书 11
任务 1　撰写决定 11
任务 2　撰写通知 17
任务 3　撰写通报 24
任务 4　撰写报告 31
任务 5　撰写请示 39
任务 6　撰写批复 45
任务 7　撰写意见 50
任务 8　撰写函 56
任务 9　撰写会议纪要 60
模块三　旅游事务文书 68
任务 1　撰写计划 68
任务 2　撰写总结 75
任务 3　撰写讲话稿 84
任务 4　编发简报 91
任务 5　撰写调查报告 97
任务 6　撰写规章制度 105
任务 7　制作海报 111
任务 8　撰写启事 116
任务 9　制发传真 120
模块四　旅游契约文书 124
任务 1　撰写合同 124
任务 2　撰写意向书 132
任务 3　撰写询价函 138
任务 4　撰写报价函 144
任务 5　撰写招标书 147
任务 6　撰写投标书 154
模块五　旅游宣传文书 160
任务 1　撰写旅游指南 160
任务 2　撰写导游词 165
任务 3　撰写旅游广告 173
任务 4　撰写旅游商品说明书 179
任务 5　撰写消息 185
任务 6　撰写通讯 191
任务 7　撰写旅游宣传片解说词 198
任务 8　撰写旅游营销策划书 204
模块六　旅游礼仪文书 212
任务 1　撰写邀请信 212
任务 2　撰写感谢信 217
任务 3　撰写贺信（电） 222
任务 4　撰写欢迎词 228
任务 5　撰写欢送词 233
模块七　旅游法律文书 238
任务 1　撰写起诉状 238
任务 2　撰写上诉状 244
任务 3　撰写申诉状 253
任务 4　撰写答辩状 261
模块八　职场文书 269
任务 1　撰写个人简历 269
任务 2　撰写求职信 276
任务 3　撰写竞聘演讲稿 281
任务 4　撰写述职报告 286
主要参考文献 294

模块一

旅游写作基本知识

任务1 掌握旅游写作的主题和材料

旅游写作是各旅游单位、部门、从业人员之间与其他行业的单位、部门、从业人员之间进行旅游服务、管理、经营等工作时所使用的各类文体的总称，被广泛应用于宾馆、酒店、旅行社、景区和旅游管理机关，带有明显的行业特色。

旅游写作是写作学的一个分支，由于其具有较强的实用性，因而它更多地包含着应用文写作的内容。

旅游写作涉及的门类非常广泛，不但包括旅游行政文书、旅游事务文书、旅游契约文书、旅游法律文书、求职文书等旅游业从业人员在日常工作、生产、学习和生活中办理公私事务、交流信息、解决具体问题时经常使用的应用文体，还包括旅游宣传文书等针对性强、形式较为灵活自由、行业特点明显的专门性应用文体。

任何文章都是由内容和形式组成的，旅游写作也不例外。构成文章内容的要素是主题和材料，构成文章形式的要素是结构和语言。

一、主题

（一）主题的含义

主题又叫主旨，是作者在文章中通过各种材料所表达的中心意思和基本观点，它反映了作者在讲述道理或反映生活时对客观事物的认识、态度和评价。旅游写作的主题，是事物的客观意义和作者对事物的主观评价在文章中的高度统一，它统帅全篇，贯穿于内容的始终。

（二）主题的作用

主题是文章的灵魂和统帅，决定着文章的得失成败，决定、影响、制约着文章的其他要素。

（三）主题的来源

旅游写作的大多数门类，如旅游行政文书、旅游事务文书、旅游契约文书、旅游法律文书、职场文书等具有“主题先行”的特征。即在动笔之前，先确立写作的目的、观点、原则，然后再组织材料、构思布局、选择结构、规范表达。主题的确定，离不开以下三个方面。

1．根据实际需要，即实际工作需要和实际材料。

2．根据马列主义的基本原理和党的路线、方针、政策。旅游写作要从全局、整体的角度出发，其主题不能违背党和国家的大政方针。

3．根据领导意图。大多数旅游应用文都是由执笔者按照相关领导的指示、意见进行撰写的，所以在动笔之前一定要清楚领导的意图、目的。

（四）主题的特点

正确、集中、鲜明、深刻、新颖是对旅游写作主旨的基本要求，也是确立旅游写作主旨的原则。

1．正确。正确是指文章的思想观点要符合国家的方针、政策、法律、法规和事物的本质属性，能够对实际工作中亟待解决的问题提出科学、合理的指导意见和具体措施，揭示事物发展的规律，表达健康的感情，以促进旅游事业的进行、工作的发展和美好情操的培养。主题正确是对旅游写作最基本的要求。

2．集中。集中就是旅游写作中特别是一些旅游应用文写作中，一篇文章只能有一个主题，不能多中心、多主题。

3．鲜明。鲜明是指作者的基本态度、文章的基本思想要十分明确，毫不含糊。旅游文学、旅游宣传文书相比其他旅游写作的门类，主题表达可以含蓄。

4．深刻。深刻是指在主题正确的基础上，还要有思想深度，要能够透过现象抓住本质，反映和提示客观事物的客观规律。

5．新颖。新颖是指主题要有新意，所反映的作者的观点、感受、主张、意见，要不落俗套，有自己的独特性，给人以新鲜醒目之感，使人耳目一新。

（五）主题的表现方法

陆机在《文赋》中说："立片言而居要，乃一篇之警策。"这就是说，写作中要把精辟概括、明确简练的"片言"放在醒目位置，以凸显主题。常见的主题表现方法有以下几种方式。

1．题中见意。即在文章标题中直接点明主题。

2．开宗明意。即在文章或每一段的开头部分用一句或几句话亮出观点、点明主题，然后再逐步展开阐述。

3．文中点意。即在行文到某一部分时引出主要论点或中心思想。

4．篇末结意。即在文章的结尾处，用简明扼要的语言归纳、点明写作的主题。

5．对比法。即通过情感上的抑扬对比和用笔的疏密详略突出主题。

需要指出的是，这几种方法并非截然分开、彼此孤立。在具体行文时，往往是综合使用的，既开头点题，又文中照应，结尾重复，做到上下呼应，首尾融合。

二、材料

（一）材料的含义

材料，是指作者为了某一写作目的，从生活、工作中收集、摄取以及写入文章中用以说明主旨的全部事实和观点。

（二）材料的作用

“巧妇难为无米之炊”，写文章也是如此。材料是写作活动的基础，是构成文章的一个基本要素。写作的过程，就是作者将各式各样的原始材料进行分析、提炼、综合加工的过程。有了切实、充分、具体的材料，构思才有依托，剪裁加工才有对象，写作活动才得以进行。

材料的作用有二，一是确立主题，材料是形成观点的基础；二是表现主题，材料是论证观点的支柱。

（三）材料的搜集与整理

1．搜集材料的要求

搜集材料首先要着眼于一个“博”字，要尽最大可能地占有广泛的材料；其次要着眼于一个“透”字，深入、透彻，领会、吃透材料的意义和价值；还要着眼于一个“细”字，要耐心、细致，发现别人容易忽视、疏漏的细节。

2．材料的种类

从不同的角度，材料可以划分出以下不同的种类。

（1）从时间上分，有现实材料和历史材料。

（2）从性质上分，有感性材料（事实、数据）和理性材料（理论依据）。感性材料指实际发生的事实、情况部分，理性材料则指党和国家领导人的讲话与指示，党和国家的方针、政策、法令、法规和有关的文件，本单位制定与颁发的规章制度及文件等。

（3）从范围上分，有概貌材料和典型材料。

（4）从内容上分，有正面材料和负面材料。

（5）从获取途径分，有直接材料和间接材料。

（6）从重要性上分，有主要材料和次要材料。

3．获取材料的方法

（1）直接获取。直接获取的方法有以下三种。

① 观察法。即作者凭借自己的感觉对对象进行有目的、有计划、比较持久的感知、记录所得的材料，它包括总体观察、细节观察、比较观察、过程观察等方法，这是取得第一手材料的主要途径。

② 实践法。即在日常生活、工作实践中通过亲身体验，积累素材、获取材料，其特点是将自己置于对象所处的环境之中，进行亲身感受，其所取得的材料由于“亲历性”而具有重要价值。

③ 调查法。即从事发现场及知情者那里直接获取材料。它既可以通过向知情人询问、访谈了解、获得材料，也可以采用开座谈会、个别访问、现场了解、蹲点调查、问卷调查等方法有目的、有计划地采集、拓展第一手和第二手的材料。

（2）间接获取。间接获取就是通过广泛阅读、报刊剪贴、复印、录音、录像、计算机检索等手段来获取资料，这是获得第二手资料的主要途径。

4．材料的整理

材料积累到一定数量，就要建立起自己的资料库、数据库，对材料进行分门别类的整理，使之系统化、条理化。材料整理就是对材料进行识别、整理。其主要方法如下所示。

（1）鉴别。鉴别材料贵在“精”，要对搜集到的大量材料进行相互对照、分析识别，对间接材料要进行查证核实，认清材料的性质、判断材料的真伪、分析材料的意义、掌握材料的作用，在此基础上确定取舍，确保材料的真实有效。

（2）分类。将杂乱无章的材料进行归类，根据材料内容和性质，将其分成不同门类，使之条理化、系统化。

（3）分析。对材料的分析有三种类型：部分分析、阶段分析和层次分析。部分分析是对事物各部分和属性的研究分析；阶段分析是对事物发展的某一个阶段的分析研究；层次分析是对事物进行由浅到深、由表及里、由现象到本质的分析研究。

（4）综合。即把事物的各个部分，或不同方面、不同特征结合起来，形成统一、整体认识的思维过程。它与分析是相互纠结、包容在一起的，不存在纯粹的分析或综合。分析的目的是为了综合，综合建立在分析的基础之上。

（四）材料的选择和使用

1．选择材料的原则是：真实、丰富、典型、实用、新颖。

2．使用材料的原则是：围绕主题，确定详略；量体裁衣，决定取舍；条理清晰，排好顺序；全面使用，力避单一；正确运用数字材料。

旅游写作在使用材料时，通常采用三种方法：一是先亮观点，后举材料；二是先举材料，后亮观点；三是边举材料，边亮观点。

任务 2　掌握旅游写作的结构

一、结构的含义

结构又称谋篇布局，是文章的组织方式和内部构造，它是作者按照主题的需要，对材料进行的有机组合和编排，是文章部分与部分之间、部分与整体之间的内部联系和外部形式的统一。

旅游写作的结构具有两重含义：一是宏观结构，即文章的总体构思、大体框架；二是微观结构，即对文章的层次、段落、开头、结尾、过渡、照应和主次的具体设计。结构既是文章内容的重要表现形式，也是作者思路在文章中的具体表现。

二、结构的特点

（一）规范性

规范性是旅游应用文在外在格式上的显著特点，是指这些文种有着大致相同或相似的格式或写法。这种规范性在旅游行政文书的写作中表现为“法定格式”，因为《国家行政机关公文处理办法》已对公文格式进行了明确规定。而旅游事务文书、旅游契约文书、旅游法律文书则有着“约定俗成”的结构方式，采用的是相对固定的惯用格式。

（二）条理性

条理性是旅游写作内在结构要素的主要特点，它要求在写作时必须有严密的思路，要注意首尾前后照应、过渡衔接自然、段落层次严谨，反映并符合客观事物的逻辑规律和人们认识事物的客观规律。

（三）条款性

旅游应用文书在结构上体现出非常明显的条款性。根据实际工作的需要，它们经常采用分条列项的结构方式，将相关内容一一写明，这样便于理解、执行和监督制约，规章制度、计划、合同等通常采用这种方式。

规范性、条理性和条款性是针对旅游写作中的应用性文书而言的，它们在写作时不求新奇，结构上具有公式化、模式化的特征，以便更好地理解、把握和处理。而旅游宣传文书和旅游文学在格式上则没有过于严格、规范的要求，不但不需要任何固定格式，还应力求新颖独特。

三、结构的基本要素及模式

旅游写作的结构包括标题、开头、结尾、层次、段落、过渡、照应等。

（一）标题

标题是文章的眼睛和窗口。好的标题能起到画龙点睛、使人一见钟情的作用。标题可分为以下两种形式。

1. 公文式标题。由发文单位、内容和文种三部分构成。这种标题比较程式化，表达平实、主旨鲜明，让人一目了然。

2. 文章式标题。即根据文章内容和文体特点，灵活运用各种语言表达形式拟出的标题，包括单标题和双标题两种形式。单标题要么陈述事实，要么显示结论，一般是准确、简要反映文章的核心内容、中心观点或主要问题。双标题的正题揭示文章的主要内容或基本观点，副标题对正标题进行补充。

（二）开头

常见的开头方式有以下几种。

1. 概述情况式。就是在开头部分对文章内容的背景、基本情况、主要内容加以简明扼要的概括叙述。采用这一方式，能起到提纲挈领的作用。

2. 阐明观点式。即在文章开篇便点明作者的基本观点、态度和看法，或者把结论放在文章开头，先入为主，然后展开论述，引起下文。

3. 原因根据式。即在文章开头说明行文的原因、目的或依据。常以“根据”、“按照”、“遵照”、“由于”、“因”、“鉴于”、“为”、“为了”等词提领全文。

4. 援引公文式。常用于有具体规定格式的文体中，如批复、函等旅游行政文书，或引述下级来文、上级指示精神，或援引有关政策法规，作为撰文的依据。

5. 提问式开头。先提出问题，然后引出下文。这种开头方式能引起读者的注意和思考。

6. 议论式开头。即开头用议论的方式表达作者看法和观点，提领全文。

旅游宣传文书的开头常常不拘泥于形式，灵活入题。

（三）结尾

结尾是全文的自然收束和顺势终结，能帮助读者加深认识，把握全篇，达到预期的写作目的。常见的结尾方式有以下几种。

1. 总结式。指在主体写完后，对全文主旨进行简要的概括和重申，点明主题、总结全文，加深读者的印象和理解。总结、调查报告等旅游事务文书多采用这种方式。

2. 期请式。即在结尾处针对文件内容写几句期望、请求性的话，请求指示、批准或指导。请示、报告、函等旅游行政文书常用这种方式。

3. 建议式。对采集、调查和研究的问题提出明确的意见或建议。

4. 启示式。即在结尾处提出问题引起人们的思考，以拓展文章的深度或加深读者印象。

5. 号召式。就是在结尾部分指出事物的发展趋势和前景，提出希望，发出号召，展望未来，以鼓舞斗志。旅游行政文书中的决定、通报、会议纪要多采用此种方式。

6. 说明式。对与主体内容有关但性质不同的问题或事项做补充交待、说明，以保证文章内容的完整性。

7. 固定式。部分旅游行政文书和旅游事务文书有相对固定的结尾用语，如报告结尾的“特此报告”，请示结尾的“以上请示，请批复”，函的结尾“特此函达”等。这种方式要求平时注意积累，才能做到正确使用。

（四）层次和段落

1. 层次段落的含义

层次是文章中作者表达主题的阶段，是文章内容展开的次序和步骤。层次作为事物发展的阶段，问题的各个侧面和作者思维进程在文章中的具体表现，又被称为“意义段”、“逻辑段”、“结构段”等。

段落，又称“自然段”，是组成文章、表达思想最基本、相对独立的最小单位，它是层次的再分割，是文章意思的间歇或转换，以换行另起作为标志。

层次和段落有明显的区别，层次侧重于文章内容的划分，段落侧重于文字形式的表现。一般说来，段落表现层次，层次大于段落。往往几个段落表现一个层次，有时一个段落恰好是一个层次，有时一个段落内有几个层次，但这种情况比较少见。

2. 安排层次的三种模式

（1）横式层次结构。即思维横向发展的结构方式，这是根据说明主旨的各部分内容是平等的、并列的关系来安排层次和段落的方法，包括并列式和总分式两种类型。前者是把整体划分为若干层次，各层次之间互不交织、平等并列，从不同方面和角度共同揭示事物的整体面貌和主旨。后者是围绕一个中心进行辐射展开，或先总后分，或先分后总，或采用“总—分—总”式结构。职场文书中的述职报告，旅游事务文书中的调查报告、总结等通常采用这种结构形式。

（2）纵式层次结构。即思路纵向展开的结构方式，这是根据说明主旨的各部分内容，或者按照事情发展过程的先后顺序，或者按照事理内涵的逐层深入安排层次和段落的方法。纵式层次结构包括时间顺序式和逻辑顺序式两种类型。时间顺序式是以时间先后为序，按照事物发生、发展的过程安排层次。内容单一、叙事性强的文种常采用这一方式。采用这种结构方式时，注意抓住事物发展的关键环节，不能事无巨细地记流水账。逻辑顺序式是按照事理内在的逻辑顺序或对事情的认识过程安排层次。这种逻辑关系表现为：现象—本质，原因—结果，宏观—微观，个别—一般，叙事—说理—议论，提出问题—分析问题—解决问题等，层层推进，步步深入。旅游行政文书中的请示、报告等文种通常采用这种结构形式。

（3）纵横结合式层次结构。纵向推进和横向展开在旅游写作中并没有截然分开，而是往往结合在一起的，从而形成纵横交叉、经纬结合的结构形式。纵横结合式层次结构既能够使有关材料更充分地为表达主旨服务，又可以使文章的层次和段落安排显出变化，增强其逻辑美感和可读性。它适用于内容复杂、篇幅较长、层次较多的文种，如旅游行政文书中内容较为复杂的报告就可以采用这种形式。

3．段落设置的原则

设置段落，能使文章眉目清楚、层次结构明晰，既有利于写作者有条理地表达内容，又便于读者进行阅读和理解。段落设置要遵循单一、完整、有序、合理的原则。

单一是指每段只能有一个意思，不能将其他意思混杂其中。完整是指在一段内要把一个意思说得完全透彻，不能将其游离于其他段落。有序是指段内句子与句子之间、段与段之间要相互衔接，具有连贯性和逻辑性。合理是指段落设置要长短适度，匀称得当。

（五）过渡

过渡指文章层次或段落之间的衔接与转换，在文章中起着承上启下、穿针引线的作用。一般情况下，当内容由总到分或由分到总、意思转换以及表达方式变化时，需要安排过渡。

过渡的形式有多种，常用的有关联词语过渡、句子过渡、段落过渡、设置伏笔等。

（六）照应

照应指文章前后、上下之间的关照和呼应，也就是说，前面埋下的伏笔、设置的悬念，后面要有所呼应；后面所写的内容，前面要有暗示和交待。照应不但可以使文章结构周密严谨，浑然一体，还能使某些关键内容得到强调，突出主题。

常用的照应方法有文题照应、首尾照应、前后照应等。

任务3　掌握旅游写作的表达方式和语言

一、表达方式

（一）表达方式的含义

表达方式是表述特定内容所使用的特定语言方法和手段，用来反映客观事物，表达思想感情，它是将构思化成文章的不可忽视的环节。常见的表达方式有叙述、描写、说明、抒情和议论。这五种表达方式在旅游写作中被广泛地使用。

（二）叙述

1. 叙述的含义：叙述是作者对人物的经历和事件的发展变化过程以及场景、空间的转换所做的叙说和交待，是旅游写作中最基本、最常用的表达方式。不但消息、通讯等叙述性文章以它作为主要表达方式，就是一般的议论性文章如论文、说明性文章如导游词等，也要用到它。

2. 旅游写作中叙述的特点：①以记事为主；②叙述客观真实；③以概括叙述为主；④多用顺叙，语言较平实。

旅游宣传文书写法上相对灵活些，不受此限制，叙述可以突出细节，力求生动感性。此外，它们还常常使用描写、抒情等表达方式以增强其感染力。大多数旅游文学更是叙述详尽、文笔曲折、语言极尽修饰雕琢。

（三）说明

1. 说明的含义：说明就是用简明扼要的文字，把事物的形状、性质、特征、成因、关系、功用等进行解说的表达方式，它在旅游写作中的主要用途是介绍、讲解、注释等。

2. 旅游写作中说明的特点：①客观、科学，②多用数字进行说明，③综合使用多种说明方法。

（四）议论

1. 议论的含义：议论，即议事论理，是作者运用事实材料和理论材料对某个议论对象进行逻辑推理，发表见解、阐明观点的一种表达方式，语言概括、抽象，其作用在于使文章鲜明、深刻，具有较强的哲理性和理论深度。它是表达作者观点和用来说服读者的重要手段。

2. 旅游写作中议论的特点：①重数据，重材料；②夹叙夹议，简化论证。

（五）描写

1. 描写的含义：描写就是通过感性、生动的语言，把反映对象的状貌、情态、心理活动等描绘出来的表达方式，其作用在于再现自然景色、事物情状，描绘人物的形貌及内心世界，使人物活动的环境具象化。描写广泛使用于旅游宣传文书中。

2. 旅游写作中描写的特点：①要对描写的对象有所了解；②要根据表现主题的需要，灵活运用白描、细描、静态描写、动态描写等多种描写手法；③要注意与叙述、说明、抒情等其他表达方式综合使用。

（六）抒情

1. 抒情的含义。抒情即表达情思，抒发情感，是运用富有感情色彩的语言抒发作者内心感受的一种表达方式，具有主观性、个性化和诗意化等特征。在旅游写作中，抒情多出现在旅游广告、导游词、通讯等旅游宣传文书中，用于抒发作者的情绪和感受，以增强文章的感染力，引起读者的共鸣。

2. 旅游写作中抒情的要领。运用抒情时，无论是直抒胸臆还是借景抒情，都要注意感情的有感而发、真实自然，切忌装腔作势、矫揉造作。此外，还要注意把感情的抒发揉合在描写、叙述、议论之中，使之水到渠成地自然流溢而出，连篇累牍的滔滔抒情很容易因为缺乏依傍而令人生厌。

总之，由于文体性质和撰文目的不同，不同种类的旅游写作在表达方式上各有侧重。报告、简报、通报、消息和通讯等文体侧重采用记叙的形式；决定、竞聘演讲稿侧重采用议论的形式；而规章制度、合同侧重采用说明的形式；调查报告和会议纪要则会同时运用叙述、说明、议论等多种表达方式。至于描写和抒情在导游词、景区景点介绍和广告等文体中均可使用，以增强文章的生动性和形象性。

二、语言

语言作为人类最重要的交际工具，不仅是文章得以物质化的手段和途径，也是表达文体特点的必要条件。旅游写作的语言表述，应遵循以下要求。

（一）准确

准确，就是要正确地、恰当无误地表达出所要表达的内容，遣词用语含义清楚，概念恰当明确，不产生歧义。语言准确是对旅游写作语言最基本的要求，语言运用的好坏，直接关系到文章质量的高低。

要实现这一要求，需要注意：把握词语的分寸感和合适度，做到概念准确、把握分寸；注意语意鲜明；遣词造句要符合语法、逻辑规范。

（二）明晰

明晰指意思表达要清楚明白、准确贴切，不晦涩、无歧义。如通知、批复等旅游行政文书，规章制度、条据等旅游事务文书和合同、投标书等旅游契约文书的词句、概念，必须有确定的含义，只能有一种解释，不允许在理解上产生歧义，影响其准确性。

要实现这一要求，需要注意：要认真辨析词义，明确词语内涵；精选中心词，用准限定修饰语；数字运用精确规范。

（三）简朴

简朴，就是要用较少的文字表达清楚较多的内容，实事实说，直陈直叙，不冗长繁杂，不浮华藻饰。旅游写作的大部分门类如旅游行政文书、旅游事务文书、旅游契约文书、旅游法律文书等是为解决实际问题而写的，作为处理公私事务的工具，其目的在于说明事实、解决问题。语言的简洁精练、言简意赅有利于更好地“以事告人”，从而体现其实用型特征。

要实现这一要求，需要注意：内容简明、集中；提高语言的概括能力，杜绝堆砌修饰语；反复推敲词语、句子，力求简洁凝练。

（四）庄重

庄重，就是端庄、郑重，不追求幽默诙谐、浅白通俗。旅游行政文书、旅游事务文书和旅游法律文书往往会涉及现实生活中非常严肃的问题，如党的方针、政策，国家的法律、法规，因此，语言必须郑重、严肃。

要实现这一要求，需要注意：多用陈述句与祈使句，少用感叹句、复句；使用规范的书面语言、甚至文言词语，尤其在旅游行政文书中。

旅游行政文书的写作性质决定其语言风格表现为简明、规范、严肃，而书面语能较好达到这一语言要求，因而大部分旅游写作的语言采用书面语进行写作。书面语言是指书面交际使用的语言，比口语精确、严密。

在旅游应用文写作中，要注意积累、熟悉一些专用词语，如：

称谓用语：本、我、贵、你、该。

经办用语：经、兹经、业经、交办、责成、现将。

引叙用语：悉、收悉、阅悉、电悉、前接、近接。

期请用语：拟请、恳请、特请、报请、请遵照执行、请予回复。

征询用语：当否、可否、妥否、能否。

表态用语：不得、禁止、同意、原则同意、暂缓执行、可行。

协商用语：商榷、商洽、商议、协议、商酌。

谦敬用语：请、承蒙、惠示、惠允。

时限用语：及时、应即、届时。

判断用语：系、确系、均系、不妥、不宜。

呈递用语：奉上、呈上、送上、转呈、递交。

列举概括用语：各类、多起、数事、如下。

承启衔接用语：为此、总之、综上所述、特……如下、现将（现就）……如下。

结束用语：为此、据此、对此、特此、此复、为荷。

（五）得体

旅游写作涉及的门类和范围非常广。不同的文种，对语言有着不同的要求。写作时应根据行文目的、接受对象选择相应的语体、语气。大致说来，应用性旅游文书在语言运用方面要字斟句酌，力求准确明晰、简洁严谨，不能模棱两可、含糊不清、拖沓冗长、雕琢蔓藻。至于旅游宣传文书，在语言运用上非常灵活，既可以严谨平实，也可以形象生动，甚至还能运用拟人、比喻、夸张等修辞手法，采用调侃、诙谐、幽默的语言方式以增强生动性和趣味性。

三、如何提高把握语言的能力

规范、得体的语言对于旅游写作起着至关重要的作用。语言的提高、改善并不是短时间就可以实现的，它是一个长期的、持之以恒、循序渐进的过程。提高把握语言的能力，需要从以下两方面入手。

（一）大量阅读典型文章，增强写作的语感

所谓典型文章，是指那些符合旅游写作的不同文种规范、语言纯熟的例文和范文。旅游写作有许多优秀作品，可以将其作为学习、研磨的范本进行领会体悟，分清文学语言与应用语言的不同，培养、增强旅游写作的语感。

（二）多练习，提高驾驭语言的能力

语言的提高耗时长、见效慢，需要长时间的训练和实践。在训练语言的过程中，要注意结合旅游从业人员自身的工作、学习和生活实际，把相关理论运用于具体实践，真正提高旅游写作的水平。切忌心浮气躁、眼高手低，只有通过艰苦训练，才能够逐渐熟能生巧，最终达到随心所欲，得心应手。

模块二

旅游行政文书

任务1 撰写决定

决定是一种适用于对重大事项或者重要行动作出安排，奖惩有关单位及人员，变更或撤销下级机关不适当的决定事项的公文。党政机关、社会团体和企事业单位对某些重要事项或者重大行动作出安排，都可以用决定，是一种重要的指挥性和约束性公文，适用范围比较广泛。

写作任务

王晓丽是××省旅游局办公室职员，该局为表彰2010年度“十佳旅游星级饭店”和“十佳旅行社”出台了一份决定，请你代她拟写这份决定。

通过完成写作任务，要求学生达到以下目标：

1．掌握决定的组成要素和写作方法；

2．能够在现实社会中，根据工作和生活需要，拟写决定。

相关知识

决定是一种重要的领导性、规定性的文件，无论是党政机关还是社会团体，决定的基本功能都是对重要事项或重大行政公务作出决策和安排。可用以安排重要会议的召开；可以在设立行政区划或设置重要机构时使用；也可以在表彰先进时使用；还可以在处理特大事故时使用。

一、决定的特点

（一）权威性

决定是上级机关针对重要事项和重大行动，经重要会议或领导班子研究通过后，对所辖范围内的工作所做的安排。决定一经发布，就对受文单位具有很强的约束力和强制性。决定的权威性仅次于命令，受文的任何单位部门都必须无条件遵照执行，不得违抗。有些决定具有法规作用，如违反会受到处罚。

（二）指挥性

决定在对重要事项进行决策时，同时也提出工作任务、具体措施和实施方案，要求受文单位依照执行，决定通过原则、任务、措施和方案的确定和安排，指挥下属单位统一思想、统一行动，从而保证工作的有效展开。

（三）全局性

决定一般不是向某一个具体单位发出的，行文对象有一定的普遍性。这是由于决定所涉及的事项和解决的问题都有全局性的意义。比如，《国务院关于修改〈旅行社管理条例〉的决定》，对于全国各省、市、地、县旅行社都有着普遍的意义。

（四）稳定性

传达的上级安排及有关决策事项，在长时期内生效，或要求在相当长时期内贯彻执行。

二、决定的类型

（一）按照具体用途和内容的不同分类

1．对重要事项作出的决定。决定所反映的事项多种多样，常用的主要有表彰决定、惩处决定、机构设置决定、人事安排决定、授权决定及发布法规性事项的决定等各种决定。

2．对重大行动作出安排的决定。这是一种事先对某项重要工作的开展进行布署的决定，指挥性极强。

（二）根据决定的适用范围分类

1．知照性决定。知照性决定最突出的特点是，除当事者（单位或个人）外，一般只要求下属单位和有关人员知道，不要求下属单位及有关人员承办和贯彻执行，有些决定在末尾有号召性语言，但没有执行的具体意见和要求，也属知照性决定。常用的知照性决定有：表彰决定、处分决定、机构设置的决定、人事决定和具体事项的决定等。这些决定在写作方法上要求开门见山，直陈直述，篇段合一或只写两三个自然段；不分条目，篇幅简短，结构严谨，层次分明，文字精炼，语言规范，表述准确。

2．指挥性决定。指挥性决定最突出的特点是，需下属单位和有关人员承办和坚决贯彻执行。常用的指挥性决定有：规定性、规范性决定，指导性、指示性决定，处理问题的决定和重要行动的决定。指挥性决定一般篇幅较长，说理透彻，措施具体，也有篇幅简短的，均具有指令性和指导作用。

写作提示

本任务从用途和内容上看，属于对重要事项作出的决定，从适用范围上看，属于知照性决定。决定可以是对一些事迹突出、有典型意义的先进个人或集体进行表彰，任务中的决定就是旅游行政机关针对所辖旅游行业作出的表彰性的决定。内容比较单一，写作时要简明扼要，措辞坚定，充分体现决定的权威性。另外，要注意区分其与嘉奖令、通报之间的区别。它们之间的区别主要体现在程度和范围上。就程度来说，当用于奖励时，嘉奖令是最高层次的褒奖，决定次之，然后是通报。就使用范围来说，嘉奖令的使用范围小，决定和通报使用的范围更广泛。

任务实施

决定一般由首部、正文、落款等部分组成。

一、首部

首部包括标题和主送机关。

（一）标题

决定的标题要求写明发文机关、事由、文种，这三部分一般不能随意省略，而且要规范、准确，特别是事由要准确地概括出来，一般在事由前用“关于”连接。比如：《中共郑州市委郑州市人民政府关于进一步加快旅游业发展的决定》。标题下一行，有一题注，标明会议通过或领导签发此项决定的日期。重大法规性的决定，还需注明通过该决定的机关、日期和生效日期。标题中有时可在主要内容部分加书名号，如《郑州市人民代表大会关于修改〈郑州市城市供水管理条例〉的决定》，但标题中不得使用其他标点符号。

（二）主送机关

如果该决定是在一定范围内发送的，要写主送机关。如果该决定属于普发性公文，一般可不写主送机关。

二、正文

决定的正文在结构上可分为开头、主体、结尾三部分。但由于决定的类型不同，其正文的内容侧重点就有不同，写法也有不同。

（一）开头

开头一般是写发布决定的背景、根据、目的、意义。如果是批准某一文件的决定，开头要写明批准对象的名称。如果是表彰、惩戒性的决定，开头部分则要叙述基本事实，也就是先进事迹或事故情况，篇幅要比一般决定长一些。

（二）主体

主体部分主要用来撰写决定事项。

用于指挥工作的决定，主体部分要提出工作任务、措施、方案、要求等，内容复杂时要用小标题或条款显示出层次来。用于批准事项的决定，主体部分要表达批准意见，如有必要，还可对批准此事项的根据和意义予以阐述。用于表彰或惩戒的决定，主体部分要写明表彰决定和项目，或处分决定、处罚方法。

对某项工作或重大行动作出安排的决定，既要提出工作任务或重大行动，又要阐述完成工作任务或重大行动的政策规定、方法措施等，内容丰富，行文较复杂。正文通常由决定原由和决定事项两部分构成。其中决定原由是指对某项工作或重大行动作出安排的依据。行文要求简明扼要，依据要恰当充分、令人信服。决定事项是全文的主体内容，主要包括开展工作的有关政策原则、执行的事项及有关规定要求等。涉及材料较多的，一般采用分条式或分题式表述，行文要眉目清楚，用语要确切明了，易于有关人员把握和执行。

（三）结尾

决定的结尾通常写法比较简单，主要用来写执行要求或希望号召。但不是每个决定都有这一内容，主要根据需要而定。有的决定需要附件，应写明附件的名称或依据的法律条文。

三、落款

除会议通过并且予以公布的普发性决定外，其他决定应标注发文机关和成文时间。如果标题中已有发文单位名称，落款处一般不再写。有的决定将成文时间写在标题下的括号内。如果是会议通过的决定，则在标题下的括号内写明在什么时间、什么会议通过。

写作提示

撰写本任务中的决定，首先要了解决定的类型，根据不同类型确定主体部分内容的侧重点。本任务属于表彰决定，正文应由表彰对象（可在附件中注明）、表彰缘由（一般是贡献大、成绩突出）、作出表彰决定的机关、决定的内容组成。其中，决定的内容包括表彰奖励的等次（给予何种奖励）、希望与号召。整个篇幅很短，可作一个自然段，也可作两个自然段。应注意表彰决定的政策性、办理程序规范性和奖励等次符合有关政策规定，做到手续齐全，奖励等次具体明确，无歧义和无模糊的奖励等次，以便于办理和执行。另外，需要在附件中附上表彰单位或个人名单。

任务评估

一份好的合同，一般要做到以下几点。

1. 决定的内容必须符合党和国家的方针、政策，有理有据，同时能结合实际。

2. 决定的原因要写得简短明白，事项要具体明确，可行性强，利于贯彻落实。

3. 要做到态度鲜明，语言决断。切忌含糊不清或使用有歧义和引起误会的语句。注重使用“必须”、“要”、“不准”一类词语。

4. 结构严谨。层次条文排列合乎逻辑。

5. 要做好调查研究。在起草决定之前，要认真查找有关法律条款和政策规定，广泛听取各方面意见和建议，在此基础上，考虑决定是否切合实际，能否妥善解决实际问题。

例文评析

例文 1

关于表彰××省旅游行业2010年度“十佳旅游星级饭店”和“十佳旅行社”的决定

×旅管〔2010〕1号

各有关单位:

2010年，全省认真学习和实践科学发展观，全面贯彻××省委、省政府工作部署，求真务实，开拓创新，积极推动我省旅游业快速发展，涌现出一大批旅游工作先进典型。尤其是在××省委、省政府的领导下，中华人民共和国第×届旅游现场会在我省××市成功举办。本次现场会规模大、规格高、接待任务重，××省旅游行业各接待服务单位积极响应省、市旅游局的号召，认真落实本届旅游现场会组委会的组织和接待工作要求，协作配合、热情待客、主动服务，圆满完成了接待任务，为赢得“组织接待服务金牌”作出了积极贡献，充分展现了我省和××市旅游行业的良好形象。在此次现场会中，涌现出了很多先进的旅游组织。为激励先进，××省旅游局、××市旅游局决定，对在接待工作中成绩优异、贡献突出的有关单位予以表彰，授予“十佳旅游星级饭店”和“十佳旅行社”的称号。其中××等饭店整体环境及设施设备良好，饭店在软硬件建设和产品开发、市场营销等方面有新起色、新进步。××等旅行社积极开展行业精神文明建设，切实加强职业道德教育，倡导优质服务，为树立城市形象和社会文明进步作出贡献。

希望受到表彰的单位以此为新起点新动力，继续发扬优良作风，在今后的工作中创造新的业绩。

××省旅游局　××市旅游局

二〇一〇年十二月六日

附件：（略）

评析：本决定结构完整，要素齐全。作为一份表彰决定，表彰缘由和表彰内容都具备。表彰单位在附件中明晰指出，在正文中就可以不再一一罗列表彰原因，决定的书写应尽量简单明了，便于实施和执行。

例文 2

关于表彰湖北省模范导游员、湖北省优秀导游员的决定

各市、州、直管市、神农架林区旅游局（委）:

近年来，在省委、省政府的正确领导下，全省旅游行业开拓进取，顽强拼搏，不断开创了旅游业发展的新局面，全省旅游业呈现出健康、持续、快速、协调发展的良好势头。

导游人员作为旅游行业队伍的重要组成部分，是旅游业发展的具体实践者，是旅游生产力的重要推动者，是社会主义现代化事业的建设者、先进文化的传播者、中外交流的友好使者，为旅游业的大发展作出了积极贡献。

全省广大导游人员以邓小平理论和“三个代表”重要思想为指导，认真贯彻落实科学发展观，按照“情操高尚、纪律严明、知识渊博、口才一流、应对有方”的总要求，立足本职岗位，加强道德修养，加强业务学习，加强实践锻炼，综合素质不断提高。在我省旅游业加快发展的实践中，涌现出了一大批爱岗敬业、踏实工作、积极奉献的先进个人，谱写了一曲又一曲可歌可泣的动人事迹。为树立典型，弘扬正气，省旅游局决定授予彭乐勤等 10 名导游员“湖北省模范导游员”称号，授予何晓珍等 90 名导游员“湖北省优秀导游员”称号。

当前，我省旅游业面临着难得的发展机遇，省委、省政府对旅游业提出了更高、更新的要求，全省旅游行业肩负着神圣而崇高的历史使命。全省广大导游人员要认真学习党的十七大精神，深入贯彻落实科学发展观，自觉践行“八荣八耻”的社会主义荣辱观，努力提高公民旅游素质，大力弘扬忠于职守、积极进取的敬业精神，以人为本、游客至上的奉献精神，锲而不舍、精益求精的钻研精神，坚韧不拔、从容应对的乐观精神，为培育旅游支柱产业和构建和谐旅游行业再立新功。希望受到表彰的导游员珍惜荣誉，戒骄戒躁，发扬成绩，再接再厉，更好地发挥模范带头作用，在平凡的岗位上再创佳绩。希望全省导游员以先进为榜样，牢记使命，埋头苦干，乐于奉献，锐意进取，为我省旅游业的大发展作出新的更大的贡献！

二〇〇七年十二月十六日

附：湖北省模范导游员、湖北省优秀导游员名单（略）

（资料来源：湖北旅游网）

评析：这是一份旅游行业的表彰决定。正文首先简写表彰决定的原由，继而简写表彰的意义和内容，接着提出了希望和号召。全文层次分明，结构完整，语言简洁、流畅。

文体实训

1．根据下面的材料，写一则决定。

××学院 2008—2010 年度在全校开展了“德、智、体全面发展，创先进班集体，争当三好学生”为主要内容的“创先争优”活动，活动开展一年来，学校涌现出了一大批先进集体和先进个人。为了表彰先进，总结经验，使学校的“创先争优”活动深入、持久地开展下去，引导学生全面发展，使学生更好地适应社会发展，经全校各班级认真评选，学校有关部门研究批准，决定对本年度“创先争优”活动中成绩突出的 5 个班集体、30 名“三好学生”、20 名“优秀学生干部”予以表彰。

2．根据下面的材料，拟写一则关于聘请义务导游讲解员及出租车义务的导的决定。

××市为创建“中国优秀旅游城市”，并迎接在当地召开的第×届旅游现场会，为做好旅游接待准备工作和营造良好“创优”氛围，进一步加强旅游行业精神文明建设，更好地为省内外游客服务，展现美好旅游新形象，展示××市导游讲解员、的士司机的优质服务、热情好客的风采，促进××市旅游业又好又快发展，市旅游局决定，聘请××等10名同志为义务导游、讲解员，聘请××等10名同志为出租车义务的导。

3. 下面是一篇病文，请指出其毛病并写出修改稿。

关于××违犯劳动纪律的处分决定

张××，男，现年30岁，系×××旅行社计调人员。该同志自进入我旅行社以来，屡犯劳动纪律，曾多次发生上班迟到，谩骂顾客，辱骂同事等不良行为。特别是今年×月×日，伙同×××（已收审）、×××（已记大过）两次殴打×××，影响极坏。为了维护我旅行社的规定，加强劳动纪律，经旅行社经理会议讨论通过，决定给予张××暂留我旅行社察看一年的处分。察看期间只发给生活费，每月800元。

××市××旅行社

4. 根据自己所在城市的优势和具体情况，站在所在城市旅游局的角度，拟写一份关于将该市创建为中国优秀旅游城市的决定。

任务2　撰写通知

通知是批准下级机关及转发上级机关和不相隶属机关公文、发布规章、传达要求下级机关办理和有关单位需要周知或者共同执行的事项、任免和聘用干部等所使用的公文，一般为下行文或平行文。它是公文中使用频率最高、使用范围最广的一种，所以写好通知意义很大。

写作任务

王丽是××景区管理局的职员，景区管理局将要评选年度“十佳旅游星级饭店”和“十佳旅行社”，为此要通知相关部门和人员召开一个评优工作会议，请你代她拟写这则通知。

通过完成写作任务，要求学生达到以下目标：

1. 掌握通知的组成要素和写作方法；
2. 能够在现实社会中，根据工作和生活需要，拟写通知。

相关知识

一、通知的特点

（一）使用的广泛性

在所有公文文种中，通知的数量位居首位。其原因有：第一，通知的机关单位最为广泛，一切机关与社会组织均可制发通知，不受发文机关级别高低限制。第二，通知的内容广泛，上到传达中央重要方针政策，下至反映基层单位的日常行政工作，都可以用通知。

（二）写作的灵活性

通知的写作自由灵活，形式多种多样。在作用上，既可以是发表重要指示的长篇，又可以是转发文件的短文；在篇幅上，有的长达数千字，有的只一两句话；在发布上，既可内部发文，又可公开张贴；在内容上，有时写的是一件事，有的则是几个问题；在要求上，有的要求“知且行”，有的要求知晓即可。而且语气平缓，相对灵活。

（三）一定的指导性

通知这一文种的名称，从字面上看不显示指导的姿态，但在事实上，多数通知都具有一定的指导性。特别是部署和布置工作、批转和转发文件等，都需要说明需要做什么、怎样做、达到怎样的要求等，受文单位对内容要认真学习，仔细领会，并在一定时间内完成通知布置的任务。当然，也有一部分通知主要起到知照作用。

（四）受文对象的确指性

通知一般是针对具体单位或人员来发文，受文对象确指性极强。

（五）较强的时效性

通知是一种制发快捷、运用灵活的公文文种，所通知的事项都是需要立即办理、执行或知晓的，受文机关要在规定的时间内办理完成，不容拖延。一些通知，比如会议通知，只在一定的时间内有效，时间一过，通知便失去公文效力。

二、通知的类型

根据通知的内容及作用，通常把通知分为以下几种。

（一）知照性通知

向有关单位告知某件事情、交待有关事项、不需要办理或执行时使用的通知。比如庆祝节日，成立、调整或者是合并、撤销某些机构，更正某些文件的差错等等。多用于上级机关向下级机关宣布某些应知事项，不具有强制性。

（二）指示性通知

是上级机关对下级机关布置任务、指示和安排时使用的一种通知。由通知原由、通知内容和执行要求三部分组成。是一种下行文，带有强制性、指挥性和决策性。

（三）事项性通知

由于向有关方面告知需要知晓的事项和要求下级机关办理或共同执行的事项，比如召开会议，人事任免，设置或取消机关，修改或补充行政规章等都可使用这种通知。具有强制性和行政约束力。

日常工作中，常用的通知主要有以下几种。

1．会议通知

以召开某次会议的有关事项为内容的通知。会议通知要写得具体。一般包括会议名称、主持单位、会议内容、起止时间、参加人员、会议地点、报到事宜及有关要求等。

2．学习通知

上级机关对下级单位安排部署学习任务，如通知学习上级某个文件、报刊某篇文章和先进典型事迹等。撰写这类通知要重点写清学习什么内容、为什么要学习，学习的重点和精神实质；还有安排学习的时间、方法、步骤，明确学习的组织领导等。

3．处理具体事务通知

指各级机关和企事业单位及其具体办公部门处理日常各种事务所发出的通知。一般用于催促下级单位或部门报送工作计划、总结、典型材料、有关会议记录、统计报表，告诉某项经费开支范围，要求上缴某种款项，变更作息时间等情况。这种通知所涉及事项都比较具体，因此文件要写得简短、明了，一般主要交待要办什么事、什么时间办、怎样办以及需要提醒注意的事情。

4．批示性通知

用于发布某些行政法规，转发上级、同级或不相隶属机关的公文，以及批转下级机关的公文。这类通知包括批转性和转发性两种。批转性通知，适用于上级机关对下级部门的文件加批语下发，需要在标题中加上“批转”两字。转发性通知，是“转发”有关文件的通知，需在标题中注明“转发”字样。

5．发布性通知

主要是用于发布行政法规和规章。它具体又可分为两种类型，一种是印发、颁布已制定的规章如《国家旅游局国家工商行政管理总局关于印发新版〈团队出境旅游合同〉示范文本、〈大陆居民赴台湾地区旅游合同〉示范文本和〈团队国内旅游合同〉示范文本的通知》；另一种是本身就是对有关事项作出的具体规定，如《国家旅游局关于做好近期旅游安全工作的紧急通知》。这类通知正文一般包括四个方面的内容：一是文件的由来；二是文件名称；三是希望和要求；四是附件。

6．任免通知

上级机关对任免的人员用通知的形式告知下级机关。

写作提示

本任务中的通知属于事项性通知中的会议通知，在写作过程中，除了要注意避免遗漏会议通知中的必有要素之外，根据会议任务、规模等情况的需要，有些会议通知还要写清其他有关内容。例如，有的座谈会、讨论会，须写清要求参加会议人员进行必要的调查研究和材料准备工作；有的会议要求提交参加会议人员名单。如果参加会议人员距离较远的，要求预先告知乘坐的交通工具及车次（航班）等。本任务属于表彰先进的会议，要注意交待评选的范围、评选条件、评选方法、名额分配等有关事项。便于下级机关执行和实施。

任务实施

一般通知由首部、正文、落款三部分组成。

一、首部

（一）标题

标题有三种形式。一种是由发文机关的名称、事由和文种组成；一种是由事由和文种组成；最后一种是由文种“通知”直接作标题。

（二）受文单位

在写正文之前，要在标题之下、正文之上顶格写出被通知对象的名称，在名称后加冒号，或将名称以“抄送”形式写于最后一页的最下方。受文单位可以省略。

二、正文

通知正文包括缘由、事项和要求三部分。其中，缘由部分要求简要写出发文的根据、原因和目的。事项部分是主体。可采用篇段合一的“简述式”，也可以采用分条列项的“条文式”，其具体的写法因通知类别的不同而有所不同，下面分别加以介绍。

1．发布性通知

正文一般应写明两层内容：开头简要说明发布的依据，写清楚所发布规章的名称，该规章的施行或生效日期及相关说明；然后宣布正式下发这一文件，有的还需进一步指出发布的意义或提出执行的希望和要求，最后用“请遵照执行”等惯用语作结。

2．指示性通知

正文包括缘由和通知的事项两方面内容。这类通知一般影响面较大，政策性、决策性很强，要体现出一定的理论高度、政策原则和指导意义。开头简明扼要地写明制发通知的原因、背景和理由，然后可用“现通知如下”，或“请按以下通知执行”等习惯语作为过渡，引出通知的具体事项。事项部分要写得简明具体，条理清晰，语气要肯定。最后用“特此通知，望认真执行”等作为结束语。

3．批示性通知

批转与转发性通知正文写法大体相同。可以把这两种通知称为“批语”，把被批转、转发的文件看做是通知的主体内容。这类通知主要由两部分组成：一是批语部分，即通知的正文；二是附件部分，即批转或转发、印发的文件或材料。正文首先要说明批转的目的或陈述转发的理由，再写明对所批示的公文的态度，作出“同意”、“很重要”等肯定的批语，对转发的通知则不使用批语。接着再写“转发给你们”，然后根据具体情况写明“请贯彻执行”、“请参照执行”、“请研究执行”或“执行中有何情况和问题，请及时告诉我们”等不同的执行要求。最后带有批转或转发的附件。

4．事项性通知

这类通知使用频率较高，由通知的缘由、具体事项、执行要求三部分构成，开头常用“根据……”、“为了……”等语说明发文理由、目的和依据。事项部分是正文的核心，要写清楚做什么、怎么做、做到什么程度、什么时间完成等，以便于理解和执行。结尾处有的还有比较详尽的具体要求，有的则虽有执行要求，但不甚具体。最后用“以上通知，望认真贯彻执行”等习惯语结束。

三、落款

写出发文机关名称和年、月、日。

写作提示

本任务中的通知属于会议通知，其正文部分主要包括缘由和通知事项两部分。通知缘由要写明召开会议的原因、目的和依据。本任务中要召开的会议主要是为了筹备评选年度“十佳旅游星级饭店”和“十佳旅行社”。缘由很清楚。事项部分包括：（1）会议名称、议题、主办单位、起止时间、具体地点；（2）交待参加会议的人员名额及条件、应携带有关资料或样品；（3）与会人员补助标准以及差旅费报销办法等具体事宜，为了便于与会议主办者取得联系，还可附带写明联系人的姓名、电话。最后用“特此通知”、“请准时参加”等习惯用语作结语

任务评估

一份好的通知，一般要做到以下两点。

1．通知事项具体明确，切实可行

无论是对有关情况的介绍和评价，还是对有关单位和人员的要求，都要符合实际，切合受文者的情况，以便办理执行。特别是涉及方针政策方面的事项，更要求具体明确，严密周详，以免受文者在执行、办理中出现偏差。

2．语言准确简明，语气恳切庄重

通知的语言切忌含混不清，否则会影响受文者对通知精神的正确理解和全面把握；通知的语气既要庄重，又切忌语言平淡无味。既要体现出发文机关的权威性和公文的严肃性，又不可板着面孔，乱打官腔，有碍大局。当通知对象为平级时，应注意缓和语气，用告知性语言。

例文评析

例文 1

关于召开评选2010年度“十佳旅游星级饭店”和“十佳旅行社”工作会议的通知

各地市旅游局、省旅游局双十佳评审委员会委员：

兹定于×月×日在××市召开全省2010年度“十佳旅游星级饭店”和“十佳旅行社”评选工作会议。现将有关事项通知如下：

一、会议内容

1．传达全国双十佳评选工作会议精神；

2．讨论全省旅游星级饭店和旅行社现状，表彰优秀饭店和旅行社；

3. 布置明年评审工作。着重研究如何用十佳星级饭店和十佳旅行社评审，复审等手段促进饭店和旅行社管理与服务跃上新台阶问题。

二、参加人员

各地、市、州旅游局领导，省内各主要饭店、旅行社负责人，评审委员会各委员、旅游公司、旅游车队负责人。

三、报到时间和地点

与会人员务必于×月×日 12:00 前到××市×路××饭店二楼一号会议室报到。

（联系人：×× 电话：87654321）

四、食宿费及其他

与会人员会议期间食宿由旅游局承担，其他费用自己解决。

××省旅游局（盖章）

×××年×月×日

评析：本通知符合会议通知的要求，结构完整，包括了会议的原因、目的、会议名称、主要议题、到会人员、报到时间、地点等，采用的是条文式写法，语言简洁清楚，表述准确。

例文 2

××市旅游局关于评选 2010 年度旅游行业双十佳的通知

各县、区旅游局，各旅游企事业单位：

2010 年，全市旅游行业广大干部职工以邓小平理论和“三个代表”重要思想为指导，认真贯彻落实市委发展旅游大省的精神，开拓创新，爱岗敬业，勇于奉献，为我市旅游产业快速、协调、持续发展作出了贡献，涌现出一大批优秀饭店、旅行社和先进个人。为表彰先进，树立榜样，推动工作，拟在近期召开的全市旅游行业工作会议上表彰 2010 年度××市旅游行业十佳先进单位和先进个人。现将有关评选事项通知如下：

一、评选范围

县（区）旅游局、旅游饭店、旅游景区（点）、旅行社、工（农）业旅游示范点等旅游相关单位。

二、评选名额

十佳单位：星级饭店十个、旅行社十个。

十佳个人：10 名，其中：县（区）旅游局 1 名，旅游饭店 3 名，旅游景区（点）3 名，旅行社 3 名。

三、评选条件

（一）十佳单位条件

1. 认真贯彻落实党的十七大精神，在以科学发展观指导推动旅游业发展上取得了突出成绩；

2. 勇于创新，在旅游业发展中涌现出新鲜经验和创新举措；

3. 敢于争先，旅游经济效益、规模连续增长，在行业中处于领先地位；

4. 经营管理规范有序，诚信经营，无违规、违纪行为，无旅游投诉，社会信誉和满意率较高，旅游企业整体形象良好；

5. 按时完成市旅游局布置的各项工作，及时报送各种旅游统计信息，积极参加市场开发、市场规范整顿、文明创建和行风评议等活动；

6. 认真落实旅游安全工作责任制，有组织，有计划，有制度，有落实，全年未发生安全事故。

（二）十佳个人条件

1. 认真贯彻党和国家各项方针、政策、法律，认真钻研旅游业务；

2. 开拓创新能力强，在组织策划、宣传促销、接待服务、安全管理、旅游统计、精神文明建设等方面作出了突出成绩；

3. 爱岗敬业，遵纪守法，具有良好的职业道德素质，是本单位的文明标兵；

4. 工作中有新方法、新思路，为本单位、本行业创造良好的经济效益和社会效益；

5. 全年未被投诉。

四、申报办法

十佳单位由各单位自荐，十佳个人由各参评单位推荐（各单位报送不得超过一名）。十佳单位事迹材料不少于1000字，报送一式两份，十佳个人材料报送一份。县属旅游企事业单位需经县旅游局签署意见，所有评选材料需×月××日前报送至市旅游局办公室，联系人：×××，电话、传真1234567，逾期不报按自动放弃处理。

五、审核表彰

1. 星级酒店营销收入、经营利润、上缴利税三项指标综合排名位于行业前10位；

2. 旅行社旅游收入、经营利润、上缴利税三项指标综合排名位于行业前20位；

3. 旅游景区（点）接待人数、门票收入、举办黄金周活动的精彩程度排名位于行业前10位。

市旅游局进行审核。向先进单位颁发奖牌，向先进个人颁发证书和奖品。

特此通知。

××××年×月×日

附件：1. ××市2010年旅游行业先进单位自荐表（略）

2. ××市2010年旅游行业先进个人自荐表（略）

评析：本通知内容详实，逻辑层次清楚，结构也比较完整，内容也和评选十佳星级饭店、旅行社有关。在写作时，一定要注意通知的类型，类型不同其写作的内容和要求也不同。

文体实训

1．拟写一份会议通知，应包括：通知对象、会议时间、地点、内容，会议报到时间、地点，应携带物品，注意事项等。

2．下列这则通知，在格式、用语、内容上是否得体，不当之处请修改。

××市旅游集团关于××等同志任职的通知

（2010）×字第×号

经集团领导2010年9月21日的讨论并决定：

××同志任计调部部长。

×××同志任××海外部主任。

×××同志任××外联部部长。

特此通知

2010年9月21日

任务3 撰写通报

通报是一种适用于表彰先进，批评错误，传达重要精神或者情况的公文。通报属于知照类公文。

写作任务

××市为了提高旅游行业服务质量，每年都要对全市旅游市场进行全面检查，请你拟写一则关于该市本年度旅游市场检查情况的通报。

通过完成写作任务，要求学生达到以下目标：

1．掌握通报的组成要素和写作方法；

2．能够在现实社会中，根据工作和生活需要，拟写通报。

相关知识

通报的运用范围很广，各级党政机关和单位都可以使用。它的作用是表扬好人好事，批评错误和歪风邪气，通报应引以为戒的恶性事故，传达重要情况以及需要各单位知道的事项。其目的是交流经验，吸取教训，教育干部、职工群众，推动工作的进一步开展。

一、通报的特点

（一）严肃性

情况准确和结论严谨，是通报的严肃性最为突出的两点表现。无论哪一种通报都要涉及情况的说明，说明情况要慎重，要以确凿无误为前提。正是因为如此，在动笔前必须将事实核对清楚，在写作中要把握好分寸，而不能按主观想象随意编造情况。对情况的分析、判断也是通报要写的一项内容，分析、判断要以事实为基础，以有关法律、规定为依据，而不能妄下结论。

（二）教育性

通报的作用重在通过提取典型，使下级机关及有关人员受到激励，得到启发，或使人们有所借鉴或警戒，以不断提高思想认识，自觉地有所依托，明确有所为和有所不为，进而改进工作。

（三）典型性

通报的撰写通常同事例的选择有关，写通报要善于选择典型事例和典型人物，或是具有普遍意义的重要情况，以使通报内容具有广泛的指导性和普遍的适用性。

（四）时间性

制发通报是为了有利于当前工作的进行，因此无论是先进典型，还是错误事实，或是重要情况，一旦出现就要及时反映。免得时过境迁，通报失去应有的作用。

二、通报的类型

根据具体用途的不同，可将通报分为以下三类。

（一）表彰性通报

是用于表彰先进，介绍单位或个人成功的经验、做法，树立学习榜样，激励人们的工作热情和积极性的一种下行公文。

（二）批评性通报

用于批评某种严重错误或带有普遍性的不良风气与行为而使用的一种公文。是通报中用得较多的一类。用于批评后进、纠正错误、打击歪风邪气，并提出解决办法或处理意见，以使广大干部群众引以为戒，吸取教训，防止类似问题的出现。

（三）情况通报

是向有关部门和人员传达重要情况，发布重要信息，以使人们掌握情况，明确问题，了解形势，便于统一思想和行动，使工作协调发展的一种公文。情况通报对当前的工作起指导作用。

写作提示

写作任务中的通报属于情况通报，写作前需要做好充分的调查研究，涉及的事件的每一个细节都必须反复核实，实事求是，以免给发文后造成被动、失信的局面。因此，需要详细了解该市有关旅游的具体情况和一些具体数据，选择一些具有典型意义的事件，把出现的重要情况告知所属单位和群众。

任务实施

通报由首部、正文、落款等组成。

一、首部

（一）标题

通报标题大多采用公文的常规写法，即三要素齐全的完整标题，由制发机关，被表彰或被批评的对象和文种构成。也可以省略发文机关，如果是张贴的通报可只写文种。

（二）主送机关

一般通报都有主送机关，有的特指某一范围内，可以不标注主送机关，只写“通报”二字，但比较重要的通报则不能省略。

二、正文

不同类型的通报，正文的写作方法不同。

（一）表彰性通报

表彰通报的正文包括以下四部分。

1. 介绍先进事迹。这一部分用来介绍先进人物或集体的行动及其效果，要写清时间、地点、人物、基本事件过程。要求用叙述的手法真实客观地反映事实，不能展开绘声绘色的描绘，篇幅也不可过长。

2. 先进事迹的性质和意义。这部分主要采用议论的写法，对所叙述的事实进行准确的分析，中肯的评价，做到不夸大、不缩小，使人们能从好的人和事物中得到鼓舞。

3. 表彰决定。这部分写什么会议或什么机构决定，给予表彰对象以什么项目的表彰和奖励。在表达上要注意清晰、简练，用词精当。

4. 希望号召。这是表彰性通报必须要有的结尾部分，用来提出希望、发出号召。表述的是发文的目的，也是全文的思想落脚点，要写得完整、得体，富有逻辑性。

（二）批评性通报

批评性通报是针对某一错误事实或某一有代表性的错误倾向而发布的通报，有针砭、纠正、惩戒的作用。批评性通报的正文也分为以下四个部分。

1. 错误事实或现象。如果是对个人的错误进行处理的通报，这部分要写明犯错误人的基本情况，包括姓名、所在单位、职务等，然后是对错误事实的叙述，要写得简明扼要、完整清晰。

2. 错误性质或危害性的分析。处理单一错误事实的通报，这部分要对错误的性质、危害进行分析，一般都写得比较简短。

对综合性的不良现象或问题进行通报，分析性文字可能要复杂一些。对于错误的性质和原因，分析要全面、深刻，为下文提出纠正措施打下基础。

3．惩罚决定或治理措施。对个人单一错误事实进行处理，要写明根据什么规定，经什么会议讨论决定，给予什么处分等。对普遍存在的错误现象或问题，在这部分中要提出治理、纠正的方法措施。内容复杂时，可以分条列项。

4．提出希望要求。在结尾部分，发文机关要对受文单位提出希望要求，以便受文单位能够高度重视、认清性质、汲取教训、采取措施。如果是针对一些违纪比较严重的现象进行通报，结尾部分的措辞还可以更严厉一些，譬如提出继续违反要严惩、要登报公布等警告。

（三）情况通报

用来传达重要精神、沟通重要情况的通报是情况通报。为了让下级单位对一些重要事件或全局状况有所了解，上级机关应该适时发布这样的通报。情况通报正文由以下三个部分构成。

1．缘由与目的。情况通报的开头要首先叙述基本事实，阐明发布通报的根据、目的、原因等。

2．情况与信息。主体部分主要用来叙述有关情况、传达某些信息，通常内容较多，篇幅较长，要注意梳理归类，合理安排结构。

3．希望与要求。在明确情况的基础上，对受文单位提出一些希望和要求。这部分是全文思想的归结之处，写法因文而异，总的原则是抓住要点，切实可行，简练明白。

三、落款

落款写在正文之后，落款下面写上发文日期。如在标题中已经出现发文机关名称，落款也可以省略；如果发文日期已在标题下行的居中位置注明，结尾处也可省略不写。

写作提示

写作任务中的通报属于情况通报，在写作的开头部分文字不宜过长，要综合归纳、要言不繁。正文可以采用分类叙述的方法写作，即将各种情况按类划分，每一类用小标题标明，逐项进行叙述、分析和评论。另外需注意，作为一则情况通报，除了叙述有关情况，并对情况做必要的阐述、评价之外，有时还可针对具体问题提出一些指导性的看法。

任务评估

一则好的通报，应该符合下列要求。

1．选材典型，要具有普遍意义

选择具有广泛代表性或者是反映当前社会上某种错误倾向、具有反面教育意义的人或事，以及能给人启迪和警示作用的事件。

2．内容真实、准确

通报的决定事项不能与事实、政策相抵触。不可拔高或贬低，否则，难以使人信服。

3. 语言平实、严谨

注意措辞的分寸感和准确性，不能出现过誉或夸饰的现象。

4. 向深处挖掘

通报的写作往往需要在叙述的基础上作出进一步的分析和评价，挖掘事件或事故发生的根本原因和责任归属，揭示一些问题的实质，概括出可资借鉴的经验和应当汲取的教训。所以最好能触及事件的本质，向深处开掘，这样才能切中要害，一针见血。

例文评析

例文 1

关于全市旅游市场检查情况的通报

各县、区旅游局，各旅游企事业单位:

为全面了解旅游市场管理经营情况，市旅游局于×年×月×日—×日，对全市旅游市场进行了一次突击检查，共查××家旅行社、××家星级饭店。现将检查情况通报如下:

一、基本情况

从总的情况来看，全市旅游企事业单位多数能够立足长远发展，强化质量意识，注重品牌形象，在旅游经营管理中，严格遵守国家旅游法规，加强内部制度建设和队伍建设，重视对员工的培训、管理、使用，树立了良好的企业形象。如××假日旅行社、×××旅行社、×××酒店、××饭店以及××旅游市场比较好。但是，有的旅游企业单位重经营、轻管理，缺乏对从业人员的教育培训，法律意识不强，违规经营，在社会上造成了不良影响。

二、存在问题

1. 部分旅行社签订的旅游合同不够规范、不详细，有模糊语言。

2. 有的旅行社和星级饭店规章制度不够健全，档案管理比较乱。

3. 有的星级饭店服务不规范，卫生有死角。

4. ××县旅游市场秩序混乱。××旅行社、××旅行社、××旅行社有违规广告和涉嫌超出核定的经营范围开展旅游业务，其中××旅行社被责令整改后，仍然继续进行超范围宣传。

5. ××旅行社、×××有限公司超出经营范围发布广告。

三、整改意见

这次旅游市场综合大检查中发现的问题是严重的，不仅扰乱了旅游市场秩序，损害了旅游消费者的合法权益，而且影响了我市旅游业整体形象。为进一步整治和规范我市旅游市场秩序，营造旅游业又好又快发展的良好环境，现就进一步强化旅游市场监管工作提出如下意见:

1. 责成××县旅游局对××等旅行社按《旅行社管理条例》有关规定做进一步处理并将处理结果上报市旅游局。

2. 要高度重视旅游市场监管工作。各县区旅游局要进一步提高对旅游市场监管工作重要性的认识，切实把市场监管工作摆在重要位置，进一步加大日常监管力度，定期或不定期对各旅游经营企业进行检查，把日常检查与专项检查结合起来，强化组织协调，加强业务指导，不断研究市场中出现的新情况、新问题，制定相应的措施和办法，及时予以解决。同时要建立和完善旅游市场监管长效机制，维护良好的市场秩序，促进全市旅游市场的有序发展。

3. 严厉打击违法违规行为。各县区旅游局及各旅游企业要结合自身状况，举一反三。对本次检查发现问题的企业，要认真落实整改，各县区旅游局要严格按照有关规定做好督查工作。被通报的旅游企业将整改情况于×年×月×日前报市旅游局质监所。对整改措施不落实，整改不到位、不彻底的，将予以行政处罚，情节严重的，依法严肃处理，并通过新闻媒体向社会曝光。

特此通报。

××××年×月×日

评析：这则通报属于情况通报，事实清楚，分析入理，对具体情况有介绍，有分析，有定性的结论，而且提出整改意见，带有很强的指导性。

例文 2

济宁市旅游局 2004 年 9 月份工作进展情况通报

一、孔子文化节和世界旅游日中国主会场庆祝活动获得圆满成功。2004 年世界旅游日中国主会场庆祝活动暨孔子文化节于 9 月 26 日至 28 日在济宁曲阜举办。原中央常委李岚清、全国人大前主任许嘉璐发来贺电，宣读了中共中央总书记胡锦涛关于在济宁建设中华文化标志城的批示，通报了关于在联合国设立“孔子奖”的情况，国家旅游局副局长顾朝曦、孙守璞副省长致词。26 日晚举行了开幕式和大型文艺演出及焰火晚会。中央电视台、省电视台现场直播。27 日，济宁“圣地之旅”首游式在曲阜国铁大酒店举行。市委副书记赵树国、副市长陈民、市政协副主席石茂喜出席了首游式。来自北京、上海、河北、广东、辽宁、山西、江苏、河南、安徽、广西、海南、山东等 12 个省、市、自治区的 30 多个旅游城市的 100 多家旅行社董事长、总经理、部门经理共 150 多人参加。中央电视台、中国旅游报社、大众日报社、齐鲁晚报社、济宁日报社、济宁电视台、广播电台的新闻记者等 50 名记者，对活动进行了宣传报道。

“圣地之旅”是济宁市重点推出的一条旅游新线路，目的是深刻挖掘济宁“圣人”文化，整合圣人旅游资源，发展朝圣游、教育游和修学游，精心打造“圣地之旅”旅游品牌，满足中外旅游者纪念先哲、弘扬传统文化、探访儒学东方圣地的需求，得到与会代表的高度赞扬。首游式后，与会代表兴致勃勃地参加了明故城开城仪式、齐鲁旅游文化博览会、参观考察了曲阜孔庙孔府、邹城孟庙孟府、嘉祥曾庙曾府等景点。与会代表对“圣地之旅”这一新线路给予了充分肯定，老总们表示要积极向当地市民和业内宣传推荐这个产品，使之成为广大游客热心关注和踊跃参与的新线路。在考察期间，与会旅行社与济宁旅行社进行了广泛的接触，通过交流与洽淡，达成了共识，加深了友谊，建立了友好合作关系，达成旅游合作意向 100 余份，选择 20 对旅行社举行了旅游合作签字仪式，取得了丰硕成果。9 月 28 日上午，参加世界旅游日庆祝活动暨孔子文化节的代表在孔庙举行了隆重的祭孔大典，给今年的活动增添了庄严、肃穆的气氛。目前，各项旅游活动结合“十一”黄金周有序进行，将会促进全市旅游呈现突飞猛进、超常规发展的大好局面。

二、全市旅游发展规划开标仪式在济南举行。9月13日，在济南金龙大厦举行全市旅游发展规划开标仪式。省旅游局副局长梁文生、市委副书记赵树国、市人大副主任徐明珠、市政府副市长陈民、市政协副主席石茂喜等出席，有关市直部门负责人员到会。规划评标是公开招标编制规划的重要环节。为使开标工作顺利进行，特邀北京、上海、深圳、杭州等国内著名科研院校的7名专家教授组成评标委员会。为使评标委员会专家充分把握评标体系方案，实施评标时更具科学性，9月8日至9月10日组织评标委员会专家对全市重点旅游资源进行了现场踏勘。9月10日至12日，评标委员会专家根据预先制定的《济宁旅游发展规划招标评价指标体系方案》对投标文件等进行定量评价。9月13日，评标委员会的专家、省旅游局、市级班子有关领导及有关市直部门主要负责人听取了北京土人景观规划设计研究所、北京大学景观设计学院研究院、北京仙创旅游设计研究中心、北京大学中国区域经济研究中心，美国RHM国际设计集团，中国城市规划设计研究院旅游规划研究中心、中科院地理所旅游研究与规划设计中心四家投票单位对各自规划大纲的陈述讲解，并对各投票人进行了综合评定，在此基础上，将确定一家资质好、水平高、创意新的科研单位编制全市旅游发展规划。

三、扎实落实创建中国优秀旅游城市工作。一是认真抓好整改工作。省初审后，针对省检查组提出的意见，逐条逐项检查，下发整改意见。重点落实了城市建设、交通及各县市区景区建设等项目。与市中区、市公安局等部门联合，协调设置市中区步行一条街，彩色霓虹灯一条街、观光巴士，加强了管理，明确了详细实施办法。完善了城市旅游咨询服务中心设施、一日游线路等重点项目。二是广泛开展宣传工作。开展了创建中国优秀旅游城市知识竞赛活动，在济宁日报登载了竞赛试题；积极筹备在中国旅游报和旅游城市信息上进行形象宣传；认真组织创优专题片脚本的征询意见工作，进一步修改提高。三是认真做好创建中国优秀旅游城市国家验收准备工作。精心准备国家旅游局中国优秀旅游城市检查验收工作、组织接待方案、编排线路，准备创汇报材料。收集、完善档案资料。整理创优简报并分发国家创优办公室和山东省旅游局。

四、积极备战“十一”旅游黄金周工作。早准备，早动手，切实做好十一黄金周旅游筹备工作。一是加强组织领导工作。召开动员会议，贯彻落实省市领导指示精神，部署安排黄金周旅游工作。二是强化“十一”期间旅游安全工作。对各县主要景区（点）进行了重点检查和全面排查，确保消除各种安全隐患，确保黄金周不发生旅游安全事故。三是精心策划，周密组织丰富多彩的旅游活动，增强参与性、娱乐性，提升我市旅游竞争力，增加旅游综合效益。四是重点抓好旅游市场秩序整顿工作，力争实现旅游零投诉。五是尽职尽责做好黄金周统计预报工作和值班工作，同心协力推动旅游业大发展。

五、制订我市旅游促销活动工作方案。（略）

六、加强旅游区域强强联合。（略）

七、加强行业管理工作。（略）

八、加强旅游市场秩序监管工作。（略）

九、积极开展金穗齐鲁旅游联名卡活动。（略）

十、加强旅游培训工作。（略）

（资料来源：山东旅游政务网）

评析：这则通报属于情况通报，共从十个方面对当月工作共进行了归纳汇总，全文条理清楚，事项归类明确。

文体实训

1．2010年6月10日，××学院的赵霖、张可在期末考试导游实务时，由于平时不努力，想通过舞弊以蒙混过关，被监考老师发现。为了整肃校风校纪，学院领导决定对他们的舞弊行为进行严肃处理。6月12日，学院拟在通报栏上张贴对舞弊同学处分的通报批评。请你代为拟写这则通报。

2．今年夏天，三亚导游李平接了一个旅游团，路上突遭热带风暴袭击，李平在大风大浪面前首先为游客着想，帮助游客躲避风雨，并且在多方联系酒店无果的情况下，冒着风雨为游客购买了面包和饮用水，使得游客在车内安然度过有惊无险的六个小时。游客十分感动。请以三亚市旅游局的名义撰写一份通报，表彰李平在此次突发事件中的先进事迹。

3．在今年××省对AAA级景区进行复核的过程中，××景区对复核工作不够重视，准备不足，基础设施陈旧老化，对省旅游局要求的实施让利消费、吸引游客的措施也不肯作出让步，没有履行AAA级景区的责任与义务。经研究，决定取消其国家AAA级旅游景区资格，并予以公开通报批评。请以××省旅游景区质量等级评定委员会的名义撰写这则通报。

任务4 撰写报告

报告是用于向上级汇报工作、反映情况、答复上级机关询问事项的公文。报告属于陈述性的上行文，是上级机关制定方针政策、指导工作的重要依据，也是下级机关取得上级对本级机关工作的支持、指导的重要途径。上级机关收到下级机关的报告后，一般不需批复。

写作任务

××学院旅游管理系旅游协会今年十月份举办了“行万里路，读万卷书”读书月活动，活动结束后，需向学院学生处写一份关于读书月活动情况的报告，请代为拟写。

通过完成写作任务，要求学生达到以下目标：

1．掌握报告的组成要素和写作方法；

2．能够在现实社会中，根据工作和生活需要，拟写报告。

相关知识

作为行政公文的报告，和一些专业部门从事业务工作时所使用的、标题中也带有“报告”二字的行业文书，如“审计报告”、“评估报告”、“调查报告”等，不是相同的概念。

一、报告的特点

（一）汇报性

一切报告都是下级向上级机关或业务主管部门汇报工作，让上级机关掌握基本情况并及时对自己的工作进行指导。

（二）陈述性

因为报告具有汇报性，是向上级讲述做了什么工作，或工作是怎样做的，有什么情况、经验、体会，存在什么问题，今后有什么打算，对领导有什么意见、建议，所以行文上一般都使用叙述方法，即陈述其事。

（三）单向性

报告是下级机关向上级机关汇报工作、反映情况，是为上级机关进行宏观领导提供依据，一般不需要受文机关的批复，属于单项行文。

（四）事后性

“事前请示，事后报告”，多数报告都是在事情做完或发生后，向上级机关作出汇报。

二、报告的类型

报告的分类方法很多，从不同的角度可将其划分为不同的类别。

（一）按性质的不同，报告可分为两类

1．综合报告。综合报告是为使上级机关全面了解工作状况或有关情况而制发的报告。内容全面，带有工作总结的特征。

2．专题报告。专题报告是专门反映某一事项或某一方面工作情况的报告。内容集中、单一，常常写在上级机关部署某项工作任务或某一事件出现之后。

（二）按具体用途和内容的不同，报告可分为四类

1．情况报告。情况报告是专门向上级机关反映某种情况，包括日常工作动向、新近发生的事件、临时出现的重大事故或问题、重要的工作成果等的报告。

2．建议报告。建议报告是针对某项工作或某个问题，向上级机关提出采纳某个处理方案或者采取某种解决措施的建议或意见的报告。

3．回复报告。回复报告是根据上级机关或领导人的查询、提问作出的报告。这种报告针对性强，上级询问什么就答什么，不能答非所问。对待上级的询问，态度要慎重，如果不了解真情，要经过深入调查研究后再做答复。

4．递送报告。向上级报送文件、物件时使用的报告，正文简略，只需写明“先将××报上，请指正（或请查收）”即可。

（三）按行文直接目的的不同，报告可划分两类

1. 呈报性报告。呈报性报告是单纯向上级机关汇报工作，反映情况，而不要求转发的报告。只陈述情况，不提出意见，或以情况的陈述为主，以意见的提出为辅，是呈报性报告的特点。从内容上看，这类报告大都为情况报告。

2. 呈转性报告。呈转性报告是指针对涉及面广，特别是涉及其他平行机关或不相隶属机关工作的问题，提出处理意见或建议，请上级机关审阅并批转有关机关的报告。既要反映情况，又要提出意见，甚至要写明具体的措施和办法。从内容上看，这类报告一般以建议的提出为主，大都是建议报告。

写作提示

在写作前首先要搞清楚写作任务的类型。本任务从性质的角度来看，属于专题报告；从用途和内容的角度来看，属于情况报告；从行文的目的来看，属于呈报性报告。另外，写作前需要充分掌握关于该系读书月活动的有关真实情况，从中分析出经验和教训，提出进一步改进的措施。

任务实施

报告的结构分为首部、正文、落款三部分。

一、首部

（一）标题

包括标题和主送机关。常见的标题有两种形式。一种是由事由和文种组成；另一种是由发文机关、事由和文种组成。

（二）主送机关

写主送机关时要求顶格写上受文单位全称。

二、正文

正文包括开头、主体、结尾三部分。

（一）开头

开头部分要开门见山地简要说明报告的原由、目的、意义，一般写得比较概括，但要将有关情况写清楚，摆明依据，为下文叙述报告事项设立前提，然后用“现将有关情况报告如下”之类的惯用语过渡到下文。答复报告开头要先引述来函文号及询问的问题，然后过渡到下文，答复上级的询问。

（二）主体

主体部分是报告的核心部分，内容包括工作情况、存在问题、经验教训、今后打算或是进一步开展工作的意见等，不同种类的报告，在写作上各有侧重。

（三）结尾

结尾部分是结束语，一般是一个祈请句，请求上级机关对报告中存在的问题作出指示。一般都有程式性用语，应另起段来写。工作报告和情况报告的结束语常用“特此报告”；答复报告多用“专此报告”；呈报性报告多用“以上报告妥否，请指示”等；递送报告则用“请审阅”、“请收阅”等。因报告是单向性公文，所以类似“以上报告当否，请批示”的结束语是不妥当的。

三、落款

包括署名和时间两项内容。如果标题有发文单位就不再署名，否则就要在右下方署上单位名称或主要负责人姓名，并于其下写明年、月、日。

写作提示

本任务写作时要注意，在开头要说明读书月活动的缘由和目的，也可对活动进行概括的评价；主体是报告的核心部分，重点介绍读书月活动的具体情况，包括活动的进展情况、主要做法、取得的主要进展和效果，最好能使用数字说明和概括性的材料，做到言简意赅。

任务评估

撰写一则好的报告，要做到以下几点。

1．反映情况，实事求是

向上级报告事实、情况或问题，都要本着对上级和群众负责的态度，坚持实事求是的原则，不能“谎报军情”。

2．重点突出，中心明确

报告内容要受主题的支配，为主题服务，并强化主题。

3．行文及时，注重时效

向上级反映情况、提出建议必须及时迅速，注重时效性。

4．叙述事实，简明扼要

报告的语言要简洁，篇幅尽量短小，要做到这一点，就要求充分采用概述和突出重点的表达方法，不用细节描述。

5．报告中不能夹带请示事项

报告属于陈述性文体，受文单位不用答复，切忌将报告提出的建议或意见当做请示，要求上级指示或批准。

例文评析

例文 1

东营市“十一”旅游黄金周情况报告

今年“十一”黄金周，甲型 H1N1 流感疫情影响较小，我市假日旅游持续升温，旅游市场安全有序，游客数量和旅游收入明显增长。现将有关情况报告如下：

一、基本情况

黄金周期间，全市各级旅游管理部门和旅游企业按照省旅游局和市委、市政府要求，全力做好黄金周期间的接待、协调和各项服务工作，较好地实现了“健康、安全、秩序、质量”四统一的工作目标。10 月 1 日至 10 月 8 日，全市共接待国内游客 37.5 万人次，实现旅游收入 10368 万元，分别比去年同期增长 30.38%和 31.82%。

二、主要特点

一是加强组织协调，扎实做好各项准备工作。根据上级对黄金周工作的总体部署和要求，在工作安排上立足一个“早”字，对旅游产品、线路组织、市场整顿、企业接待等工作早部署、早准备。9 月初市旅游局专门下发了通知，并组织各级旅游主管部门重点对旅游企业接待准备、安全生产等进行督促检查，增强旅游企业的服务意识和安全生产意识。9 月中下旬连续多次召开专题会议进行调度，并由市区（县）旅游部门和相关部门组成检查督导组进行拉网式检查，及时发现和解决问题，着力把市场、接待、安全等各项工作落实到位。节日期间，市旅游局组织了专项检查组，到景区（点）和旅行社现场督查调度，靠前指挥。市工商、交通、公安、黄河口生态旅游区管委会等相关部门密切配合，高效运作，为黄金周安全运行提供了有力保障。公安部门采取有力措施，加强景区（点）的安全保卫和交通疏导；铁路、公路、交通等部门及时调度运力，确保游客进得来、走得了。

二是旅游宣传促销成效明显。今年以来，按照“北上、南接、西进、东拓、外联”的市场开发策略，加大宣传力度，全面拓展旅游市场，进一步打响了中国优秀旅游城市的金字招牌。2 月中旬至 3 月中旬，在“好客山东”号飞机上进行了为期一个月的宣传，发放各类宣传资料和地方特色旅游商品 15000 多份；3、8 月份，在中央电视台 1 套和新闻频道同时投放了为期两个月的旅游形象广告； 4 月份，组织带领县区旅游局、旅游企业近 20 人参加了在大连举办的 2009 中国国内旅游交易会；5 月份，组织县区旅游局、旅游企业近 50 人参加了在烟台举办的中国北方旅游交易会；8、9 月份，先后组织参加了 2009 中国青岛·亚太国际旅游博览会、第九届中国（济南）国际旅游交易会暨 2009 生态休闲旅游博览会、首届宁夏国际文化艺术旅游博览会、2009 中国（天津）旅游产业节博览会，发放各类宣传资料 60000 多份，扩大了“黄河入海流·兵圣故里游”的知名度，提高了黄河口旅游的影响力，为成功预热“十一”黄金周假日旅游起到了积极的作用。同时，市及油田各新闻媒体及时安排假前及假日期间的宣传报道，分别推出专栏、专题、专版等栏目，营造了浓厚的旅游氛围。

三是齐鲁联合旅游年票带动力强。3月份，联合淄博、滨州、莱芜三市，共同推出了齐鲁联合旅游年票。市旅游局积极协调我市黄河口生态旅游区、天鹅湖旅游度假区、揽翠湖旅游度假区、市历史博物馆、黄河入海口生态农业观光园等5家旅游景区加入了“旅游年票”，受到了市民和游客的好评。齐鲁联合旅游年票的发行，大大方便了游客的出游，据统计，黄金周期间，我市共接待齐鲁联合旅游年票游客20000多人次，为我市旅游景区注入了生机和活力。

四是生态农业旅游大放异彩。深入自然品味生态，重归农村亲历农业，成为假日期间广大游客和普通市民的首选。节前节中，全市有10余家规模较大的冬枣园举办了系列采摘观赏活动，吸引大批游客同赏金秋美色，共享丰收喜悦。

五是散客和短线游成为客源市场主流。本次黄金周旅游最鲜明的特点是旅游散客大幅度增长，成为客源市场主流。自驾游、自助游等多样化旅游方式增长势头强劲，旅游散客和自驾车游客比例达60%以上。自驾车旅游者主要来自北京、天津、河北、河南、济南、青岛、淄博等地区，从而显示出我市自驾车旅游的巨大潜力。

六是假日旅游活动丰富多彩。市、区（县）各级旅游部门积极引导、大力开发适应假日旅游、乡村旅游需求的旅游产品，推出了一批有较强吸引力的节庆活动。东营区重点在做好旅游接待集散服务工作的同时，组织举办了天鹅湖首届魔术文化旅游节，并打造了农业观光游、游船城市风光游、南二路逍遥游、文化公园等近郊休闲旅游产品；广饶县组织举办了第五届孙子国际文化节、第四届丁庄冬枣采摘节，推出了古齐文化游、刘集支部红色旅游等产品，并增设了孙武湖水上娱乐项目；垦利县在主打黄河口生态游的同时，组织举办了第三届黄河口旅游文化节、第六届蜜桃采摘节、黄河口大闸蟹美食文化旅游节，推出了渤海垦区纪念馆红色旅游、红光赶海拾贝渔家乐等特色旅游产品，不仅对外地游客产生了较强吸引力，也深受本地游客欢迎；河口区组织举办了2009黄河口冬枣文化节；利津县根据自身特色优势，推出了黄河外滩观光游、翠园湖垂钓等活动，吸引了大批的近郊游客。

七是旅游市场安全有序。市、区（县）各级旅游部门按照市委、市政府和上级旅游主管部门的要求，把旅游安全作为假日旅游的头等大事来抓。节前，各级旅游和相关部门深入企业进行安全督导和现场检查，及时发现和解决存在的问题，确保了假日旅游安全。节日期间，市、区（县）旅游部门对旅行社非法倒团等扰乱市场秩序的行为进行了查处，维护了游客的合法权益。黄金周期间，全市各级旅游主管部门严格落实值班和信息统计报送制度，实行24小时值班，确保信息畅通，工作协调有力，解决问题及时。

东营市旅游局

二〇〇九年十月八日

（资料来源：东营市旅游政务网）

评析：这篇情况报告首先指出了黄金周期间的旅游基本情况，分析归纳了其主要特点。在归纳特点时，紧密结合旅游情况，可谓立足现实，又有升华。

例文2

2010年春节黄金周石阡旅游业情况报告

通过地委、行署对全区大旅游的积极营造，我县旅游工作在地区旅游局的指导下，在县委、县政府的高度重视、精心筹备下，在县旅游局的组织协调下，春节黄金周圆满实现了“安全、秩序、质量、效益”四统一的工作目标，取得了明显的成效。同时在黄金周期间全县旅游接待秩序井然，未出现旅游安全事故和重大服务质量事故，真正使外地游客在我县度过了一个祥和、安全的旅游节日，实现了预期目标。

一、春节旅游黄金周基本情况

（一）景区接待人数与收入

春节期间我县共接待游客总人次为7.92万人次，同比增长203%，旅游总收入2226.7万元，同比增长343%。游客构成方面：旅行社组团出游客人比重较小；多数游客是自驾游，省内客源市场仍是今年黄金周旅游客源市场的主角，以贵阳、铜仁为中心的客源市场稳步增长，春节返乡游客是接待游客的重要组成部分。

（二）宾馆服务业

春节期间，全县宾馆在原有床位的基础上增加了50个床位。累计接待游客0.45万人次，收入65万元。

二、基本特点

1. 文化、生态体验游、温泉休闲度假游发展势头强劲。

今年以来，我县对尧上仡佬族文化村原有活动项目乘座彩篷马车、仡佬婚俗表演、乘座彩篷木筏、烧烤全牛、全羊等进一步规范，同时加大投入，增加了与游客的互动性节目。

乡村旅游给当地村民增加了收入，提高了村民素质。有的村民既是旅游协会的管理者、又是导游，既是餐厅负责人、服务员，又是演员，既是马车手、船老大、又是山歌高手，忙得不亦乐乎。

石阡温泉通过多渠道、多方式宣传，让温泉休闲度假游初显名气。2009年，随着各项基础设施的不断完善，城南温泉在原来的基础上投入近5000万元，进一步改善洗浴条件和接待设施。黄金周来泡温泉的游客占我县旅游市场的65%。

2. 多渠道、全方位搞好报务。

通过黄金周前的旅游服务培训班有力地促进旅游服务行业的服务水平。为游客提供无偿服务，设立游客咨询中心，方便游客。旅游局24小时值班，各景区（点）设旅游投诉电话，维护消费者权益。各部门由管理向服务转变。

三、存在的问题

1. 交通条件仍是制约我县旅游发展的主要因素。（略）

2. 旅游基础设施落后。（略）

3. 旅游服务设施条件差，接待水平不高的问题仍然突出。（略）

4. 导游队伍欠缺。（略）

四、对今后黄金周及当前旅游工作的建议

1. 进一步健全和强化黄金周旅游和日常旅游工作的联系协调机制。

2. 集中力量优先解决制约旅游发展的关键环节。（1）继续加大交通建设和管理工作力度。一是继续抓紧道路建设，尤其是通景区油路和重要景区公路改造，加快进度和确保质量并重。二是想方设法增加旅行车和提高旅行车档次，缓解旅游交通运力不足的状况。（2）通过招商引资加快饭店等旅游服务设施建设。加强文化兴旅工作，增强文化产业服务旅游的理念。（3）通过争取国家旅游发展基金和省旅游专项资金等方式，加快旅游基础建设。

3. 要高度重视和突出抓好旅游安全工作。从建立新的安全旅游目的地形象的需要出发，必须在旅游全行业和社会上牢固树立“没有安全就没有旅游”的观念，高度重视和突出抓好旅游客运船、码头及救生应急设施方面存在的主要问题，开展水上旅游安全的专项检查治理。另一方面是要依法从重从快查处、打击危害旅游者人身和财物安全的治安和刑事案件，切实维护旅游区（点）、线路和主要旅游服务场所的治安安全与秩序。

4. 继续做好旅游市场开发和宣传促销工作。（1）主办节庆活动要进一步突出旅游宣传功能，民间举办的节庆活动要通过引导进一步向旅游者开放，并更好地方便旅游者观赏、参与、考察，同时方便旅行社销售。（2）继续采取请进来、走出去的方式，邀请旅行社、旅游记者来考察、采访，组织摄影、文学方面的人士来采风、摄影，同时充分利用展销会、交易会、洽谈会来宣传、展示旅游业，并选择目标市场举办宣传推介会、旅游说明会和旅行社、新闻记者联谊会、恳谈会，要探讨学习运用流动大篷车、民族民间演出等新的方式到重点客源地进行宣传促销。（3）新闻宣传要进一步加大力度，营造更为浓厚的旅游气氛，使全区旅游一盘棋，突出资源差异性，互相推，努力实现多赢，为旅游业发展创造更有利的外部环境。

5. 继续抓紧旅游人才教育培训，加速旅行社的建设。旅游培训一方面应该扩大到党委、政府及其工作部门的主要负责同志和负责旅游管理工作的同志，尽快用旅游科学理论知识来武装领导者、决策者的头脑；另一方面要加大对旅游从业人员素质的培训力度，尤其是对导游人员、宾馆服务人员和民族村寨解说员、管理人员的培训。加强旅游营销策划，选择目标客源地进行宣传促销，加快与旅行社行业的接轨，做好旅行社设立工作，力争各类旅行社在做行程的时候，把全区旅游景点纳入其中。

石阡县旅游事业局

二〇一〇年二月二十日

（资料来源：石阡政府网）

评析：这篇报告开头部分从景区接待人数与收入、宾馆服务业两个方面分析了春节旅游黄金周基本情况，在此基础上归纳出两个基本特点。这篇报告的可资借鉴之处在于，指出了存在的问题，并对今后黄金周及当前旅游工作提出了建议，便于进一步改进工作。

文体实训

1. 请你代学校团委向学校党委写一份开展××活动的报告。要求说明为什么要开展这次活动？是怎样开展活动的？有什么收获？

2. 根据下面提供的材料，请以××旅游集团的名义向其归属的××铁路局起草一份报告。

（1）×年×月×日上午9点30分，××市××旅游集团下属的××大酒店三楼客房发生重大火灾事故。

（2）事故后果：未造成人员伤亡，但烧毁客房中大部分商品，直接经济损失20万元。

（3）施救情况：事故发生后，市消防队出动2辆消防车，经1个多小时扑救，大火才被扑灭。

（4）事故原因：直接原因是某客房客人走后电水壶电源未拔，服务人员也未能及时查看，干烧时间过长造成火灾，这和××大酒店领导及员工安全思想淡薄，酒店安全制度不落实，许多安全隐患长期得不到解决有关。

（5）善后处理：××旅游集团领导带领有关人员赶到现场调查处理，并对有关人员视情节轻重，做了相应处理。

3．指出下面这则报告存在的主要问题，并加以修改。

景区管理处领导并转财务处：

一年一度的国庆、中秋两大节日即将来临，工会拟为每位职工购买100元左右的物品以示慰问。因考虑到职工需求各异，因此欲将购买物品的100元转换成超市购物券发给职工自行开销。可否，请领导指示为盼。

此致

敬礼

××景区管理处

任务5　撰写请示

请示是一种下级机关向上级机关请求指示和批准的公文。其行文目的是请求上级机关对本级机关单位权限范围内无法决定的重大事项，以及工作中遇到的无章可循的疑难问题，给予答复。

写作任务

选择一个你比较熟悉的风景区，以当地旅游局的名义向上级主管机关写一则请示，将该风景区列为国家4A级风景区。

通过完成写作任务，要求学生达到以下目标：

1．掌握请示的组成要素和写作方法；

2．能够在现实社会中，根据工作和生活需要，拟写请示。

相关知识

一、请示的适用范围

请示主要适用于以下几个方面：

1．对上级有关方针、政策、指示或法规、规章不够明确或有不同理解，需要上级机关作出明确解释和答复；

2. 从本地区本单位的实际情况出发，需要对上级的某项政策、规定作出变通处理，有待上级重新审定，明确作答；

3. 在工作中出现新情况、新问题需要处理而无章可循、无法可依，需要上级机关作出明确指示；

4. 需要请求上级解决本地区、本单位的某一具体问题和实际困难；

5. 按上级机关和主管部门有关政策规定，不经请示有关部门批准，无权自行处理的问题；

6. 工作中出现了一些涉及面广而本部门无法独立解决的困难和问题，必须请示上级领导或综合部门，以求得他们的协调和帮助。

二、请示的特点

（一）期复性

请示属于要求领导机关予以回复的公文，具有强制回复的性质。下级机关都是在遇到比较重要的情况和问题需要解决时，才会及时向上级机关请示，期待回复是必然的。接受请示的机关应对请示事项表明是否批准的态度或予以明确的指示。

（二）针对性

必须针对本机关权限范围内无法决定的重大事项，以及在工作中没有对策、没有把握或没有能力解决的重大问题，才能运用请示。请示上级机关给予指示和批准。不能动辄向上级请示，回避责任。

（三）时效性

请示的内容一般都有较强的迫切性，应该及时写作、及时发出，否则可能耽误解决问题的最佳时机。同时，上级机关也应在处理下级请示时，及时给予批复。

（四）单一性

请示要求一文一事，不得在一份公文中就若干事项请求指示和批准，这样不利于批复。

三、请示的类型

请示类型有多种分类。根据请示的不同内容和写作意图，可将其分为以下三类。

（一）求示性指示

请求上级对有关方针、政策、规定中难以理解或不明之处，以及工作中遇到的不好解决的关键问题、无章可循的新问题等等给予指示和裁决。这类请示是向上级要政策、要办法。

（二）求准性请示

请求上级对于超出本机关、本单位处理范围的事项给予批准、允许，这类请示多涉及人事、财物、机构等方面的具体问题。

（三）求助性请示

请求上级对本机关、本单位增补经费、增加设备、为某些事项拨款或拨指标等予以帮助和支持。

写作提示

任务中的请示属于求准性请示，针对性比较强，在写作前，需要搜集该风景区的相关资料信息，并对国务院关于国家重点风景名胜区的有关条例和规定详细了解，在此基础上，才能有内容可写。

任务实施

请示由首部、正文和落款三部分组成。

一、首部

主要包括标题和主送机关两个项目。

（一）标题

请示的标题一般有两种构成形式：一种是由发文机关名称、事由和文种构成，如《××县旅游局关于×××的请示》；另一种是由事由和文种构成，如《关于开展×××工作的请示》。

（二）主送机关

请示的主送机关是指负责受理和答复该文件的机关。每则请示只能写一个主送机关，不能多头请示。

二、正文

其结构一般由开头、主体和结语等部分组成。

（一）开头

主要交待请示的起因。简要说明为什么要请示，讲清提出请示的背景或依据。之后用“请示如下”等承启用语引出请示内容。它是上级机关批复的根据，原因要客观、具体，理由讲得合理、充分，上级机关才好及时决断，予以有针对性的批复。

（二）主体

主要说明请求事项。它是向上级机关提出的具体请求，也是陈述缘由的目的所在。要把需要上级机关审批的问题写清楚并作出具体的分析，然后提出自己的看法或处理意见。问题本身要说清楚，阐述事实要实事求是，引用数字要准确无误，以便于上级机关判断掌握，及时给予答复。这部分内容要单一，只宜请求一件事。另外请示事项要写得具体、明确、条项清楚，以便上级机关给予明确批复。

（三）结语

应另起段，习惯用语一般有“当否，请批示”，“妥否，请批复”，“以上请示，请予审批”或“以上请示如无不妥，请批转各地区、各部门研究执行”等。

三、落款

一般包括署名和成文时间两个项目。标题写明发文机关的，这里可不再署名，但需加盖单位公章。

写作提示

本任务的标题可以直接由事由和文种构成，正文部分，首先要将背景和依据写得充分而且符合实际，并作出具体的分析，请求的事项要写得具体、明白，符合国家法律、法规；最好要分清主次，一条一条地写。这样才具有可行性和可操作性。请示结语语气要谦恭。

任务评估

一则好的请示，写作时应做到以下几点。

1．理由充分，事项具体

首先应写明提出请示的理由，即为什么要请示，应在说明申请事项的必要性同时，还要陈述解决申请事项所具备的有利条件及实现的可能性，为领导机关的批复提供有说服力的事实与数据。在阐述请示事项时，应根据本地区本单位的情况，提出执行和办理的具体意见，供领导机关批复时参考，在结尾处应明确提出行文的具体要求。全文应层次清楚，条理分明，有可行性和可操作性。

2．一文一事，主送明确

不要在一件请示中包括几件事，以便领导及时批复，否则由于请示中包含问题太多而拖延批复的时间。性质相同的几件事若需写在一文中，必须是同一机关可以批复、有权批复的。

3．不要多头请示

请示一般应主送一个主管的上级机关，不要多头主送。如果是受双重领导的机关，在报送请示时应根据内容确定好主送机关与抄送机关，由主送机关负责答复请示事项。此外还要注意：除领导直接交办的事项外，请示不得直接报送领导本人；也不要抄送下级机关；请示应按机关隶属关系逐级报送，一般情况下不能越级报送。

4．结构清楚，语气谦恭恳切

要尊重上级，不能用要挟、催促、命令等口吻。可写“拟”怎么办，不可写“决定”怎么办。但也不要低声下气，客客套套。

5．注意细节

行文时要注意细节，要掌握好时机，以“情”动人；联合行文请示要做好会签协调工作；不请示非本机关之事。其他单位的事，用建议报告；请求批准法规、规章、决定等的请示，应在正文中说明制发上述公文的必要性及主要内容。

例文评析

例文 1

关于丹霞山风景名胜区列为国家重点风景名胜区的请示

国务院:

丹霞山风景名胜区位于我省韶关市仁化、曲江两县境内，面积 180 平方公里，分丹霞山、韶石山、大石山三个景区，距韶关市区最近处 10 公里，最远处 50 公里，柏油公路直达主峰区，观光旅游的交通十分方便。

据地质考证，6 500 年前丹霞山所在地是一个大湖泊，由于造山运动，形成红岩峭壁和嶙峋洞穴，构成奇异自然风景。在全世界同类地形中，以丹霞山为最典型，“丹霞地貌”已成为国际地质学名词。现丹霞山景区已开发接待游人的范围为 12 平方公里，主要景点有 87 处，山、江、湖兼备，绿化良好，兼之摩崖石刻、寺庵、亭台楼阁点缀其间，自然及人文景观丰富。靠丹霞山南侧的韶石山景区，滂于浈水，是历史上舜帝南巡奏乐之处，内有“三十六石”的奇景；丹霞山西侧的大石山景区，类似丹霞山的奇山异峰，有丹寨幽洞、岩柱等自然景观。

在丹霞山风景名胜区附近，有“金鸡岭”、“九龙十八滩”、“古佛岩”、“南华寺”、“马坝人遗址”等风景区及名胜古迹，总面积约 400 平方公里。目前，粤北地区以丹霞山风景名胜区为中心形成了我省一条重要的旅游线。

根据国务院《风景名胜区管理暂行条例》，我们对丹霞山风景名胜区进行了资源调查、评价，编制了总体规划。现申请把丹霞山风景名胜区列为国家重点风景名胜区，请审批。

广东省人民政府

一九八八年二月十一日

评析：这是一则求准性请示。标题由事由和文种构成。正文开始便交待了本请示的背景、原由、依据：写了丹霞山的地理位置和有关情况，丹霞山的风景名胜价值和旅游价值。然后写作者单位为申请将丹霞山列为国家重点风景名胜区做了有关准备工作。层次清楚，理由充分。结尾以请求语作结。全文结构周密，语言与内容相适应，又不失文采，而且明晰简洁。

例文 2

关于中国江南水乡博物馆景区申报国家 4A 级旅游区的请示

杭州市旅游委员会:

中国江南水乡博物馆景区位于余杭区政府所在地临平，地理位置优越，交通便利，景区总占地 120 亩。主要特色旅游资源为博物馆陈列及馆藏文物，有自新石器时代至明清时期的各种文物6500余件（组），三级以上珍贵文物达550余件（组），包括石器、玉器、金银器、碑碣、书画等各种类型，其中馆藏良渚文化器物数量之多、价值之高，堪称全国之最，体现出余杭良渚文化发祥地的历史渊源，为中国文明起源多元论提供佐证。博物馆内设4个单元展览，共7个展厅，文物共38件（组），自2003年12月正式开发以来，以其独特的陈列方式、丰富的馆藏文物，优美和谐的景区环境在长三角地区乃至全国文博界享有盛誉，已成为宣传杭州历史文化，提升城市品位的金名片和文化旅游的新亮点，2005年被团中央命名为全国青少年教育基地。

为进一步提升景区的品位和档次，自今年年初该景区开展了国家4A级旅游景区创建工作，对各部位的软硬件设施进行全面整改和提高，现已基本整改完毕。为此，我局根据《旅游景区质量等级划分与评定》（GB/T17775—2003）国家标准，对中国江南水乡博物馆景区的服务质量与环境质量、景观质量、游客意见三个部分进行现场评价和自评打分，结果表明：中国江南水乡文化博物馆景区已基本具备申报"国家4A级旅游区"的条件，特向贵委提出申请，要求将中国江南水乡博物馆景区申报国家4A级旅游景区。

以上请示当否？盼复。

杭州市余杭区风景旅游局

二〇〇六年十一月二十一日

评析：这则请示标题由事由和文种构成。正文部分交待了本请示的背景、原由、依据，写作中事实清楚，数据明确，内容翔实。在谈及准备情况时，对相关标准和评定办法了解清楚，具有较强的针对性。

文体实训

1. 下列这则请示，在格式、用语、内容等方面是否得体，不当之处请修改。

关于××旅游风景区申请AAA级景区的请示

××市旅游局：

××旅游风景区是一处集旅游、观光、休闲、娱乐、购物于一体的综合性旅游区域。旅游区内设有××、××、××、××等旅游观光项目，已投资×亿元。当前国内旅游业发展迅速，旅游市场竞争日趋激烈，为了进一步顺应旅游形势的发展，我局认为，××风景区已成为我县生态旅游经济区的"龙头"，在市旅游局和县委、县政府的正确领导及有关部门的大力支持下，认真组织开发建设，目前××景区的发展已具备足够的规模，对外影响力和吸引力业已扩大。××风景区申报创建国家3A级旅游区，时间紧、任务重、涉及面广，请求市旅游局组织有关专家、人员尽快抓紧对××创建国家4A级旅游区工作进行评定批准。

××县旅游局

××××年×月×日

2．根据下列材料，写一份格式规范、内容简明合体的请示。

××市旅游局×年×月×日 向××市政府行文，发文字号：×旅〔××〕××号。

××市旅游局全体工作人员开拓创新，奋力拼搏，重点开发建设该市××景区，使得该市旅游收入和知名度得到大幅度提升，“旅游兴市”的战略目标初步实现，该局也被省人事厅、省旅游局评为“全省旅游工作先进集体”。响应省市的号召，为了进一步实现这一目标，创建旅游城市，该局需要对外加大旅游宣传促销力度，对内加强行业管理，然而问题是人员少、经费不足。为此，请示市政府增拨该局旅游工作经费三十万元。

3．××学院旅游管理系旅游英语专业的同学们打算利用五一假日出去旅游，不知学校是否同意学生集体外出旅游，此事需向学院学生处请示。外出旅游时间为1天，费用自筹。请你以系学生会的名义起草这份请示。

4．结合旅游工作实际，写一篇成立××旅游协会的请示。

任务6　撰写批复

批复是上级机关答复下级机关请示事项时所使用的指挥性下行公文。它与请示这一公文相对应，是对请示的回答、回应，应下级机关的请求而发，批复的主送机关就是请示的发文机关，批复的事项就是请示的事项。

写作任务

针对任务5中的写作任务，请以其上级主管机关的名义拟写一则批复。

通过完成写作任务，要求学生达到以下目标：

1．掌握批复的组成要素和写作方法；

2．能够在现实社会中，根据工作和生活需要，拟写批复。

相关知识

一、批复的特点

（一）被动性

批复是用来答复下级请求事项的，依赖请示而存在，先有请示后有批复。

（二）针对性

首先，批复的对象必须针对请示机关行文；其次，批复的内容必须是针对请示事项而发，请示什么就批复什么，内容单纯。

（三）权威性

批复发自上级机关，代表着上级机关的处理意见和意志，对下级机关具有行政约束力，特别是重大事项的答复，体现了党和国家的有关方针、政策，具有权威性。所以，批复一经下发，下级机关必须遵照执行。

（四）指示性

批复的目的是指导下级机关的工作，因此批复在表明态度后，应当简要说明方针、政策及执行时的要求。

二、批复的类型

根据内容的不同，批复可分为以下几种类型。

（一）核准性批复

适用于审批应由上级批准的具体问题，完成某一事项法定的组织手续，其内容一般比较简单，大都是表态性的。

（二）指示性批复

在审批某一问题的同时，进一步提出一系列相关指示，要求下级照此执行。此类批复，一般篇幅较长。

（三）答复性批复

是就法规政策方面的事宜作出解答性的批复。

写作提示

任务中的批复属于核准性批复，在行文答复之前的准备工作包括：首先，应该对请示内容的真实性进行核实，进行一定的调查研究；其次，要对相关政策条文进行了解和熟悉，是否批准，必须有政策依据，不能随意为之。这就是批复的政策性和依据性。

任务实施

批复的结构由首部、正文、落款等几部分组成。

一、首部

包括标题、发文字号和主送机关。

（一）标题

批复的标题有多种构成形式。一种是由发文机关、批复事项、行文对象和文种构成；一种是由发文机关、事由和文种构成；一种是由事由和文种构成；还有一种是由发文机关、原件标题和文种构成。

（二）发文字号

发文字号由机关代字、年号、顺序号三个部分组成。

（三）主送机关

批复的主送机关应在文首顶格写。一般只有一个，就是报送请示的下级机关。

二、正文

正文通常由开头、主体和结语三部分组成。

（一）开头

开头一般注明批复的依据，用以说明是针对哪个请示所作的批复，要求写得严谨、明确。

开头通常要引述来文作为批复的依据，引述的方法有四种：第一种是结合请示的日期引述，如“××××年×月×日来文收悉”；第二种是结合来文的日期和文号引述，如“××××年×月×日×号文收悉”；第三种是引来文日期和来文名称，如“××××年×月×日《关于××的请示》收悉”；第四种是引述来文日期和请示事项，如“××××年×月×日关于××问题的请示收悉”。

（二）主体

请示的内容决定批复的写法。下级机关只就某个具体事项请示，批复的内容亦简单明了，可直接表态，同意的就写肯定意见，不同意的要提出有根据的、有针对性的缘由。有的批复具有一定的普遍性，则需上级机关较为详细地写明批复态度，充分阐明理由。还有些批复可在同意的前提下，原则性地提出希望。

（三）结语

结语是批复正文的最后部分，它的写法有三种：第一种是另行写“此复”或“特此批复”；第二种是写希望和要求，给执行请求事项的答复指明方向；第三种是秃尾，就是请示事项答复完毕就告结束。

三、落款

写明发文机关和成文时间。在右下方写明并加盖公章。如果标题已写有发文单位名称，这里可以略去不写，只盖公章。

写作提示

任务中的批复标题的结构可以采用事由和文种结合的形式。正文部分要紧扣来文，根据所请示审批的具体事项，亮明观点和态度，作出同意或不同意的表示。如果同意请示事项，则既可以只表示肯定性意见，也可以在此基础上提出指示事项和要求;如不同意请示事项，则既可以只表示否定性意见，也可以在此基础上说明理由，并作出应该如何处理的指示。态度要鲜明，不能含糊其辞，模棱两可，以免下级机关无所适从。

任务评估

批复是答复下级机关来文并要求下级机关遵照办理的指示性文件，往往政策性较强，因此，写作批复，应当做到以下几点。

1．语言精炼准确

批复的语言要简明扼要，态度明朗，意见具体，语气坚决，不能含含糊糊，模棱两可。篇幅不宜过长。

2．全面周密

请示的事项尽管应是单一的，但也可能包含着密切相关的几个方面的问题，在批复时要对所有问题都有交待，而不能有所遗漏。批复意见要经过慎重考虑，要在认真分析各方面情况之后提出，免得顾此失彼，无法正确地指导工作。

3．慎重及时

下级机关是在遇到无法解决的问题时才制发请示，上级机关不作答复，问题就无法得到解决。写作人员要认真研究请示事项是否符合近期工作需要，以及党的方针政策、国家的法律法令等；根据现行政策法令及办事准则，及时给予答复，以免贻误工作。

例文评析

例文 1

关于同意西柳服装市场等两家景区为国家 AAA 级旅游景区的批复

鞍旅发〔2010〕28 号

海城市旅游局:

根据海城市旅游局初评与推荐，鞍山市旅游景区质量等级评定委员会组织专人，依据中华人民共和国国家标准《旅游景区质量等级的划分与评定》，对海城西柳服装市场、海城南台箱包市场旅游交通、游览、旅游安全、卫生、邮电、旅游购物、综合管理、资源和环境的保护、景观质量和游客满意度等十个方面进行了实地检查和评分。市旅游景区质量等级评定委员会认为这两家景区创建 A 级景区意识较强，能够在景区原有的基础上，参照国家 A 级旅游景区标准，从软硬件两方面入手，不断加强制度和基础设施建设，海城西柳服装市场、海城南台箱包市场基本达到国家 AAA 级旅游景区标准。经鞍山市旅游景区质量等级评定委员会研究，决定批准海城西柳服装市场、海城南台箱包市场晋升为国家 AAA 级旅游景区。

特此批复。

二〇一〇年九月二十八日

（资料来源：鞍山旅游网）

评析：这则批复点明了批复依据，表明了批复态度，简单明确，要素齐全。

例文 2

关于××景区评定为国家 4A 级旅游区的批复

××县旅游局：

你局《关于要求申报××景区为国家 4A 级旅游区的请示》（×旅〔××××〕××号）收悉。经我局组织评定小组依据中华人民共和国国家标准 GB/T17775—2003 进行评定，该景区已基本达到国家 4A 级旅游区的标准，为此，同意××景区评定为国家 4A 级旅游区。

希望××景区能继续按总体规划要求，加快建设步伐，完善配套设施，进一步提升品位，努力争创更高级别的旅游区。

特此批复。

××××年×月×日

评析：这则例文作为一则核准性的批复，引述来文完整清楚，充分体现了批复的针对性；有政策依据，表态明确，具有可行性。在此基础上，简单提出希望和要求。从内容上看，是一则不错的批复，但是，从结构上看，落款处没有写明发文机关，如果落款不标明的话，也可以在标题上注明，如：××市旅游局关于××景区评定为国家 4A 级旅游区的批复。

文体实训

1. 完成任务 5 中文体实训部分的第 2 题和第 3 题之后，分别针对这两则请示以其上级的名义写两则批复。

2. 分析下则例文，找出问题并修改。

批　复

海港酒店：

对你酒店的多项请示，做如下答复：

1. 原则批准你酒店增设公关部，负责本酒店的宣传策划和形象塑造工作。你酒店可尽快开始该部门展开工作。

2. 你酒店提出的“关于增聘管理人员和服务人员”利于集团的扩张和发展，集团给予批准。最好不执行，因为这个办法违反上级有关文件精神。

3. 你酒店要求将酒店二楼的两个多功能厅改造建设成一个大型夜总会，最好不要执行。

4. 同意你酒店“关于开展学习微笑服务模范王丽同志活动”的请示。事迹感人，应大力宣传。

海港集团总公司

××××年×月×日

任务7 撰写意见

意见是上级领导机关或主管部门为阐明对某些重大事项、重要问题或工作的看法、主张或处理办法而制发的一种指示性、建议性公务文书。意见属于可多个方向行文的公文。

写作任务

选择一个你比较熟悉的旅游城市，对其旅游市场秩序进行调查研究和分析，寻找存在问题和解决办法，然后以当地旅游主管部门的名义，写一份关于整顿规范当地旅游市场秩序的意见。

通过完成写作任务，要求学生达到以下目标：

1．掌握意见的组成要素和写作方法；

2．能够在现实社会中，根据工作和生活需要，拟写意见。

相关知识

一、意见的特点

（一）内容上的针对性

意见总是要根据现实的需要，针对工作中的重要问题提出本单位的见解和具体处理办法，无疑具有鲜明的指向性，不能泛泛而谈，失去针对性。

（二）行文上的灵活性

这体现在两个方面，首先是行文形式的灵活，可以独立成文；也可以与其他文种搭配成文，如《关于转发〈×××意见〉的通知》；也可以是联合行文，如国务院军队转业干部安置工作小组、中组部、人事部、总政治部联合下发《关于认真做好2000年军队转业干部安置工作的意见》。其次是行文方向的灵活，意见可用于上行文、下行文和平行文。

（三）功能上的两重性

即具有指示性和建议性。上级机关下发的意见具有指示性，下级机关上报审批的意见具有建议性。

二、意见的类型

（一）根据意见的发布形式，可分为两种

1．直发性意见。上级机关对下属机关的工作提出指导意见，由于是领导和被领导的关系，可以直接下达。

2．转发性意见。主管部门就自己主管的工作提出指导性意见，但由于与执行单位没有隶属关系，不能直接行文，于是先呈报给与执行单位有关的上级机关，再由上级机关批转给有关单位执行。

（二）根据内容和作用的不同，可分为四种

1．指示性意见。上级机关或有关部门对下属机关的工作阐述原则、提出要求，对工作进行指导。

2．计划性意见。上级机关或业务主管部门制定开展某项工作的部署、要求、安排和具体措施等，是带有工作计划特点的指导性公文。

3．建议性意见。下级机关针对重大问题向上级机关提出的关于改进、开展工作的设想和建议。

4．协商性意见，也叫征询性意见，是一种平行文意见。是平行机关和不相隶属机关为了协调工作，一机关向另一机关主动提出协商有关事项的意见。

写作提示

本任务中的意见要求比较明确，以主管部门的名义拟写，可见是一则下行文，属于直发性意见、指示性意见。写作前，需要按照写作要求对当地旅游市场秩序进行充分调查研究，掌握一手资料；另外，需要了解和熟悉当地政府关于旅游发展的指导思想和主要目标，以及国家关于旅游市场的相关规定。只有这样，在写作时才能有的放矢，避免写出的意见与有关文件精神相违背。

任务实施

意见的格式由首部、正文和落款三部分组成。

一、首部

（一）标题

通常有两种形式：一种由“发文机关＋事项＋文种”组成，另一种由“事项＋文种”组成。

（二）主送机关

下级机关对上级机关行文时，主送机关只写一个；上级机关对下级机关行文时，主送机关写泛称。直发性意见一般要标注主送机关；转发性意见的主送机关已经标注在批转通知中，无须再标注主送机关。

二、正文

意见的正文篇幅一般都比较长，由前言、主体和结尾三部分组成。

（一）前言

也可叫导语。主要是制发意见的缘由、政策的依据、发文的目的和意义。

（二）主体

主体部分根据行文目的不同，内容也有不同，但共同的要求是：针对中心问题，从不同角度和方面分别阐述，把对重要问题的见解和办法具体写明。上行文要写明对重要问题的见解，提出建议、主张和具体措施；下行文要针对重要问题提出原则性的要求、提出解决办法、布置工作任务，还要要求下级机关遵照执行。

主体部分如果内容多就要分条列项写，段首写出概括句，也可用小标题来阐述指导思想、工作要求、具体做法等。

（三）结尾

大多是提出要求和希望，或者采用秃尾形式。

三、落款

签署发文单位名称和成文日期。标题下面有题注的，不必再加落款。

写作提示

任务中的意见正文部分应包括缘由和具体意见两部分。缘由部分可以概括地说明针对什么问题、根据什么精神、实现什么目的等等，要简明扼要，然后以“现提出以下意见”、“现制定本实施意见”或者“现就××工作提出以下规定”等过渡性语句转入下文。重点在具体意见部分，针对调查发现问题提出解决办法和具体要求，为了使表达更有条理性，可采用分层、分段、分条前加序号和小标题的写法。

任务评估

一份好的意见，应该符合下列要求。

1．目的明确

针对的问题和达到的目的要写清楚。要围绕核心问题阐述相应的解决办法。

2．用语得体

意见有多种行文方向，不同方向、不同目的的行文，语言风格应该不同。下行文的意见，用语要坚决肯定；上行文的请示和建议性的意见，语气要谦和；平行文的意见，多用商榷性语气。

3．措施合理、可行

意见的提出要实事求是，切实可行。办法要合理，符合实际情况，允许下级机关或有关部门结合实际、因地制宜、灵活执行。

例文评析

例文 1

关于进一步整顿和规范旅游市场秩序的意见

全市各旅行社:

近年来，我市按照国家、省旅游局的工作部署和要求，开展旅游市场治理整顿，虽然取得了一定成效，但扰乱我市旅游市场秩序的行为依然存在，营业部承包挂靠问题、国内旅行社超范围经营问题以及行业自身自律不强、恶性压价竞争等问题比较突出；旅游广告宣传内容不真实，旅游服务货不对板的问题也时有发生，因此，继续抓好整顿和规范旅游市场依然是行业管理的重要工作。

为了维护旅游市场秩序，优化旅游市场环境，根据全国、全省整顿和规范市场经济秩序电视电话会议精神和市整顿办的工作要求，现就进一步加强我市旅游行业管理，整顿和规范旅游市场秩序提出如下工作意见:

一、各出境游组团社要严格按照《中国公民出国旅游管理办法》的有关规定和国家旅游局有关经营出境游业务的组团社实行“六不准”的要求（即不准超范围经营、不准组团到未开放的目的地国家旅游、不准与境外没有批准的旅行社有业务往来、不准超计划购物、不准强迫推销自费项目和不准诱导游客涉足不健康娱乐场所），加强出境游业务的管理，严格规范经营行为。

二、各旅行社要严格执行《旅行社管理条例》及其《实施细则》的有关规定，自觉守法经营。国内旅行社应当按照核定的经营范围开展经营活动，严禁超范围经营，违反者旅游管理部门将依照《实施细则》第十章第六十条进行处罚：责令限期改正，没收其违法所得；逾期不改的，处以 15 天至 30 天停业整顿，并处人民币 5000 元以上 2 万元以下的罚款；情节严重的，吊销许可证。

三、各旅行社要根据《旅行社管理条例》及其《实施细则》的规定，检查和规范营业部经营活动，不得以承包、挂靠或变相承包、挂靠方式非法转让经营权或部分经营权。要严格执行“四统一”管理（统一管理、统一财务、统一招徕、统一接待）的原则，实行联网经营，使用统一电脑发票。营业部从业人员要与总社签订正规的劳动合同。

四、旅行社要加强对雇用导游的管理。不得雇用无证的人员进行导游服务。对违规雇用无证导游的旅行社旅游行政管理部门将依照《旅行社管理条例》第三十九条进行处罚：责令限期改正，有违法所得的，没收违法所得，逾期不改正的责令停业整顿 15—30 天，并处人民币 5000 元以上 2 万元以下的罚款，情节严重的，吊销《旅行社经营许可证》。

五、各旅行社要认真排查“零负团费”问题。旅行社向旅游者提供的旅游服务信息必须真实可靠，不得作虚假宣传广告，不得独自以营业部的名义印发宣传单张及进行宣传广告，一经发现，坚决予以取缔，并依照有关规定进行处罚。

六、各旅行社要按照上述要求开展自我清理和自查工作，要认真检查本单位是否存在有非法经营活动和违反国家法律法规的问题，切实进行自查整改。对自查工作不力，存在问题知错不纠的，将责令限期整改，情节严重的，依据《旅行社管理条例》及《实施细则》的有关规定进行处罚。

××市旅游局

二〇〇五年四月二十日

评析：这则例文格式符合要求。开头部分简要介绍了发文缘由、目的和意义。由于本任务内容相对集中单纯，主体部分采用了直接列条式的写法，把对重要问题的处理意见直接写明，简洁明了，也便于下级机关执行。由于是下行文，语言比较严肃、坚决而肯定。

例文 2

省旅游局关于进一步整顿规范旅游市场秩序的实施意见

各市、县、区旅游局：

为贯彻落实省政府《关于进一步加快旅游产业发展的决定》，促进我省旅游产业又好又快发展，现就进一步整顿规范全省旅游市场秩序提出如下意见：

一、指导思想、工作目标和主要任务

（一）指导思想：深入贯彻实践科学发展观，全面落实省政府《关于进一步加快旅游产业发展的决定》，坚持政府统一领导、相关部门各司其职的工作原则，以解决当前旅游市场秩序中存在的重点、难点问题为突破口，逐步建立整顿规范旅游市场秩序的长效机制，实现全省旅游市场管理工作的规范化、制度化和法治化。

（二）工作目标：建立和完善规范旅游市场秩序的目标责任制度，形成政府主导，部门联动的综合整治工作格局，使全省旅游软环境建设取得明显成效，旅游秩序得到有效整治，旅游服务质量稳步提高，进一步提升我省旅游产业整体形象和综合竞争力。

（三）主要任务：

1. 提高旅游服务接待相关行业的服务质量，整治旅游客运市场、旅游购物市场秩序和景区（点）及周边环境秩序等。

2. 对机场、车站、码头、景区（点）和高速公路出入口处、市区广场等游客集散地秩序进行专项整治。

3. 加强对旅行社和导游人员的监督管理，规范经营行为，提高旅游服务质量。

4. 清理和整顿旅游项目，严格查处和取缔无规划、无审批手续的旅游景点和旅游项目。

5. 推进全省无障碍旅游。

二、职责分工

（一）旅游管理部门牵头，公安、工商、物价等部门配合，加大对“一日游”市场的整治力度，重点打击冒充旅行社工作人员欺诈游客的行为；规范旅行社经营和导游服务行为，查处旅行社超范围经营、转让业务经营权以及低于成本价或“零负团费”招徕游客的违规行为；查处导游人员擅自变更团队运行计划、降低服务质量标准、索要小费、联手宰客、未经旅行社委派私自承揽导游业务等行为。

（二）公安部门牵头，旅游、交通、城管等部门配合，对机场、车站、码头、景区（点）和高速公路出入口、市区广场等游客集散地的治安秩序和交通秩序进行整治，打击强拉游客、敲诈勒索以及危害景区（点）治安秩序等违法行为。

（三）工商行政管理部门牵头，旅游、公安、宗教等部门配合，查处无证照经营旅游业务的组织或个人；对不正当竞争、制假售假、发布虚假广告、乱设摊点、强买强卖等问题进行综合整治；严厉打击经营者销售假冒伪劣宗教旅游场所用香、强拉游客烧香的违法违规行为。

（四）交通运输管理部门负责对旅游客运行业的监管。严厉打击无证（牌）非法从事旅游客运行为；重点查处旅游运输经营者不履行义务，不按合同约定擅自改变旅游团队运行线路和停靠点、不按旅游客运服务质量规范提供服务等各类旅游客运违规行为；对于违法阻挠旅游客运车辆正常营运的行为依法严查；加强对旅游车辆的安全检查。航运海事管理机构重点打击无证无照驾驶船舶等非法行为。

（五）价格主管部门组织旅游价格专项执法检查。重点查处旅游景区（点）门票价格和索道、观光车票价随意涨价，不落实明码标价和价格公示制度，不执行中央、省政府价格主管部门规定的对特殊群体的优惠政策等行为。

（六）宣传部门要积极组织和利用各类新闻媒体，加大对规范旅游市场秩序工作的宣传报道。及时报道各地各部门规范旅游市场秩序的措施、进展和成效；大力宣传守法诚信经营的旅游企业和人员，有针对性地曝光典型违法违规行为。旅游部门要与宣传部门紧密配合，加强沟通协调，及时向新闻媒体提供相关信息。

（七）发展改革、旅游、国土资源、住房和城乡建设、物价等部门对旅游项目的开发建设进行清理整治，严格查处和取缔无规划、无审批手续的旅游景点和旅游项目。

（八）旅游管理部门牵头，对影响和阻挠无障碍旅游发展的政策规定提请当地政府或主管部门予以纠正，逐步取消旅游壁垒和进入障碍。

三、保障措施

（一）建立联席会议制度。在省旅游产业发展领导小组领导下，建立整顿规范旅游市场秩序联席会议制度。每半年由省政府主管副秘书长或省旅游局局长主持召开一次整顿规范旅游市场秩序工作联席会议，如遇重大事件或工作需要可适时召开。联席会议主要对整顿规范旅游市场秩序工作的开展情况进行通报；研究解决旅游市场出现的新情况、新问题；制订联动执法方案，部署联动执法工作。联席会议办公室设在省旅游局，负责日常事务。

（二）建立联动执法制度。由整顿规范旅游市场秩序联席会议办公室根据具体情况，组织实施整顿规范旅游市场的联动执法。各相关单位可根据工作需要向总牵头单位提出联动执法建议，并积极配合联动执法行动，确保执法到位。

（三）建立考核和责任追究制度。整顿规范旅游市场秩序联席会议办公室于每年底组织对各相关单位整顿规范旅游市场秩序工作进行考核，并将考核情况报省目标责任考核办公室。对成绩突出的部门和单位，报经省政府同意后予以表彰；对办事拖拉、推诿扯皮、监管不力、处置不当的予以通报批评，造成不良影响的要追究相关责任。

二〇一〇年十月十日

评析：这则例文开头开门见山介绍了缘由，体现了意见目的明确的特点；主体部分由于内容较多，分条列项逐一阐明要求。结构上层次分明、条理清晰。由于标题中已经出现了发文机关，落款处可以省略。

文体实训

1．模拟写一份关于旅游管理专业建设方面的建议性意见。

2．对所在城市的旅游特色做一下全面了解，然后以当地旅游局的名义给当地市政府起草一份关于发展该市特色旅游的意见。

3．搜集3～5篇意见，分析比较它们在内容、语言等方面的差异。

任务8　撰　写　函

函是用于不隶属机关之间商洽工作、询问和答复问题，向有关主管部门请求批准某些事项的带有明显商洽性的公文。函主要在平行机关或不相隶属的机关之间使用，是公文中典型的平行文。

写作任务

某旅游集团刚刚开展境外游业务，但集团内部相关部门的文员和境外游导游的外语表达能力都还欠缺，亟待提高。为此，该集团决定委托××大学外语系对其员工进行外语培训。请以该旅游集团的名义拟写一则商洽相关事宜的函。

通过完成写作任务，要求学生达到以下目标：

1．掌握函的组成要素和写作方法；

2．能够在现实社会中，根据工作和生活需要，拟写函。

相关知识

一、函的特点

（一）适用范围广泛，行文具有多向性

不相隶属机关之间商谈公务、接洽工作；询问事情、征求意见，答复问题、请求帮助及告知情况、催办事务等，都可以使用函；向归口管理部门请求对某一事项予以批准，也用函。函既可以在平行机关及不相隶属机关之间使用，也可以在上下级机关之间使用。

（二）内容简单具体，格式自由灵活

函一般一文一事，内容单一，语言简洁，篇幅较短。公函必须按照公文的格式要求行文，便函比较灵活自由，行文的限制较少。

二、函的类型

以往人们一般将属于公文文种的函，分为公函和便函两种。1981 年国务院办公厅发布的《国家行政机关公文处理暂行办法》取消了公函和便函的划分，只列“函”一个文种。此后制定的《国家行政机关公文处理办法》一直沿用这种提法。

（一）按行文方向的不同，可将函分为两类

1．发函。是指本机关为询问事项或请求批准而主动制发的函。

2．复函。是指为答复受文机关所提出的问题或回复批准事项而被动制发的函。

（二）按内容和用途的不同，可将函分为六类

1．商洽函。用于同级或不相隶属机关之间商洽工作、联系有关事宜等。

2．询问函。用于机关单位之间彼此了解询问有关问题，或简述某一事项，提出处理意见，请求对方给予答复。

3．答复函。用于对来文机关所询问、商洽的问题和事项给予解答、答复或批准时所使用的函。

4．请批函。用于向没有隶属关系的业务主管部门请求批准某个事项，以及收文机关用此来行使自己准与不准的权利。

5．委托函。委托有关部门或单位代办某些事宜时使用的函。

6．知照函。用于把自己管辖范围内的某些事项或某些情况主动告知其他有关单位，让其知晓或协助办理所使用，也包括请对方参加某些会议和集体活动。这种函的作用和内容类似通知，只是由于双方不是上下级和业务指导关系，使用“通知”行文不妥，故应该用“函”。此类函件一般不需答复。

写作提示

本任务中的函从行文方向来看，属于发函；从内容和用途上看，属于商洽函。在写作之前，需要与商洽单位就商洽事宜进行联系磋商，写作时需注意语气谦恭委婉。

任务实施

函的结构由首部、正文和落款等部分组成。

一、首部

（一）标题

一般采用三要素齐全的规范形式。由发文机关名称、事由和文种三部分组成，也可以省略发文机关名称。标题内的文种名称一项应根据行文主动与否而异。发函的文种名称是“函”，复函的文种名称写“复函”。函的发文字号一般单独编列，以区别于请示、批复等公文。如：“国办函〔2010〕10 号。”字号的标示位置与其他公文相同。

（二）主送机关

函多有特定的行文对象，故必须写明主送机关或单位名称。要求是全称或规范化简称。除上级机关同时向所有下级机关发出的询问函外，其余的函都只能有一个主送机关。

二、正文

正文是核心部分，主要包括发函缘由、具体事项和结语三部分。

（一）函的缘由

发函的缘由一般概括交待商洽、请求、询问或告知事项的目的、依据、背景、原因等；复函的缘由则需先引依据，如“贵单位××××年×月×日××〔2010〕×号函收悉 ”或“××××年×月×日《关于……的函》收悉”，接着简要复述对方提出的问题和要求，然后用“现将有关问题说明如下”或“现将有关事项函复如下”等过渡语转入下文。

（二）具体事项

发函一般写清楚商洽、请求、询问或告知事项的主要内容，并向对方提出希望或要求，即或希望对方协助解决某一问题，或希望对方给予合作支持，或请求对方提供情况，或请求对方给予批准等等。

复函要有针对性地写答复事项，即针对发函所提出的商洽、请求、询问等问题作出具体明确的答复。

（三）结语

结语，语气用词要谦和诚恳，平实得体，也不要用客套话和寒暄语。发函，按是否要回复的要求用不同的惯用语，如要对方回复，一般用“特此函询，请函复”、“即请函复”、“敬请大力支持为盼”；如无须对方回复，一般用“特此函达”、“特此函告”等。复函的结束语一般用“此复”、“特此函复”等。

三、落款

写明发函机关全称或规范简称、发函日期。加盖印章。

写作提示

本任务中的函在写作时，标题可直接由事由和文种构成，文种应该用“函”；正文部分，可开门见山，交待商洽的原因和背景，以获取对方的理解和支持，并得到答复；然后直接写明商洽的内容，尽可能具体、清楚、中肯。本任务中属于商洽函，需要对方函复，可在结尾处用“可否，请予研究函复”等字样结束。

任务评估

一则好的函，在写作时应该符合下列要求。

1．内容简洁，中心明确

一份函一般只能写一件事，内容简明明确，中心突出。

2．正文开门见山

无论是发函还是复函，在写作中都应该开门见山，尽快接触主题，力戒漫无边际，故意绕弯子，忌讳那些不必要的客套，尽量少讲空泛抽象的大道理。

3．叙事清楚，措词得体

对于函所涉及的事项等要具体清楚，目的要求要明确，如需答复、批准或协作，在结语中要交待清楚。复函态度要明确。语言表达要注意分寸，对上要尊重、谦恭，但不阿谀奉迎；对下要严肃认真，但不傲慢骄人；对平行单位和不相隶属的单位，要礼貌恳切，不能强人所难、盛气凌人。多用商请语气，对对方要用“贵单位”、“贵公司”等称呼。

例文评析

例文 1

关于商洽委托代培工作人员英语口语的函

××大学外语系：

本集团公司新近拓展业务，开展境外旅游，但是境外部的相关工作人员英语口语水平亟待提高。据悉，贵系将于今年 7 月开办英语口语培训班，系统讲授口语应用、英美概况等课程，这个培训项目为我集团公司境外部工作人员提供了一个难得的在职进修机会，为能尽快提高本集团公司工作人员的从业素质，我们拟选派 10 名在岗工作人员随该班进修学习，委托贵系代培。有关代培费用及其他相关经费，将按时如数拨付。

如蒙慨允，恳请函复为盼。

××集团公司

二〇一〇年五月三十日

评析：这是一则商洽函。正文部分先交待了本单位的工作需求，这是行文的缘由、背景；在对该校英语培训了解的基础上，提出商洽的具体事项；最后，请求对方给予答复。结构完整，思路清晰，环环相扣，逻辑性强。在措辞上比较得体，用了“贵系”、“恳请函复为盼”等颇具谦敬意味的词句，体现了商洽函的语体特征。但在细节上仍需修改，“随该班进修学习”与“委托贵系代培”应位置对调；结束语“如蒙慨允，恳请函复为盼”，措辞含糊，会导致对方不同意便不复函，所以，“如蒙”应改为“是否”，以求对方复函。

例文 2

关于商洽代培境外工作人员的函

××大学外语系：

得悉贵系将于 7 月份举办英语口语培训班，系统培训英语听力和口语。我集团公司自境外部成立后，刚招来一批工作人员，原本打算自己培训，但由于力量不足，未能实现。现在贵系决定办培训班，我集团公司拟派 10 名境外部工作人员随班学习，请你们代培。如同意，将是对我集团公司工作的有力支持。代培所需费用由我集团公司如数拨付。

盼于复函。

××集团公司

二〇一〇年五月三十日

评析：这则商洽函短小精悍，字约意丰。开门见山，陈述发函依据和原因，然后提出商洽事项和要求。不足之处是语气稍显生硬，不够谦恭委婉。

文体实训

1．针对本写作任务，以××大学外语学院的名义拟写一则复函。

2．××学院旅游商贸系响应学院号召，在“爱祖国、爱家乡”系列活动中，决定面向全院组织开展“向你介绍我的家乡”征文活动。请你以旅游商贸系的名义写一则组织开展该征文活动的函，发给其他系。

3．××旅游集团发展迅速，迫切需要高素质的管理人员，为了满足集团的人才需求，该集团向××大学发函，希望引进该大学旅游管理专业的四名研究生到该集团工作。请你代为拟写这则函，并以××大学的名义写一份复函。

4．以学校旅游协会的名义，写一份与兄弟院校旅游协会商洽举办旅游知识联赛的函。

任务 9　撰写会议纪要

会议纪要是用于记载、传达会议议定事项和主要精神，要求与会单位共同遵守、执行的纪实性、指导性的一种公文。

会议纪要是一种实录性公文，是在对会议讨论的事项加以归纳整理的基础上，将其反映出来的公文。除了能够起到通报会议精神的作用，上报上级机关的会议纪要，往往还能起反映情况、汇报工作的作用；下发下级机关的会议纪要，往往能统一认识，指导工作；抄送平行机关或不相隶属机关，则能起到交流信息、沟通情况、知照事项的作用。会议纪要是会议文件，但并非所有的会议都要形成会议纪要。通常只有大中型会议或比较重要的会议，才要求写会议纪要。

写作任务

选择最近参加的一次会议，首先做好会议记录，然后写一份会议纪要。

通过完成写作任务，要求学生达到以下目标：

1．掌握会议纪要的组成要素和写作方法；

2．能够在现实社会中，根据工作和生活需要，拟写会议纪要。

相关知识

一、会议纪要的特点

（一）内容的纪实性

会议纪要是根据会议宗旨、基本精神、议程、会议记录和会议活动情况等有关材料综合整理出来的公文，要如实反映会议内容和议定事项，不能随意增减和更改内容，不能搞人为的拔高、深化和填平补齐。

（二）表达的概括性

会议纪要是依据会议情况综合而成，应以极为简洁精炼的文字高度概括会议的内容和结论。但不能一概而论，应围绕会议主旨及主要成果来整理、提炼和概括。重点应放在介绍会议成果，而不是叙述会议的过程，切忌记流水账。也就是要精其髓，概其要。

（三）行文的条理性

会议纪要要对会议精神和议定事项分类别、分层次予以归纳、概括，使之眉目清晰、条理清楚。

（四）功能的指导性

会议纪要所记载和传达的会议情况和议定事项，是与会者及其组织领导者的共同意志的体现，集中反映会议精神实质，有很强的指导性。一经下发，便要求与会单位和有关人员遵守和执行。

（五）称谓的特殊性

会议纪要一般采用第三人称写法。由于会议纪要反映的是与会人员的集体意志和意向，常以“会议”作为表述主体，“会议认为”、“会议指出”、“会议决定”、“会议要求”、“会议号召”等就是称谓特殊性的表现。

二、会议纪要的类型

（一）按照会议性质的不同，会议纪要可分为两类

1. 日常行政工作会议纪要。又称日常例会纪要和办公会议纪要。是指行政机关为研究处理行政事务或解决某些实际问题而召开的常规性会议，反映这类会议的情况的会议纪要就是日常行政工作会议纪要。

2. 专题工作会议纪要。是指为处理某一重大问题或某一方面的工作而专门召开的会议形成的纪要。

（二）按照内容和功用的不同，会议纪要可分为三类

1. 指示性会议纪要。这类会议纪要是指反映工作安排事宜，因而对工作具有指导作用的会议纪要。

2. 通知性会议纪要。有关领导同志主持召开的委员会、常委会或者办公会，对所讨论的一些问题作出了决定，可用会议纪要的形式发至一定范围。

3. 消息性会议纪要。是指只传达会议情况，也就是说只起消息报道作用，而不起指示作用的会议纪要。在使人们对会议情况有所了解的同时，它也能在某种程度上起到统一认识的作用。

写作提示

写作前要认真做好会议记录。这里要注意区别会议记录和会议纪要，会议记录是完成纪要写作的客观原始材料之一，经过筛选、整理的会议记录才能写入纪要。作好会议记录是写好会议纪要的基础，是使会议纪要真正具有纪实性的保证。此外，还应当认真阅读有关会议材料及收集其他有关信息，以全面掌握会议情况。

任务实施

会议纪要的写法是比较灵活的，但大致的结构还是比较固定的。会议纪要的结构一般由标题、正文、落款三部分组成。

一、标题

会议纪要的标题在整个公务文书中表现得最为突出，有两种形式，一种是由会议名称和文中名称“纪要”二字组成的单标题，如《××市2010年旅游工作会议纪要》等。另一种是由正标题和副标题组合而成的双标题，如《继承·吸收·创新——大力发展旅游工作座谈会纪要》。

二、正文

正文包括开头、主体和结尾三个部分。

（一）开头

介绍会议的基本情况，包括会议名称，召开会议的目的，会议的时间、地点、与会人员及主持人，会议的议程和活动、效果和意义等。

一般常见的写法有以下两种。

1．条目式。即将会议的基本情况采用分条列出的写法，多见于办公会议纪要。

2．概述式。即对会议情况内容贯通，只做一个或两个自然段概述。多见于专项会议纪要。

（二）主体

主体部分是核心，具体写会议决定事项和会议精神，包括会议所研究的问题，所作出的决议、决定，所布置的工作、任务，所确定的方法、措施等。

正文有以下三种写法。

1．条文式。就是把会议的主要内容分成几个大的问题，然后加上标号或小标题，分项来写。这种写法适用于大中型会议，或议题较多的会议。

2．综述式。就是把讨论研究的主要问题、与会人员的认识、议定的有关事项，进行整体的阐述和说明。多用“会议认为”、“会议指出”、“会议提出”等惯用语作为各层意思的开头语，以体现内容的层次感。这种写法适用于小型会议，讨论的问题比较集中单一。

3．记录式。就是按照会上发言顺序或不同内容的有关发言顺序，把与会人员的发言要点记录下来。一些重要的座谈会纪要，常用这种写法。

（三）结尾

结尾通常用来强调会议的意义、提出希望和要求、发出号召等，也可省略结尾。

三、落款

会议纪要的作者和时间。作者可以是单位，也可以是个人；时间如果在标题下面注明了，文尾也可以不写。

会议纪要在结构格式上与其他公文有所不同，有的会议纪要可以省略眉首、主送机关、署名及印章。

写作提示

在写作任务中的会议纪要时，要根据不同的种类安排写法，需要强调的是，在开头部分对会议基本情况的介绍，不一定要面面俱到，而要根据全面、准确地反映会议精神的需要，在对全文的内容和结构布局统筹兼顾的前提下有所取舍、有所侧重。主体部分要根据会议的宗旨，在认真做好会议记录、仔细研读会议文件、全面了解会议内容、准确把握会议精神的基础上做好分析、综合、概括、提炼、组织、整理工作，把会议的主要精神简要而又具体、准确而又清楚地反映出来。

任务评估

一则优秀的会议纪要，要符合下列要求。

1. 分清主次，抓住要点

既要详尽地占有材料，但又不能有闻必录，记流水账，要分清主次，详略得当，抓住要点，突出中心。

2. 叙议结合，高度概括

会议纪要不能僵硬地叙述事实，要对事实进行归纳，根据会议宗旨高度概括。

3. 精心构思，条理清晰

会议纪要内容丰富甚至庞杂，对写作者而言，要精心构思，使文章结构合理，条理清晰，内容简明扼要，语言简洁准确。

例文评析

例文 1

昭通市大山包景区开发建设办公会专题会议纪要

2009 年 11 月 4 日，市人民政府召开大山包景区开发建设办公会议。会议由市委常委、宣传部部长陆琴雯主持，市人大常委会副主任赵卫和市政协副主席张毅敏、普安银应邀出席了会议，市政府办、发改委、财政局、旅游局、国土资源局、建设局、环保局、交通局、农业局、林业局、昭阳区、鲁甸县及市开发投资有限公司等单位领导参加了会议。会议听取了市旅游局、昭阳区、鲁甸县和市开发投资有限公司关于大山包景区开发建设的情况汇报，与会同志做了发言，市人民政府王敏正市长作了重要讲话。现纪要如下：

会议认为，大山包不仅是黑颈鹤国家级自然保护区，也是我国现有的 36 块“国际重要湿地”之一，更是国家发改委批准建立的“国家公园”。大山包景区是我市旅游业实现跨越式发展、打造昭通旅游业国际性品牌的关键，是我市重点打造的 5A 级“万里香”钻石景区之一，也是我市“中国西部千里大峡谷”战略构想的主要内容。近年来，通过各级各相关部门的努力，大山包景区建设取得了初步成效，相继完成了大山包黑颈鹤国家级自然保护区总体规划、大山包旅游总体规划、大山包旅游集镇修建性详细规划等；完成了大山包旅游小集镇改造和集镇街道建设，兴建了昭通中心城市至大山包的旅游公路，新建了鸡公山一期游道。大山包在省内外的知名度进一步提高，慕名而来的游客日益增多。

会议指出，在大山包景区开发建设中仍然存在一些亟待解决的问题，少数部门和干部仍然没有充分认识大山包景区开发建设的重要意义，还没有形成科学合理的开发建设机制；对大山包景区投入不够、经营管理理念落后等问题仍然存在；项目建设与旅游发展的要求不相适应，旅游涉及的吃、住、行、游、购、娱等服务设施严重滞后，远远不能满足旅游发展的需要。加快大山包景区开发建设，不仅有利于进一步丰富我市的旅游产品，逐步实现旅游产业的结构调整、转型升级和提质增效，而且有利于促进当地产业结构调整和生态环境保护，进一步拓宽就业渠道、增加农民收入、推动区域经济协调发展。

会议要求，在当前和今后一段时期，要围绕“通过2年至3年的建设，将大山包‘国家公园’打造成旅游接待功能基本完善、具有较高知名度的新兴旅游景区；力争通过5年的努力，将大山包‘国家公园’建设成5A级品牌景区”的建设目标，扎实做好7个方面的工作：

一是统一思想认识，全面推进大山包旅游开发。（略）

二是完善发展规划，确保旅游资源有效保护和合理开发。（略）

三是制定优惠政策，拓宽大山包景区建设投融资渠道。（略）

四是坚持特事特办，着力加快大山包景区建设步伐。（略）

五是加大宣传力度，提高大山包旅游知名度。（略）

六是狠抓当前重点，全力做好开发建设中的各项工作。（略）

七是密切配合，进一步明确相关县区和部门职责。（略）

会议决定：

一是组建大山包旅游开发有限公司。组建工作务必于2009年11月底前完成，于12月1日起公司正式投入运行。公司的股份比例分别为：市开发投资有限公司占40%，昭阳区占30%，鲁甸县占15%，引进其他战略投资者占15%；门票利润分配为：在分成之前昭阳区先提取20%的门票利润，其余80%再按股份比例进行分成；税收分配为：昭阳区占80%，鲁甸县占20%。

二是成立由市人民政府王敏正市长任组长，市委常委、昭阳区委书记马吉林，市委常委、宣传部部长陆琴雯，市人民政府副市长韩梅、市人民政府秘书长余扬举、鲁甸县委书记江先奎为副组长，昭阳、鲁甸两县区和市直有关部门主要负责人为成员的大山包景区保护开发建设领导组，负责大山包景区开发建设重大问题的决策和检查督促工作；领导组下设大山包景区保护开发建设工作推进协调组，由市人民政府副市长韩梅任组长，市人民政府秘书长余扬举为副组长，市旅游局、昭阳区、鲁甸县、市开发投资有限公司相关领导为成员，负责大山包景区保护开发建设工作的推进、落实、协调和领导组安排部署的具体事务；领导组下设办公室在市旅游局，由市旅游局局长饶祥碧兼任办公室主任，具体负责相关事务，工作人员从相关部门抽调。

三是对大山包黑颈鹤夜宿地周围的6000亩耕地实行退耕管理。参照国家退耕还林标准，从2010年开始，市人民政府按每年每亩耕地补助260元的标准连续补助3年。

参会人员：（略）

（资料来源：云南省政府信息公开门户网站）

评析：这篇会议纪要第一段点明了会议的时间、名称、地点、与会领导等基本内容。其后几段详细介绍了会议情况。写法上比较灵活，条理性很强。

例文 2

尖山风景区管理委员会关于神仙洞景区创 A 工作会议纪要

7 月 18 日下午，尖山风景区管理委员会在神仙洞景区管理处会议室召开神仙洞景区创 A 工作办公会议，会议由党委书记赵天龙同志主持。党政班子领导陈志刚、郭彦卿、陈海峰、于建玲、张永灿、苏进峰、李瑞甫、李国现、李富平参加了会议，管委会机关有关部门负责人丁永昌、慎广建、郭红友、朱治彬，神仙洞景区管理处负责人杨水生、张战中，神仙洞、沙古堆、丁沟三个村党支部和村委会负责人赵忠阳、王金海、王铁锵、李俊卿、丁松华、张国平等同志出席了会议。会议就神仙洞景区创 A 工作进行专题研究部署，现将会议研究决定的有关事项纪要如下：

会议首先听取了神仙洞景区管理处关于创 A 工作现状及存在问题的汇报；神仙洞、沙古堆、丁沟三个村负责人就如何做好神仙洞景区创 A 协调工作分别做了表态发言；最后，党委书记赵天龙同志站在尖山发展的高度，做了重要讲话。

会议认为：省委书记徐光春对神仙洞景区视察后，对新密市、尖山景区管委会旅游产业的发展寄予了厚望，提出了明确要求，我们应以此为契机，变压力为动力，突出抓好神仙洞景区及道路环境卫生整治工作，达到改善景区对外形象，提升景区品位，增强旅游业整体竞争力的目的，实现神仙洞景区的创 A 目标，以此推动整个尖山风景区的旅游产业发展，真正把尖山打造成郑州市的风景名胜区、休闲度假区和后花园。

会议着重就神仙洞景区创 A 工作进行反复研究，作出以下决议：

一、神仙洞景区范围

包括神仙洞村、丁沟村、沙古堆村所辖全部区域以及五虎沟村、楼院村所辖有关区域，面积在十五平方公里到二十平方公里。

二、成立神仙洞景区创 A 工作领导小组

党委书记赵天龙任组长，管委会副主任张永灿任常务副组长，管委会旅游办主任慎广建、神仙洞景区管理处负责人杨水生任副组长，管委会相关部门负责人郭红友、王建峰、刘成现，神仙洞、沙古堆、丁沟三个村党支部书记赵忠阳、王铁锵、丁松华为成员，创 A 领导小组办公地点设在神仙洞景区宾馆。

三、明确神仙洞景区创 A 工作领导小组职责

1. 制订出神仙洞景区创 A 工作具体方案，在 8 月 6 日前完成。

2. 神仙洞景区及道路整治工作，在 8 月 24 日前完成。整治内容及标准是：

（1）道路周边环境卫生整治。由神仙洞、沙古堆、丁沟三个村负责按标准完成，主要任务是沿路 15 米内厕所、猪圈、残墙断壁、无证建筑物的拆除，门店外墙壁的涂白（用刷墙剂涂白）。

（2）商户规范整治。由神仙洞景区管理处与神仙洞村协商，创 A 工作领导小组协调，制订方案。要采取灵活多用方法（如神仙洞景区管理处统一设计制作遮阳篷、伞，由农户出资购买或租赁），达到宣传景区、促进商户文明经营的目的。

（3）景区停车场改建工作。神仙洞村要搞好协调配合，把矛盾和问题处置到位；神仙洞景区管理处负责组织资金，加快施工进度，建成高标准的环保型停车场一处。同时，建

高标准的水冲式厕所一个。

（4）林区保护与整治。神仙洞、沙古堆、丁沟三个村负责，从源头抓起，7月25日以前要求本村农户将所存荆笆全部卖出，以后坚决杜绝农户经营荆笆现象。对于用材树木的砍伐，成材后，先由农户写出申请，村委会加章证明，管委会审核同意后，按照先植后伐，伐一（棵）栽二（棵）的原则进行砍伐（先植后伐）。否则，不准砍伐，违者将给予严厉处罚。7月26日以后开始强制执行。

（5）每月召开一次领导小组办公协调会议，解决创A工作中遇到的矛盾和问题，安排下一步工作。

会议还对神仙洞景区创A工作涉及的移民、农户建宅及基础设施建设、农户沼气池建设、广场建设、整个景区绿化、道路养护、天门池水库除漏、旅游步道整修、神仙洞洞内灯光改造、神仙洞洞内打通等工作进行研究，提出了指导性意见，进行安排部署。

会议要求：神仙洞景区创A工作所涉及的责任单位和责任人要统一思想认识，完善创A工作方案，精心动员部署，逐一落实责任，集中时间，以景区及道路环境卫生整治为突破口，以打造A级景区为出发点和落脚点，协调配合，细化内容，严格标准，加大力度，形成强大工作合力，确保取得明显成效，以崭新形象迎接"十一"旅游黄金周的到来。

以上纪要，望各有关单位遵照执行。

（资料来源：中国新密市政府网站）

评析：这篇会议纪要第一段点明了会议的时间、名称、地点、与会领导等基本内容。其后几段以决议形式，写明了会议内容。从会议纪要的措辞看，这则会议纪要明确要求"各有关单位遵照执行"。

文体实训

1. 根据一次主题班会或团支部会议的材料写一份会议纪要。
2. 根据下面材料，写一份会议纪要。

为了丰富课余生活，增强班级凝聚力，×月×日下午，旅游2班全体同学在本班教室，召开了筹备全班春游森林公园活动的会议。会议由班长××同学主持，列席：班主任×××、辅导员××，请假：×××，记录：×××。

会议主要讨论游玩时间定于本周日，早晨7:00在校门口集中，统一乘车前往。在森林公园开展文娱节目、烧烤、摄影、自由游览等活动。成立由生活委员任组长的后勤服务小组负责烧烤食品的采购。活动经费的收缴办法。特邀嘉宾将邀请班主任、辅导员和兄弟班代表等。其他注意事项。

3. 针对班级部分同学迟到旷课现象严重，组织一次座谈会，写一篇座谈会纪要。
4. 搜集3～5篇旅游行业的会议纪要进行分析比较。

模块三

旅游事务文书

任务1 撰写计划

计划是党政机关、企事业单位、社会团体在一定时期内，为了实现某种工作目标或完成某项工作任务而预先制订的具体行动方案和规划。计划的应用范围很广，大到各级机关和企事业单位，小到个人，无论做什么事情，都需要有个计划。

写作任务

小李在一家旅行社做办公室工作，领导让他起草一份下半年旅行社工作计划书。请代替小李制订这份计划。

通过完成写作任务，要求学生达到以下目标：

1. 掌握计划的含义、分类、特点和写作方法；
2. 能够在现实社会中，根据工作和生活需要，制订计划。

相关知识

计划是计划类文书的统称，根据涉及的内容和期限，计划还有不同的叫法。通常所说的“规划”、“纲要”、“要点”、“方案”、“安排”、“设想”、“打算”等，都属于计划的范畴，只是内涵稍有不同。

“规划”是长远计划，适用的时间较长，范围较广，内容较全面、概括，表示发展远景和总目标的设想及实施设想的阶段和步骤。如《合肥市四顶山滨湖旅游区总体规划》。

“纲要”是有关工作方向、目标的计划，体现原则性、概括性。如《2010—2012 年陵川县旅游产业发展行动纲要》。

“要点”是列出工作主要目标的计划，如《×××旅游局 2010 年度工作要点》。

“方案”是对某专项工作的实施，从目的要求到方式方法，都作出全面部署与安排的计划。如《宁波吾爱旅游有限公司运作方案》。

“安排”适用于时间较短、范围较小、内容单一、要求具体的短期行为，偏重于工作步骤和方法，如《××旅行社本周工作安排》。

"设想"是为长远的工作或某种利益着想所作的初步的、尚未成熟的草案性的计划，如《××市关于发展旅游业的初步设想》。

"打算"是针对近期内某项工作所作的初步预想。它适用于时间短、范围小、内容单纯的短期行为。如《×××旅行社 2009 年上半年工作打算》。

一、计划的特点

（一）超前性

做任何工作都要有超前思想，而写计划文书这一点尤为突出。因为规划、计划必须事前制订，所以在制订规划、计划前，必须有超前思想，才能使规划、计划立于不败之地。

（二）创新性

不论是中、长期计划，还是近期计划，其内容都要有新意。如果每年的计划都是老套路，那么这个计划可以不要。对一个地区来说，在发展的规划、计划中，要有新项目、新指标、新措施、新的增长点。否则，这个地区的经济建设不仅不能前进，甚至会倒退。对一个企业来说，在发展规划、计划中，要有新产品、新技术、新的经营战略，否则，这个企业不仅不能发展，而且连生存也难以为继。所以，写计划一定要坚持创新精神。

（三）指导性

规划、计划、方案等经过上级机关审批以后，就具有权威性。它既是行动的方向，又是指导工作的根据。所以，写计划前一定要认真调查研究，落笔慎重，防止失误。

（四）客观性

计划虽然是人们主观意志对未来的设想，但是，这种思想并不是幻想，或者胡思乱想，而是有依据、有实现可能的设想，符合客观事物发展的规律。一般地说，在写计划前，先要深入调查，充分占有资料，了解各种因素，在此基础上，综合分析研究，提出切实可行的任务、指标和措施。因此，计划是主观和客观的统一，不是纯主观的产物。

二、计划的类型

按不同的标准，计划可分为不同的种类：

1. 按性质分，有工作计划、生产计划、学习计划等；
2. 按范围分，有国家计划、部门计划、单位计划、个人计划等；
3. 从内容分，有综合性计划、专项计划等；
4. 从时间上分，有多年计划、年度计划、季度计划、月份计划等。

写作提示

本任务属于短期计划，短期计划的特点是针对性强，计划的内容要具体可行，细化到每个步骤和方法。

任务实施

计划的写作常见的有文字叙述式、表格式、文表结合式，不论采取哪种格式，计划都应具备标题、正文和落款三部分。

一、标题

标题有以下三种写法。

1．由单位名称、计划时限、计划内容和文种组成。如《××市2009年旅游管理工作计划》。

2．可根据具体情况省略某些内容。一种是由计划时限、计划内容和计划文种组成，如《2007年旅游开发区发展方案》；一种是由单位名称、计划内容和文种组成，如《××旅行社廉政建设工作计划》。

3．由计划时限和文种组成，如《2007年上半年工作计划》；也可由内容和文种组成，如《年度培训计划》。

二、正文

表格式计划的正文通常用表格的方式来表达计划的内容，表内栏目常包括任务项目、执行部门、完成时间、具体措施等。这种方式适合时间较短、范围较小的具体安排，如销售计划、生产计划等。

文表结合式是即有文字叙述，又有表格显示。有的以表格为主，加以文字说明；有的以文字为主，附以表格。

本书重点介绍文字叙述式计划的写法，这是写计划常用的格式，分为前言、主体和结尾三部分。

(一) 前言

前言主要是用简洁的语言有选择地表述以下内容：

1．制订计划的依据，即所遵循的方针政策以及上级的有关精神，布置的有关工作、要求等。

2．对本单位基本情况的分析。

3．提出总的任务或要求，或说明完成本计划的意义等。

(二) 主体

主体部分应写出以下几项内容。

1．各项具体任务的目标和要求。有的计划要明确规定数量、质量要求（即做什么）。

2．完成任务的措施、办法和步骤（即怎么做）；执行任务的有关部门和人员（即由谁做）。

3．完成各项具体任务的时间（何时完成）。

4．实施计划的有关事项。如对计划执行情况的检查、评比、奖惩办法等。

其中目标、措施、步骤称为计划的三要素。

（三）结尾

结尾可以展望计划的前景，给人以鼓舞，也可以提出总的希望或者号召。如果主体部分已将有关内容讲清楚了，也可省去专门的结语或结尾。

三、落款

落款包括署名和日期。如果标题中已有机关名称，可只写日期。

写作提示

撰写本计划，要注意语言明确、任务具体，可操作性强。

任务评估

写好计划，要做到以下几点。

1．方向正确，实事求是

方向正确指的是制订计划首先必须符合党和国家的方针政策及上级指示精神，这要求撰写人具备较高的理论水平和政策水平；实事求是指的是制订计划还要有科学的态度，从实际出发确定工作目标和实施办法。

2．要求明确，措施具体

计划要提出明确目标，突出工作重点，体现计划的指导性；提出的措施要具体可行，以便执行和检查。

3．量力而行，留有余地

撰写计划不应把话说得太满，要充分考虑到完成的可能性，科学地预设出一定的目标空间和步骤空间。同时，还要以发展的眼光看问题，及时修改、补充，使之不断完善。

例文评析

例文 1

宁波吾爱旅游有限公司运作方案

为做好教、学、产一体化旅行社实训室的建设，真正实现实训室建设服务于教学活动、服务于学生，拓展学生的实训、实践场所，切实提升学生的实践能力和职业素质，努力做到实训室特色鲜明、运作规范、模式创新、经营开放的特点，特拟订以下运作方案。

一、建立校企合作、虚实并存的公司模式

为实现理论联系实践，做到学校教学活动与行业发展接轨，提高学生对行业的认识与职业能力，在建设旅行社实训室过程中做到校企结合、虚实并存，一方面学校成立一家虚拟的旅行社——吾爱旅游有限公司；另一方面为实现虚拟旅行社的经营运作，让学生亲身接触旅行社的相关业务，借助宁波大地旅行社开展实际经营运作业务，让虚拟旅行社的教师与学生投入到真正的经营运作与管理活动中，实现教学、实践、经营一体化。

1. 公司组织机构图

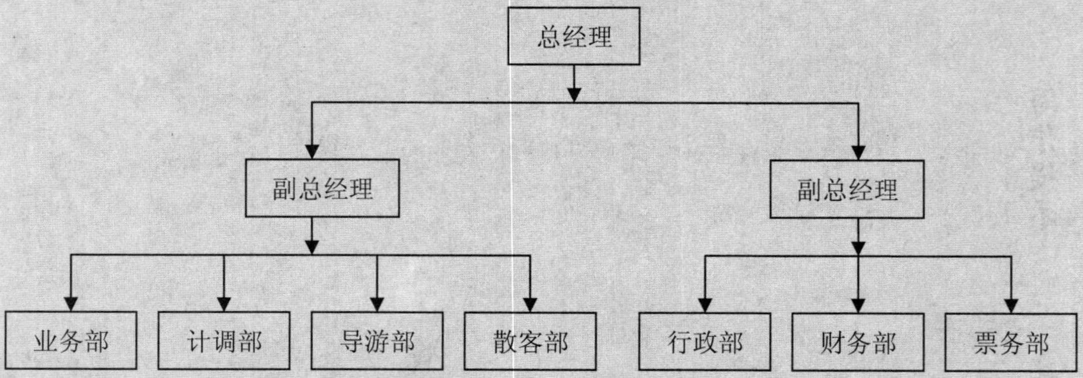

2. 各部门人员配备及要求（略）

二、零距离职业能力实践训练体系构建

1. 旅行社日常管理活动

（1）制定员工手册。（略）

（2）制定员工日常行为规范。（略）

（3）制定部门岗位职责。（略）

（4）建立公司会议制度。（略）

（5）值班与交接班规定。（略）

2. 员工培训与管理

（1）员工档案。（略）

（2）员工培训计划。（略）

（3）员工薪酬与奖励。（略）

3. 业务经营与运作

（1）开发设计旅行社产品。（略）

（2）产品宣传册的设计与制作。（略）

（3）业务拓展及营销方案。（略）

（4）业务运作程序与要求。（略）

4. 业绩考核

（1）各部门业绩指标。（略）

（2）业绩考核办法。（略）

（3）奖励与处罚规定。（略）

5. 团队与企业文化建设

（1）团队组建。（略）

（2）团队精神养成的训练规范。（略）

三、旅行社效益预期

1. 建立起以学生为主体的虚实一体化旅行社实训基地，开展“企业课堂、课堂企业”旅行社的运营与管理活动，实现旅游学院相关课程学习由书本走向实践、从实践提升对书本知识理解与把握的目标，达到教、学、产一体化。

2. 教师作为旅行社中的重要角色，实现从教师转化为企业管理者，提高对企业的认识与实践能力，结合一线工作开展教学科研活动，解决了双师教师培养的实践场所与途径，建立起一支真正意义上的双师教师队伍。

3. 以学生为主体的工作团队，加深了学生对职业的认识与理解，在实践中学习并运用了专业知识，学会了旅行社的实际运作技能与技巧，强化了学生的实际工作能力和适应社会能力，提高了对职业的热爱与信心，全面培养并训练了学生的职业素养，为培养应用型人才提供了行之有效的培养方式与途径。

4. 探索了对学生素质学分考核的新方法，结合学生在企业的工作表现和工作业绩，结合学校对学生素质学分考核的要求，通过在旅行社参与各类工作和实务，结合在工作中所获得的“薪酬”，申请换取相应的素质学分。

5. 研究形成旅行社经营与管理相关理论，实现校企多层面、多方位合作。一方面由相关教师担任大地旅行社的管理顾问，指导并提高大地旅行社的实际经营与管理能力，研讨企业发展策略；另一方面实现人才人力互补，选派优秀学生参与或协助大地旅行社相关经营管理活动，做好旅行社人力资源储备工作。

评析：方案属于专业性强、较周密的计划。本方案写得条理清晰，目标、措施、步骤详细具体，还写出预期效益，表达对未来的展望，层次清楚，切实可行。

例文 2

旅游景区管委会工作计划

一、指导思想

坚持以邓小平理论和“三个代表”重要思想为指导，全面落实科学发展观，深入贯彻市委十一届八次全委会和经济工作会议精神，坚持以人为本、坚持改革创新、坚持统筹协调、坚持重点推进，加快完善旅游产业体系，全面提升旅游产业素质，综合发挥旅游产业功能，推动景区旅游业又快又好发展，为全面建设景区小康社会、构建有景区特色的和谐的社会主义新农村作出应有的贡献。

二、工作思路

2006 年工作思路概括为：坚持“一个方针”、围绕“两个目标”、抓好“四项基本任务”。

坚持“一个方针”，就是要从全面落实科学发展观的战略要求出发，以人为本、改革创新、统筹协调、联合协作、重点推进，转变旅游经济增长方式，实现景区旅游业全面协调可持续发展。

围绕“两个目标”，一是要进一步做大、做强、做精、做美旅游“蛋糕”，使旅游业成为景区产业的“中流砥柱”，为全面建设小康社会、构建有景区特色的和谐新农村作出更大贡献。二是要进一步抓好旅游业发展的基础性工作，为建设“渝有四面风光”夯实基础。借助江津市创建中国优秀旅游城市的契机，在继续巩固其成果的基础上，积极做好四面山景区创国家AAAA级景区工作，争取一次性申报成功。

具体目标:国内生产总值增长12%以上，全社会固定资产投资总额增长20%，社会消费品零售总额增长15%，旅游接待人次增长22%，旅游综合收入增长20%，景区群众人均可支配收入增长10%，农民人均纯收入净增300元以上，财政税收增长13%，人口自然增长率控制在1‰以内。

抓好“四项基本任务”，即加快完善旅游基础实施和旅游产业体系；大力发展景区涉农旅游，为建设有景区特色的社会主义新农村奠定坚实的根基；实现旅游发展方式的转变，全面提升旅游产业素质和对外形象；综合发挥旅游产业功能，为新华集团合作开发四面山旅游资源搞好优质服务。

三、总体要求

2006年工作的总体要求是：牢牢把握新华集团入驻合作开发四面山景区的历史机遇，乘势而上，积极主动融入“渝川黔旅游金三角”旅游经济圈；增强“六种意识”（大开发、大发展、大区域、大环境、大旅游、新形象）；做到“六个结合”（把发展旅游与解决就业结合起来，与解决“三农”问题结合起来，与旅游资源保护结合起来，与扩大开放结合起来，与促进区域旅游的协调发展结合起来，与和谐景区的构建结合起来）；强化“政府主导、企业主体、社会参与、市场运作”模式；创新产品，创新品牌、创新服务、创新营销和管理；实现“四个转变”（品牌优势向市场优势、资源优势向产品优势、体制优势向产业优势、旅游优势向经济社会发展优势转变），为把四面山打造成为中国一流的山区度假地奠定坚实基础。

四、工作重点

今年四面山景区将突出抓好九大重点工作。

一是抓住机遇，加大投入，加快旅游基础设施建设步伐，全面发展景区旅游，在做大景区旅游市场上有所作为。

跟踪《四面山风景名胜区总体规划》的审批；加强对上报国家四面山景区飞龙庙至洗鱼口省际旅游公路建设项目，争取得到更多的资金补助。改造硬化正田沟至飞龙庙11公里公路，启动中水公路；四面山集镇天然气安装工程要于“五一”前投入使用。

积极探索招商引资的工作新思路和新措施。以资源招商、政策引商、服务亲商、环境安商、感情留商，营造全社会招商引资的良好氛围。为旅游业主提供优质服务，帮助和引导旅游企业做大做强旅游产业，开发休闲市场，促进旅游消费。稳近求远，固老培新，不断开拓旅游市场，扩大游客半径。

全面提升景区旅游发展质量，力争形成比较系统完善的旅游服务质量标准。充分发挥四面山旅游行业协会的自律作用，强化规范化经营的意识，实施林海村农家乐联营模式，加大对景区宾（旅）馆的组织引导力度，对四面山景区内的宾馆，农家乐实行联营，统一定价、从业人员持证上岗；在四面山旅客接待中心设立四面山旅游经营单位营运情况公示牌；对四面山景区内滑竿、黄包车、游船等经营项目实行统一管理、统一服装，统一定价。完善景区旅游管理体系，使景区旅游规模扩大的同时，不断提高质量和效益。

二是发挥比较优势，服务“三农”，在建设有景区特色的社会主义新农村中有所建树。

以旅游促“三农”，深入推进景区农业旅游示范点建设，引导“农家乐”健康发展。紧紧围绕服务“三农”这一主题，大胆创新，以旅助农，以旅富农。对景区农民实行“亲民、为民、富民”政策，在景区形成“农业围绕旅游调、争做旅游致富人”的氛围。广泛利用景区内的农业资源，大力发展涉农旅游，通过旅游业的发展来提高附加值。通过发展旅游业来破除“三农”瓶颈，解决就业问题，促进景区人民群众生活水平的提高。

（资料来源：http://www.gerenjianli.com/wm/bg/jihua/4384a772d361.html）

评析：这篇例文首先明确了工作的指导思想、工作思路和总体要求，随后列举了两项重点工作。全文内容全面，有理有据，切实可行，符合计划的写作要求。

文体实训

1. 假如你刚应聘到一家旅行社当导游，你该怎样给自己制订一个工作计划？试写出来。

2. 吾爱旅游有限公司成立了，为了让新员工尽快融入到集体中，公司决定开展一个团体集训，内容包括跑步、公司简介、熟悉组织结构、队歌、口号、考核等几项，请你为该公司草拟一个集训方案。

3. 下面材料是一个工作计划的开头，请你续写完成这则计划。

××大学旅游管理系迎新晚会工作计划

一、活动目的

斗转星移，辞旧迎新。为欢迎2010级新生加入旅游管理这个大家庭，表达我系领导老师和师兄师姐对他们的亲切问候和无限关怀，丰富我系同学的课外文娱生活，融洽我系师生间、同学间的关系，形成一个互助、互动、相亲相爱的学习氛围，特举办旅游管理系2010年迎新晚会。此外，此次晚会的目的亦在发掘我系文体方面的人才，为我系同学提供一个锻炼自我、展示自我的平台，充分展现大学校园学生的青春活力。同时也作为对将要举行的两年一度的校园文化艺术节的一次献礼。

……

任务2 撰写总结

总结是党政机关、企事业单位、社会团体及个人对前一段社会实践活动进行系统回顾、分析评价，并从中得出规律性认识以指导今后工作的一种事务文书。总结可以使本系统、本地区、本单位、本部门某一项工作的实践活动由感性认识上升到理性认识，以便发扬成绩、克服缺点、吸取经验教训，使今后的工作少走弯路，多出成果。还可以为各级领导和机关提供基层工作的情况和经验，以便加强科学管理和指导。

写作任务

小李在某旅行社工作，领导让他对本年度的工作写份总结。请搜集有关资料，写出这份总结。

通过完成写作任务，要求学生达到以下目标：

1. 掌握总结的组成要素和写作方法；
2. 能够在现实社会中，根据工作和生活需要，撰写总结。

相关知识

一、总结的特点

（一）客观性

总结是对过去工作的回顾和评价，因而要尊重客观事实，以事实为依据。

（二）典型性

总结出的经验教训是基本的、突出的、本质的、有规律性的东西，在日常学习、工作、生活中有现实意义，具有鼓舞、针砭等作用。

（三）指导性

通过总结，掌握过去工作的成绩、失误及其原因，吸取经验教训，指导将来的工作，使今后少犯错误，取得更大的成绩。

（四）证明性

这是说总结的基本表达手段是被动的，它要用自身实践活动中的真实的、典型的材料来证明它所指出的各个判断的正确性。

二、总结的类型

1. 按内容划分，有工作总结、生产总结、学习总结等。
2. 按工作范围划分，有某单位或某部门的工作总结、某一地区的工作总结等。
3. 按时间划分，有年度总结、季度总结、月份总结等。

无论哪种总结，又都可以根据表现形式和容量，分为全面总结和专题总结。

全面总结是综合性工作总结，涉及一个单位一个时期内的主要工作的各个方面的情况，既要总结成绩，又要找出差距；既要有经验、做法，也要有教训体会；有时还要有下一段工作的意见安排等。

专题总结是就某一项具体工作、某一具体问题或某项任务进行专门的总结。这类总结，往往偏重于总结经验、成绩，而对其他方面的问题可以少谈或不谈。当然，专题总结也可以总结失败的教训。

写作提示

本任务属于本部门的年度工作总结，又属于全面总结。这是机关、团体和企事业单位常用的一种文体，适用性很强。它起着承上启下的作用。总结本年度工作各方面的得失，指导下一年度的工作开展。

任务实施

总结常见的格式包括标题、正文、落款三个部分。

一、标题

总结的标题一般有以下两种形式。

（一）公文式标题

这类标题由单位名称、时间、事由、文种四个部分组成，如《德阳市2010年上半年旅游工作总结》；也可以省略时间，如《蓝田区旅游工作总结》；还可以由事由、文种两部分组成，如《关于2010年春节假日旅游工作的总结》。

（二）文章式标题

这种形式的标题比较灵活，有的为双行标题，如《改变促销方式，提高经济效益——××酒店经验介绍》；有的为单行标题，如《推动人才交流，培植人才资源》等，多用于经验总结。

二、正文

总结的正文由前言、主体、结尾组成。

（一）前言

主要是基本情况介绍，这是总结的开头部分，常见的有以下几种：概述总结工作的全貌、背景；说明总结的指导思想和成果；或是将主要的成绩、经验、问题扼要提出来，先给人以总的印象，为下文铺垫。

（二）主体

这是总结的核心部分，其内容包括以下两个方面。

1．工作、成绩、经验。有两种写法：一是先概述所做的各项工作及其所取得的成绩，然后分析取得成绩的原因，提出主要经验；二是在写工作及其成绩的同时，写出经验，寓经验于各项工作及成绩之中。

2．缺点、问题、教训。认真找出工作中的缺点和不足，说明给工作带来哪些损失和影响。分析问题产生的原因，从中总结出应吸取的教训，以达到改进工作的目的。

（三）结尾

主要写今后的打算及努力方向。即针对工作中存在的问题提出切实可行的改进措施，表明今后的努力方向。或提出新的奋斗目标，表明决心，展望前景，鼓舞斗志。但要注意，总结不是计划，这里的“奋斗目标”应是粗线条式的。

三、落款

总结的落款包括署名和日期。如果标题中已有单位名称，落款处只写日期。

写作提示

本任务写作时要考虑到今年工作的各个方面情况，肯定成绩，总结经验教训，同时还要提出明年工作的意见安排，用以指导明年的工作。

任务评估

一份好的总结，一般要做到以下几点。

1．具备针对性

总结必须对本单位、本部门、本地区的工作实际进行检查、回顾和评价，并提出适合本单位或本部门特色的未来努力方向。

2．具备客观性

总结必须注重内容的客观性，以客观发生和存在的事实为分析研究的基础，保证事实确凿无误。

3．具备理论指导性

总结必须用科学的分析方法，提炼归纳出规律性的东西，用以指导今后的实际工作。

例文评析

例文 1

三亚市 2009 年上半年旅游工作总结

上半年，我市旅游工作认真贯彻落实科学发展观，按照市委、市政府的部署，继续实施旅游产业“转型增效、协调发展”战略，以中国改革开放 30 周年海南建省 20 周年及三亚成为奥运火炬境内首传城市活动为契机，以提升三亚旅游国际化水平为核心，以提高城市营销和行业管理水平为抓手，克服航空运力不足和出入境政策调整、全国部分地区雨雪冰冻灾害、手足口疫情、汶川地震灾害等不利因素的影响，旅游产业运行保持良好势头的目标。

一、上半年旅游接待基本情况

（一）接待游客情况。（略）

（二）旅游收入情况。（略）

二、上半年主要工作及成效

（一）旅游宣传“高大新”，取得空前效果

以奥运火炬首传、博鳌论坛、海南建省三亚升格20周年等重大活动为契机，认真制订和策划针对境内外客源市场的旅游宣传计划，策划和组织了十几项高规格、大规模、新形式的旅游宣传活动，吸引全球的目光，为旅游市场保持增长势头提供有力保障。

——借助博鳌论坛，宣传“休闲三亚”新形象。（略）

——海南建省三亚升格20周年系列文化宣传活动深化了文化三亚的内涵。（略）

——利用奥运火炬首传举办新闻盛宴。（略）

以上活动为三亚创造了城市推广的媒体聚焦效应，特别是作为国事活动和休闲外交的重要平台、奥运火炬境内接力的第一棒，为三亚注入了更多的文化元素，助力三亚从“旅游文化”向“文化旅游”转型；境内外主流媒体盛况空前的专题报道，为三亚在全世界做了一次空前的大广告，三亚的碧海蓝天、热带风光、民俗风情淋漓尽致地展现在世人面前。

（二）锐意创新，旅游促销取得新成果

在旅游促销内容和形式上，坚持创新是营销的核心，不断进行新的探索和尝试，旅游促销取得新的突破和新成果。

——阔步“走出去”，三亚旅游形象大放异彩。整合全省主流媒体和全市旅游企业的力量，大兵团出征德国参加“2009柏林国际旅游展”及北欧九国旅游促销活动，在柏林ITB上，以设立独立展台，聘请国际著名制作公司布展，邀请世界小姐机构总经理史蒂芬先生和现任世界小姐、三亚形象大使张梓林小姐出席造势，将三亚的自然美与世界的时尚美完美地结合，三亚旅游促销规格、规模、影响空前，达到了良好的促销效果；在柏林成功设立三亚第一个境外旅游办事处，拓宽市场渠道；赴郑州参加“2009年中国国内旅游交易会”；协调市旅游饭店业协会组织旅游饭店行业考察团赴香港、马尼拉、台湾考察新的“健康主题酒店”发展趋势，推介三亚；赴阿拉木图参加哈萨克斯坦第三届国际旅游交易会，向哈萨克斯坦等中亚国家的旅游企业推介三亚的热带旅游度假产品。这是三亚旅游形象首次亮相该交易会，引起与会旅行商的广泛关注，并在当地产生强烈反响。交易会上，我市促销团共接待旅游商3000余人，发放资料6000余份；当日签订旅游合作协议100多份；相关企业与南方航空、东方航空达成合作意向，将尽快开通“阿拉木图—广州—三亚”、“阿拉木图—三亚”的旅游包机，三亚开辟新的国际度假客源市场取得新的实质性进展。

——请进来“借口”促销，事半功倍。邀请国内外客源地的知名旅行商和媒体前来三亚考察、踩线、拍摄、采风，借助其资源放大三亚旅游形象，促进我市旅游业的快速发展。半年来，共接待来自德国、俄罗斯、英国、香港及国内的旅行商考察团近10批次，一百余人；共接待了来自韩国、新加坡、德国、俄罗斯、香港及国内的中央电视台、美联社电视北京分社、内蒙古卫视、《中国报道》、《奥运特刊》等的媒体记者采访考察团近20批次，

200 余人。特别是邀请包括俄罗斯国家第一电视台、俄罗斯电台、《共青团真理报》、《独立报》、《新消息报》、《路路通杂志》等在内的 8 家电视电台、16 家报刊媒体 67 人组成的采访团前来亲身感受三亚的旅游资源和环境，匡正了外国个别媒体就我国近期发生的手足口疫情和汶川特大地震对我市旅游环境的影响所做的不实报道，对稳定我市俄罗斯客源市场起到重要作用。

——利用媒体资源，开展高密度宣传攻势。利用全球关注北京奥运的有利契机，锁定全球近 30 亿电视受众群体，利用央视的强势媒体平台，加大三亚形象广告投放力度，强化三亚城市形象和旅游形象。一是以国内高端人群为主要目标受众，在央视 CCTV-1/新闻《朝闻天下—媒体广场》栏目投放第一季度三亚形象广告；二是以世界华人为主要目标受众，在 CCTV-4/《走遍中国》栏目投放第二季度三亚形象广告；三是以世界华人、外国人为主要目标受众，在 CCTV-4 和 CCTV-9 的《天气预报》栏目投放全年三亚形象广告；九是以社会公众为目标受众，在央视《请您欣赏》栏目投放 3 个季度三亚风光广告。此外，还制作了专门宣传三亚的《奥运特刊》。

——“一程多站”旅游合作初见成效。借助香港的窗口和“跳板”作用，与香港同行推出“香港商务购物＋三亚度假”的“一程多站”式旅游产品，在香港树立了三亚旅游新形象，推动香港游客量的增长。上半年，香港游客接待量 2.68 万人次，同比增长 18.58%，扭转了连续多年下滑的颓势。

以上促销工作降低了诸多不利因素的影响，游客接待量总体保持增长势头。

（三）旅游国际化水平有了新提高（略）

（四）旅游产业管理迈出新步子（略）

（五）旅游依法行政跨上新台阶（略）

（六）旅游服务推出新举措（略）

三、下半年我市旅游业发展形势严峻（略）

四、下半年的主要工作（略）

评析：本总结是年度工作总结，用翔实的数据和事实总结了上半年旅游工作的各方面所做的事情及取得的成绩，并客观地分析了下半年的国际及国内形势，预测了下半年旅游工作的前景，列出了下半年工作的努力方向。客观真实，对工作有一定的指导性。

例文 2

2010 年上半年旅游工作总结

2010 年是我市灾后重建攻坚决战的收官之年，也是市委、市政府实施“两年重返，三年再造”目标的全面启动之年。半年以来，在市委、市政府的坚强领导下，在上级旅游主管部门的大力支持下，在江苏省的倾力援建下，绵竹市旅游局全面贯彻落实实践科学发展观和国务院《关于加快发展旅游业的意见》，以坚持可持续发展为原则，以“两年重返，三年再造”为统揽，以大力振兴和恢复旅游市场为中心，以加快灾后旅游项目重建、打造精品龙头旅游景区和灾后游客信心恢复为重点，以完成涉旅规划、加强旅游等级评定和策划好旅游节庆活动为抓手，以旅游产业全面恢复提升为龙头引领第三产业发展，理清思路、夯实基础、突出重点、扎实工作，年初制定的旅游工作任务和目标积极有效推进，各项工作态势良好。今年1～5月，接待游客47.2万人次；旅游综合收入2.3亿元，完成全年目标任务44.23 %，目标任务双过半。现将半年来工作小结如下。

一、产业定位与发展目标进一步明确

年初"两会"期间，市委、市政府立足我市灾后客观实际和未来经济社会文化发展态势，高瞻远瞩、审时度势，进一步明确了全市旅游产业的定位，明确了加快旅游业发展的目标、措施和相关政策，极大地激发了全市人民的旅游创业热情，同时也增强了把绵竹旅游业做大、做优、做强的信心。

二、旅游规划工作扎实开展

《绵竹沿山生态旅游区总体规划及修建性详细规划》于去年底开始正式启动，由北京达沃斯景观规划设计院组织编撰，分别于今年2月和4月进行了两次汇报，广泛征求各方面的意见，并再次对沿山的旅游资源进行了考察调研，目前修改稿即将完成，并准备评审；《九顶山风景名胜区总体规划》由四川城镇规划设计研究院组织修写，已完成大纲和初稿，待气候条件允许进山对资源进行考察后补充完善；《汉旺地震遗址总体规划》由北京达沃斯景观规划设计院免费进行编撰，即将完成初稿；针对江苏有的放矢策划规划了汉旺、清平旅游招大引强招商项目，部分镇乡在对口援建下完成了镇乡旅游发展总体规划；与市发改局和西南交大积极衔接沟通将旅游业发展纳入绵竹市国民经济与社会发展第十二个五年规划。

三、旅游业灾后中央资金建设项目稳步推进

绵竹市灾后旅游产业中央基金总额为6860万元，根据绵竹旅游业实际，按照绵竹市灾后旅游产业恢复重建规划和绵竹市灾后重建委员会多次会议议定，灾后重建中央基金具体分配为：绵竹孝德年画村游人集散中心项目1800万元；剑南老街旅游区公共服务设施项目1500万元；绵竹市旅游自驾车营地项目2130万元；云湖国家森林公园旅游公共服务设施建设项目投资1000万元；绵竹市旅游规划编制430万元。截止目前，共完成项目投资4136万元，占60%：①绵竹孝德年画村游人集散中心项目总投资3800万元，由江苏援建2000万元和中央资金投入1800万元两部分组成拼盘立项，目前由江苏援建交钥匙工程已全部完工，中央资金已投入1207.021万元，主要用于项目前期的建设征地拆迁（已直接支付孝德镇1190万元）和年画村文化主题包装系统设计，现已完成可研初稿待评，目前孝德镇正在做年画村项目实施方案。②剑南老街旅游区估算总投资12242万元，由剑南春集团投资10742万元，旅游产业中央资金投入1500万元，目前整个工程完成投资80%，1500万元中央资金采用直接拨付给企业以补助资金的方式，由企业实施建设，目前资金补助已到位。③绵竹市旅游自驾车营地项目估算总投资12242万元，其中营地住宿娱乐区温泉旅游项目由企业（绵竹市富利泰投资发展有限公司）投入11042万元，中央资金补助企业投入1200万元，目前完成投资67%，温泉会馆等一期项目已竣工，并于2010年2月对外开放营业，中央资金1200万元采用直接拨付给企业以补助资金的方式拨付到位，由企业实施建设；中央资金投资930万元征地50亩修建停车场等项目，目前可研完成，并正进行征地、初设方案和概算。④云湖国家森林公园旅游公共服务设施建设项目，目前正进行可研修改和调整，并正进行控规和方案设计；1000万元资金尚未到位。⑤绵竹市旅游规划项目430万元，完成《绵竹沿山控制地带地形图》的测绘，完成《绵竹市沿山生态旅游区总体规划和修建性详规》待评，正进行《绵竹市九顶山省级风景名胜区总体规划》的编制。⑥积极向上争取省旅游局捐赠资金616万元，修建九龙清泉村游人接待中心，目前，九龙清泉村游人接待中心前期工作基本完成，将于近期开工。

四、旅游招商引资成效明显（略）

五、“农家乐”恢复发展态势良好（略）

六、旅游宣传推介卓有成效（略）

七、旅游品牌创建成效明显（略）

八、人才培训工作稳步推进（略）

九、行业质量管理稳步实施（略）

十、旅游安全工作常抓不懈（略）

十一、加强内部管理，认真做好日常工作（略）

十二、下半年主要工作

1. 加快灾后项目建设，进一步落实年画村、自驾车营地、清泉村游人接待中心项目实施和建设；

2. 加大旅游宣传营销，利用节庆活动积极与旅行社对接推出一日游、二日游线路，吸引更多外地客人到绵竹旅游；

3. 积极推进A级景区和绿色饭店创建工作，基本完成创建规划、基础设施和建设工作；

4. 加强农家乐规范管理，按照标准组织实施标准化管理，积极开展星级农家乐评定工作；

5. 进一步加强旅游招商引资工作，狠抓项目落实，做好项目包装；

6. 加强市场管理，按照规范要求进一步完善和健全各项管理制度，加强安全生产管理，确保无安全事故发生；

7. 进一步加强行业管理，加大农家乐、宾馆饭店、旅行社、景区导讲人员培训力度，提高行业服务质量和服务水平。

二〇一〇年六月二十六日

评析：本总结是比较规范的事务文书，引言概括说明工作情况，正文详细叙述所做的工作及取得的成绩，结尾规划下半年的任务。条理清晰，客观真实，对工作有现实的指导意义。

文体实训

1. 仔细阅读下面这篇个人总结，按要求完成练习。要求：

（1）给文章加上题目；

（2）按文章层次分别加上小标题，要求能体现观点，概括出规律性的东西；

（3）分析文章的内容、段落、遣词造句方面还有哪些需要充实、调整、修改的，并尽可能加以修改。

时间过得真快，又是岁末了，作为导游员的我似乎还没能回味过来这一年的滋味，适应这季节的变化，但是，时间不等人，日月老人将要给2008年划上句号了。我所从事导游工作，又经历了一个年头了，我喜欢这个工作，不论苦辣酸甜，我总是一个“乐”字。现在把这几年工作的乐趣给归拢一下，从中总结经验，汲取教训以备来年奋马扬鞭，更好地带领我的游客畅游在黄河上下、大江南北。

根据旅行社的安排，作为导游员的我，带团是我的首要任务。这几年，带过的旅游团队数量已经记不清了，留在我感觉里的是——忙和乐。刚从云上飞下来，又从水上漂过去；才听罢火车的汽笛声，又闻见了汽车的马达响；才听罢东北的二人转，又尝到了新疆的哈密瓜；才欣赏桂林山水的秀美，又看到“大漠孤烟”的壮阔。夏令营孩子们欢快的歌声，夕阳红老人们幸福的笑脸，盛世北京和谐的音符。还有华西村人美好的蓝图，南街村人不懈的追求……这一切经常在我眼前浮现，使我深深地感受到了我工作的意义所在，从心里热爱导游这一工作。

从业多年来，我一直严格要求自己，作为一个国内专业导游人员，我时刻牢记着热爱祖国、热爱人民、热爱祖国几千年的优秀文化，认真学习党的各项政治政策、经济政策、学习党在新的历史时期的主要理论，用来武装自己的头脑，在思想上紧跟形势，努力使自己成为具有优秀道德品质、高尚职业情操、遵纪守法、尽职尽责的导游员。积极参加省市旅游局组织的培训班，认真学习导游知识、导游业务；业余时间细心学习汉语言文学知识、历史地理文化知识、心理学、公共关系学、政策法规，认真阅读相关的经济知识、社会知识、旅游知识，在学习中坚持勤动眼，大量地阅读有关景区、景点的资料和有关风光民情的书籍；勤动手，把读到看到的相关资料、名篇名作、经典名句都分类整理，以丰富自己的学识，增加自己的见闻。

导游工作是一个知识密集型和高智能的服务工作，除了要求导游员要有广博的知识外，还需要导游人员具备高超的技能，如讲解能力、组织能力、人际关系能力、分析能力、解决问题能力，而讲解能力是首当其冲的。常言说“大好河山有多美，全凭导游一张嘴”。游客出游，“求知”是愿望之一，而我们导游就起着传播知识信息、传递审美观念、播撒中华文明的重任，因此导游语言必须科学、规范，传递的信息必须正确无误，这样更能够吸引游客的注意，满足游客的“求知“愿望，我们才会得到游客的尊重和敬佩，这是顺利完成旅游计划的重要前提。其次，整个旅游活动是一个有组织的，需要和饭店、宾馆、景点、交通等相关的企业和个人来打交道，它牵扯到社会生活的方方面面，因此上，要求我们导游员要有相当的组织能力和协调能力。再次旅游活动的主体是人，而人的构成又是复杂的，旅游者来自不同的社会阶层，从事着不同的职业，文化层次高低不等，性别年龄各不相同，兴趣爱好因人而异，身体状况不尽相同。这就要求我们导游员必须学会处理人际关系，学会善于和各种人打交道。在旅游过程中各种各样的情况都有可能出现，各种各样的问题可能随时发生，这就要求我们要学会独立分析的能力和独立解决问题的能力。在实际工作中，我十分注重留心学习，在实践中不断总结和提高自己的业务水平。时时提醒自己“勤动口”，向专家请教先进的经验和方法，向同事学习、向民间学习、向旅游者学习，以丰富自己的学识；“勤动腿”，常言说，读万卷书，不如行万里路，勤跑、多动，增加自己的阅历，在实践中巩固学到的知识；“勤动眼”，大量的阅读有关旅游方面的书籍、查阅有关风光、风情、民俗的资料；“勤动手”，眼过千遍，不如手过一遍，把看到的、听到的、学到的知识和方法，经验和技巧都动手一一记录下来；“勤动脑”，在动口、动腿、动眼、动手的基础上，善于动脑，把学到、收集到、看到的名篇佳作、知识经验都分类整理，结合自身的特点，取精去糟，最终形成自己的风格和作风。也就是说，在工作实践中逐步的总结，不断的提高自己的业务技能和服务水平。

2．请你将这段时间的学习情况写一篇总结。要求格式完整、正确，语言流畅，字数不少于 1000 字。

任务3　撰写讲话稿

讲话稿又叫演说词、演讲辞，它是在大会上或其他公开场合发表个人观点、见解和主张的文稿。讲话稿的好坏直接决定了演讲的成功与失败，它属于议论文的范畴，但又不是一般的议论文，是一种带有宣传性和鼓动性的应用文体，经常使用各种修辞手法和艺术手法，具有较强的感染力。

写作任务

假如你是某旅游公司的办公室秘书，领导让你起草一份旅游文化节开幕式的讲话稿，你该怎么写？

通过完成写作任务，要求学生达到以下目标：

1．掌握各类讲话稿的特点和写作方法；

2．能够在现实社会中，根据工作需要撰写各种讲话稿。

相关知识

一、讲话稿的特点

（一）内容的针对性

讲话稿的内容是由会议主题和讲话者身份来决定的。因此在写讲话稿之前，必须要了解会议的主题、性质、议题，讲话的场合、背景，领导者的指示、要求，听众的身份、背景情况、心理需求和接受习惯等。

（二）篇幅的规定性

讲话是有时间限制的，因此对讲话稿篇幅要有特定要求，不能不顾具体情况长篇大论。一般来讲，表彰、通报、庆典等会议上的讲话稿篇幅不宜过长，以免喧宾夺主。

（三）语言的得体性

为了便于讲话者表达，易于听众理解和接受，讲话稿的语言既要准确、简洁，又要通俗、生动。另外，由于讲话具有现场性，因此撰写领导讲话稿时必须提前考虑和把握现场气氛和场合。

（四）起草的集智性

为了提高行政效率，领导讲话稿经常由秘书代笔，然后经领导审核是否采用。有的部门还专设起草小组，领导一般要将写作的目的、背景、写作要求等对起草小组交待清楚，然后由起草小组分工协作、集体撰稿，并在起草的过程中反复讨论、修改，几易其稿，才提交领导使用。

二、讲话稿的类型

1．按讲话稿的内容分

按讲话稿的内容可分为政治讲话稿、学术讲话稿、法庭辩论讲话稿、社会工作讲话稿等。

2．按其适用范围和表现形式分

按其适用范围和表现形式可分为工作性讲话稿、礼仪性讲话稿、演说性讲话稿等。

（1）工作性讲话稿。这类讲话稿是领导人为在大型会议或重要场合作有关政治、经济、文化和学术、局势等报告及重要讲话而事先撰写的文稿。如开幕词、闭幕词、工作报告、动员报告等。

（2）礼仪性讲话稿。主要指领导或有特殊身份的人在纪念性、祝贺性会议或群众集会上的讲话稿，如祝贺词、欢迎（送）词、答谢词等。

（3）演说性讲话稿。是在竞选大会、就职大会、群众集会或主题演讲会上的演讲稿，内容具有强烈的鼓动性和感染力。

写作提示

本任务属于工作性讲话稿，写作时一是要对来宾表示欢迎，二是要讲明本次活动的意义，这是讲话的中心，结尾再次表示欢迎。语言要求热烈真诚，简洁明了。

任务实施

讲话稿由标题、称谓、正文、结尾等部分组成。

一、标题

1．直述式标题

一般由讲话人姓名、职务、事由和文种构成，如《旅游协会会长在会员代表大会上的讲话》；有的则直接由事由和文种构成，如《在“五一”黄金周旅游工作会议上的讲话稿》；有时讲话人的姓名不在标题中出现而放在标题居中位置。

2．正副标题式，如：

与时俱进继往开来　构筑亚非新型战略伙伴关系

——在亚非峰会上的讲话

（2005 年 4 月 22 日　雅加达）

中华人民共和国主席　胡锦涛

3．文章式标题，如《人格是最高的学位》。

二、称谓

在正式发表演讲内容之前，需要称呼与会者，以示礼貌和引起注意。如果是代表会议，一般称呼“各位代表”；如果是工作会议，可称“各位领导、各位同志”；如果是群众性集会，应称“朋友们、女士们、先生们”；如果有重要来宾，还应加上专指性称呼，以示礼貌和尊重。

三、正文

正文包括开头和主体两部分。

（一）开头

也叫开场白，写作时要简短精彩，很快拉近与听众的距离，调动听众的情绪，为后边内容的展开打下基础。所以写好开场白要注意以下事项。

1．观点鲜明。要以肯定的语气表明讲话的要点，以达到制造氛围、争取听众的目的。

2．新颖独特。要力求选用新颖独特的语言形式，如提问式、悬念式、引语式抓住听众。

3．充满激情。要用自己的情绪激发听众的热情，切忌空话、套话。

（二）主体

这是讲话的核心，要根据讲话对象、内容的特点选择有生命力的例子，用具有感染力的语言行文。内容上要求主次分明，重点处要铺陈展开，次要处一言带过。正文的层次安排可按时间或空间顺序排列，也可以平等并列、正反对比、逐层深入。

四、结尾

常见的讲话稿结尾有以下几种。

1．总结式。即在讲话的最后总结归纳自己的见解主张，强化讲话的中心内容，给听众留下深刻印象。

2．号召式。在讲话结束时，提出希望要求，发出号召。

3．启发式。在结尾时，提出问题，启发听众，使之留有思考余地。

写作提示

本任务是一个开幕式的领导讲话。作为领导，在这样的场合讲话，一般应先说明这次活动的意义，到场嘉宾及活动安排，最后要对此次活动的开始表示祝贺。如果是主要领导讲话，最后还要宣布活动的开始。语言上要求简洁明快，热情而有号召力。篇幅不可过长。

任务评估

一份好的讲话稿，一般要做到以下几点。

1. 针对性

讲话稿不论是从内容还是语言方面，都是针对听众的。因此任何讲话稿的写作必须考虑听众的好恶和接受能力，否则就会“对牛弹琴”，没人听。

2. 鼓动性

讲话要使听众信服，必须能够打动他们，要有一定的号召力和感染力，能使讲话者把思想、观点和感情传达给听众，并使听众在情感上引起共鸣，心悦诚服地接受。

3. 通俗化

讲话稿是通过讲话者的“说”与听众的“听”来完成的，因此，要选用响亮的字眼，把书面语改成口头语，化专业语汇为通俗语汇，使听众容易听、愿意听。

例文评析

例文 1

在第九届温州市旅游节·第五届洞头渔家乐民俗风情旅游节开幕式上的讲话

各位领导、各位来宾:

大家好!

今天，作为第九届温州旅游节的重头戏，第五届洞头渔家乐民俗风情旅游节在此拉开序幕，我谨代表温州市委、市人大、市政府、市政协与全市 780 万人民，对各位领导和嘉宾的到来表示热烈的欢迎!

旅游产业，是国民经济的重要组成部分，也是一个区域、一座城市展示独特魅力、提高综合竞争力的重要平台。我们温州是一座有着 1680 多年建城历史的中国优秀旅游城市，自然风光得天独厚，人文景观星罗棋布，历史上被誉为“山水窟”，是中国山水诗的发源地与中国民营经济的摇篮。我们温州也是旅游资源大市，旅游景区面积广、密度大、种类多、品位高、特色鲜明，集山、江、海、湖、岛、泉之大成。旅游景区总面积占全市国土面积的 22.23%。

今后一个时期，要以山水资源为背景、以人文历史为内涵，通过旅游资源的整合包装，以联动全市、活跃市场、增进交流为目标；以强势媒体的整合传播为途径，将浙江和温州旅游推向全国乃至全世界，这是我们政府和全社会都要为之努力的一个责任。

洞头 103 个岛屿和 259 座礁石宛如一颗颗璀灿的明珠镶嵌在万顷碧波之中，风光迷离，山海兼胜，人文荟萃，气候宜人，百岛洞头，以岛奇、礁美、滩佳、鱼鲜、生态引人入胜，与雁荡山、楠溪江构成温州“山—江—海”的旅游金三角。

半岛通车，千年梦圆，举市欢庆，它释放了洞头发展手脚，开启了温州从瓯江时代向东海时代跨越的新纪元。借助温州（洞头）半岛工程通车契机，借助“2006 中国乡村游”的广泛开展，我们举办这次旅游节，致力于温州旅游整体形象的宣传促销，展现温州（洞头）奇山秀水的无穷魅力和和谐的人居环境，多层面地展示浓郁的海岛风土人情、民俗风貌，大力弘扬温州精神和洞头精神，新半岛、新洞头是我们温州发展国际商务旅游城市的新契机。“山水温州、时尚之都”，“魅力半岛、欢乐洞头”，我们要以旅游的崭新形象，招徕更多的国内外游客来温州旅游。

第五届洞头渔家乐民俗风情旅游节是第九届温州旅游节的重头戏，主要活动放在洞头举办，既是对我们洞头的鼓励，也是一种考验。相信通过第九届温州市旅游节·第五届洞头渔家乐民俗风情旅游节的举办，将对洞头的旅游产业发展起到积极的推进作用。

我们要尽一切努力，当好东道主，办好旅游节，把温州最美的风光、最具特色的人文历史、最具魅力的海岛风情展现给大家！

最后，预祝第九届温州旅游节·第五届洞头渔家乐民俗风情旅游节圆满成功！

谢谢大家！

评析：本文符合讲话稿的要求，称谓恰当，开头规范，正文说明本次旅游节的意义，是重点，层次清晰，语言生动。结尾再次祝贺，以强调本文的主旨。

例文 2

在全州旅游发展大会上的讲话

同志们:

这次旅游发展大会，是在我州旅游发展出现重大转折的关键时期召开的一次重要会议。会议的主要任务是传达贯彻全省旅游发展大会精神，总结我州过去一个时期旅游发展取得的成绩，分析当前我州旅游发展中存在的突出问题，安排部署当前和今后一个时期全州旅游发展工作，以旅游产业的大发展推动全州经济社会的大发展。刚才，恩施、利川、咸丰和州交通局、文体局、住建委等单位的负责同志做了大会发言，其他 5 个县和州发改委、经信委、商务局也做了书面发言。稍后，肖书记还将作重要讲话，请同志们认真领会，抓好落实。下面，我先讲四点意见。

一、肯定成绩，正视差距，客观评价全州旅游产业发展现状

近几年来，州委、州政府紧紧围绕省委、省政府构建鄂西生态文化旅游圈的重大战略部署，按照“生态立州、产业兴州、开放活州”的总体要求，坚持走“绿色繁荣、特色开发、可持续发展”的路子，把生态文化旅游业作为州域经济的重要支柱产业来培植，全州旅游产业呈现出快速发展的态势。恩施州旅游产业已进入到一个全新的发展时期。归纳起来，全州旅游产业发展主要有以下几个特点：

一是各级党委政府高度重视，旅游产业已成为州域经济重要的支柱产业。（略）

二是积极融入鄂西生态文化旅游圈，旅游发展规划编制和项目争取工作卓有成效。（略）

三是重点景区建设齐头并进，旅游精品线路基本形成。（略）

四是全方位开展旅游宣传促销，“恩施旅游”品牌在国内旅游市场初步打响。（略）

五是配套设施进一步完善，旅游市场主体不断壮大。（略）

六是旅游经济持续升温，恩施旅游产业发展进入“黄金时期”。（略）

二、统一思想，提高认识，把旅游产业摆在更加突出的位置

旅游业是战略性产业，资源消耗低，带动系数大，就业机会多，综合效益好，具有很强的关联性，拥有其他产业无法比拟的优势和作用。我们对旅游产业的认识必须要提高到一个更高的层面，把旅游产业摆在更加突出的位置，作为推动州域经济发展的希望产业、核心产业来培植。

第一，发展旅游产业可以促进科学发展、转变经济发展方式。（略）

第二，发展旅游产业可以有效带动其他产业发展。（略）

第三，发展旅游产业可以提供大量就业机会。（略）

第四，发展旅游产业可以有力拉动消费需求。（略）

三、突出重点，强化措施，以旅游业的大发展推动全州经济社会大发展

当前，全州旅游业发展面临千载难逢的机遇：一是经济发展规律为旅游产业发展带来了特殊的机遇。根据经济发展的一般规律和其他国家的发展经验，一个国家和地区人均GDP达到3000美元的时候，三次产业将进一步优化升级，社会消费信心将进一步提升，开始进入大众旅游消费快速发展的时期和旅游休闲产业提速发展的阶段，从而带来旅游业的爆发性增长。2008年全国人均GDP已经突破了3000美元，中国已经进入了这样一个经济发展阶段，恩施州的旅游业发展也迎来了快速发展的阶段。二是国家高度重视旅游业发展。明确提出要把旅游业培育成国民经济的战略性支柱产业和人民群众更加满意的现代服务业，并制定下发了《国务院关于加快发展旅游业的意见》。三是省委、省政府为优化整合全省旅游资源，发展全省旅游产业，提出了构建鄂西生态文化旅游圈的战略措施，把恩施州作为鄂西生态文化旅游圈中的重要板块加以扶持和倾斜。四是恩施州交通条件的改善创造了前所未有的区位优势。随着高速公路和铁路的开通，区位劣势就变成了区位优势，也为旅游发展带来了新的契机。因此，我们必须进一步解放思想，拓宽思路，抢抓机遇，乘势而上，努力推动全州旅游业加快发展。

今后一个时期，我州旅游业发展的总体思路和基本目标是：按照“一个中心、两条走

廊”（即以州城为中心，建设北四县清江山水画廊和南四县民族风情走廊）的整体布局，以恩施大峡谷、腾龙洞、坪坝营、神农溪景区为重点，努力打造旅游品牌，着力完善旅游配套，力争把恩施建设成为国内一流、国际知名、民族风情浓郁、生态环境优良的旅游目的地。到2015年，力争全州接待旅游者超过2000万人次，旅游综合收入超过100亿元，使生态文化旅游业真正成为带动全州经济社会发展的重要支柱产业。

为实现上述目标，要在以下五个方面实现新突破。

（一）在重点景区建设上实现新突破，努力打造具有强烈感染力的旅游品牌（略）

（二）在旅游项目实施上实现新突破，不断增强我州旅游的承载力（略）

（三）在旅游市场主体培植上实现新突破，延伸旅游产业链条（略）

（四）在旅游宣传促销上实现新突破，不断拓宽客源市场（略）

（五）在旅游市场规范管理上实现新突破，努力提升旅游服务质量（略）

四、精心组织，狠抓落实，为加快旅游业发展提供有力保障

加快培育旅游支柱产业，大力推进旅游强州建设，是一项复杂庞大的系统工程，是转变经济发展方式、促进经济社会又好又快发展的重要举措，需要各县市、各部门高度重视，形成合力，精心组织，整体推进。

（一）要抓好旅游发展规划（略）

（二）要强化政府主导作用（略）

（三）要加强人才队伍建设（略）

同志们，这次旅游发展大会的召开，对促进全州旅游业发展具有重大意义。各级各部门要以这次大会为契机，进一步解放思想，抢抓机遇，开拓创新，真抓实干，尽快把旅游产业培育成为富民强州的支柱产业，为全州经济社会又好又快发展做出新的更大的贡献！

（资料来源：恩施州公众信息网）

评析：这篇讲话稿从四个大方面，谈了四点意见。首先肯定成绩，正视差距，客观评价了全州旅游产业发展现状；其次要求统一思想，提高认识，把旅游产业摆在更加突出的位置；再次是提出今后一个时期，旅游业发展的总体思路和基本目标，以及实现的五个方面新突破；最后是要求精心组织，狠抓落实，为加快旅游业发展提供有力保障。四个部分逻辑思路清晰，条理清楚，在结构上合理得当。

文体实训

1．请你以《青春奉献旅游业》为题写一篇演讲稿。

2．下文是原山东省主席、大军阀韩复渠在齐鲁大学的一篇讲话稿，请你从语言的角度分析其中表达不当的地方。

诸位、各位、在齐位：

今天是什么天气，今天就是演讲的天气。来宾来得十分茂盛，敝人也实在感冒。今天来的人不少咧，看样子大体有8/5啦，来到的不说，没来的把手举起来！很好，都来齐了！

今天兄弟召集大家来训一训，兄弟有说得不对的，大家应该相互原谅。你们是文化人，都是大学生、中学生、留洋生。你们这些乌合之众是科学科的，化学化的，都懂得七八国英文，兄弟我是大老粗，连中国的英文都不懂。你们大家都是笔杆子里爬出来的，我是炮筒子里钻出来的。今天来这里讲话，真使我蓬荜生辉，感恩戴德。其实，我没有资格给你们讲话，讲起来嘛，就像对牛弹琴，也可以说是鹤立鸡群了。

今天，不准备多讲，先讲三个纲目。蒋委员长的新生活运动，兄弟我举双手赞成。就一条，行人靠右走，着实不妥。大家想想，行人都靠右走，那左边留给谁呢？还有件事，兄弟我想不通。外国人在北京东交民巷都建立了大使馆，就缺我们中国的。我们中国为什么不在那儿建个大使馆呢？说来说去，中国人真是太软弱了。第三个纲目，学生篮球赛，肯定是总务长贪污了。那学校为什么会那么穷酸？十来个人穿着裤衩抢一个球，像什么样？多不雅观。明天到我公馆领笔钱，多买几个球，一人发一个，省得再你争我抢的。

今天这里没有外人，也没有坏人，所以我想告诉大家三个机密：第一个机密暂时不能告诉大家，第二个机密的内容跟第一个机密一个样，第三个机密前面两点已经讲了，今天的演讲就到这里，谢谢诸位。

任务4　编发简报

简报是一种非公开的内部情况报道，是党政机关、人民团体、企事业单位内部用于汇报工作、反映情况、沟通信息、交流经验时使用的简短灵活且有一定新闻性质的文字材料。在日常工作中，简报又叫内部参考、情况反映、工作动态、情况交流等。

写作任务

系里为旅游管理专业学生组织了一次到各个旅游公司的实习活动，请你针对这次活动编写一期简报。

通过完成写作任务，要求学生达到以下目标：

1. 掌握各类简报的组成要素和写作方法；
2. 能够在现实社会中，根据工作需要，编写简报。

相关知识

简报是一种内部文件，但不是正式公文，不能代替“请示”、“报告”等正式公文，但可以直接刊载有关领导人的意见，也可通过“按语”的形式传达领导机关的意图，用于推动和指导工作，还可以发表一些典型性经验和做法，供有关方面参考和借鉴。

一、简报的特点

（一）快速

简报要把情况及时地反映给上级或通报给有关部门和单位，所以要求写得快、编得快、印得快、发得快，会议简报尤其如此，常常是一日一报。

（二）新颖

指内容有新意。要反映新问题、新经验，才能引起领导人关注，发挥其作用。

（三）简约

简报要尽可能做到一事一议，用少量文字概括出事实的精髓和意义，不求面面俱到。

二、简报的类型

1．按时间分，有定期简报和不定期简报、长期简报与临时简报。

2．按性质分，有综合简报、专题简报。

3．按内容分，有工作简报、生产简报、学习简报、科技简报、旅游简报、纪检简报、动态简报等。

写作提示

本任务属于专题简报，这是机关、团体和企事业单位常用的一种报告。它向大家告知新情况、新动态，也供有关领导掌握活动的进展情况，总结经验得失。

任务实施

尽管简报的种类各异，但一般均包括报头、报核、报尾三部分。

一、报头

简报的报头有点类似于公文的红头，一般包括简报名称、期数、编印单位、印发日期、密级、编号。有些简报可以省略密级或编号。报头和正文用间隔线隔开。

二、报核

报头以下、报尾以上的部分是报核，包括目录、按语和正文三部分。

（一）目录

如果一期简报有多篇文章，可有目录，目录一般放在横线下方。且目录一般不要序码和页码，只需将按语和各篇标题写出来即可。

（二）按语

又叫编者按，主要内容是工作任务来源、本期重点稿件的意义和价值、征稿通知、征求意见等。内容不可太长，三五行即可。编者按经常可以省去不写。

（三）正文

简报正文的写法类似于新闻，包括导语、主体、结尾三部分。导语对主要内容进行概括，主体具体叙述文章所反映的情况内容。

三、报尾

报尾位于简报末尾下端，包括发送对象范围、印刷份数。

写作提示

撰写本任务要选择有典型性的一些例子来报道，可以写成功的经验，也可以报道失败的教训，以从中总结出这次实践活动的意义。

任务评估

一份好的简报，一般要做到以下几点。

1．选材精当

（1）选择与党的方针政策密切相关或涉及本部门的中心工作的重要情况、典型经验等材料。

（2）选择有倾向性的苗头问题或者带有普遍性的经验。

（3）既要选择正面的材料、成功的经验，也要选取反面的情况、失败的教训。

2．准确迅速

简报是向领导机关反映情况的，领导机关很可能根据简报反映的情况作出决策，因此材料一定要可靠。简报的时间性也很强，紧急情况必须立即反映，使领导机关及时掌握和处理，否则时间一过就没有意义了。

3．简短精练

“简”是简报的基本特征。所以写简报要注意文字简练，开门见山，直截了当，不用形容夸张之类的语言。

例文评析

例文 1

旅 游 简 报

第 8 期

××旅游度假区管委旅游开发部　　2009 年 12 月 3 日

××市优化旅游发展环境领导小组第二次联合检查情况的通报

2009 年 11 月 20 日，按照市委、市政府的部署，由市优化旅游发展环境领导小组牵头，联合卫生局、工商局、物价局、劳动局等 9 家相关部门组成联合执法检查组，对度假区 6 家酒店进行了第二次联合检查。

检查的总体情况：一是各酒店都对照第一次检查认真进行了自查自改，及时针对存在的问题进行整改，并能积极配合检查组的工作；二是各酒店在设施、服务、安全、卫生等方面有了明显的改善，但是对照标准要求仍存在不同程度的不足。

存在的问题：一是有的酒店存在消防设施不完善，无缓降器或缓降器配备数量不足。其中国宾海景酒店无缓降器，海润阳光酒店（配备 4 个）、观海大酒店（配备 10 个）和黄金海岸大酒店（配备 5 个）缓降器配备数量不足；二是有的酒店电梯缺少应急预案。国宾海景酒店和黄金海岸大酒店无电梯应急预案；三是有的酒店标识牌存在错误。国宾海景酒店存在“问询、结账”英文标识错误，海润阳光酒店存在“收银”中英文标识错误，海怡大酒店存在“接待标识”图形错误和“礼宾”标识错误、“结账”中英文标识错误、“废物箱”无标识，观海大酒店存在“结账”中英文标识错误、“行李寄存”英文错误、“废物箱”无标识，黄金海岸大酒店存在前台“问讯、结账”英文对照错误、“安全出口”中文标识错误；四是有的酒店缺少消毒柜，消毒知识有待加强培训。国宾海景酒店缺少蒸汽消毒柜，所有酒店消毒程序过于简单，消毒知识有待于加强培训；五是酒店未悬挂营业执照，存在餐厅无酒水标价牌、缺少监制单位和投诉电话、商店标价签填写不全等不规范现象。国宾海景酒店、海润阳光酒店、观海酒店、黄金海岸大酒店和海怡酒店都未按要求悬挂营业执照，国宾海景酒店、观海大酒店和海怡酒店存在酒水无明码标价、缺少监制单位和投诉电话，黄金海岸大酒店、国宾海景酒店商店明码标价签填写内容不规范；六是酒店行李房无标识与残疾人轮椅等。国宾海景酒店和黄金海岸大酒店行李房无中英文标识，海怡大酒店、观海大酒店行李房未配备残疾人轮椅；七是酒店污水排放和处理系统不完善。国宾海景、黄金海岸大酒店、观海大酒店、海润阳光酒店均存在污水排放未进污水排放管网，国宾海景酒店、观海大酒店和黄金海岸大酒店存在烟气净化装置效果不好的问题。

在检查过程中，各个职能部门将检查中发现的问题现场告知被检单位主要负责人，能够立即整改的责令其立即整改，不能立即整改的限期整改。针对检查出的问题，市优化旅游发展环境领导小组办公室将于 12 月中旬对整改情况再次进行督导。

海怡大酒店认真对照检查标准　落实整改措施

在市优化旅游发展环境领导小组办公室组织的第二次联合检查中，海怡酒店在设施、服务、安全、卫生等方面有了显著的提高，但也存在一些不足。针对检查中出现的不同程度的不足，该酒店逐一进行了梳理，根据各个职能部门的要求，将进行彻底整改：

一、对卫生局提出的服务人员健康证不全的问题，该酒店将根据卫生局的要求进行体检并给员工及时办理健康证。

二、按照工商局的要求立即对营业执照进行了悬挂。

三、根据质检局的要求，对前台接待图标错误进行了改正与更换，对大厅废物箱做了相应的标识。

四、按照劳动局的要求将对未签订劳动合同的员工继续进行合同签订。

五、按照物价局要求，在房价牌与酒水价目表上添加了监制单位和投诉电话。

六、按照旅游局的整改要求，对行李房进一步进行改造，添加必备设施，关于无轮椅问题，正在采购中，近期可配置完毕；关于房间无外文频道问题，正在与相关部门商谈和审批当中；针对卫生间冷热水无中英文标识问题，做了及时的整改，根据要求制作了较高档的中英文标识，于近期将统一进行张贴。

为了打造一流的高级酒店，树立旅游度假区的良好形象，该酒店将根据市委、市政府的要求，进一步改进服务设施与服务形象，为我市的旅游业作出更多的贡献。

评析：这是一期旅游方面的专题简报，本期简报围绕市里部门对度假村有关酒店联合检查展开，有检查中发现的问题的报道，有酒店整改结果的说明，文字简洁，实事求是。本简报省略了报尾，这会对工作造成一些不便。

例文 2

惠州旅游工作简报

第 17 期（总第 58 期）

惠州市旅游局办公室编印　　　　2010 年 4 月 12 日

目　录

▲市旅游局召开“五个年”活动动员会

▲我市旅游行业扎实开展旅游服务质量提升年活动

▲惠州市旅游局喜获“2009 年度广东省旅游教育培训工作先进单位”

市旅游局召开“五个年”活动动员会

4 月 12 日，市旅游局召开机关干部职工大会传达贯彻市委、市政府关于开展“五个年”活动的有关要求，并进行动员。市旅游局党组书记、副局长吴琦生做动员讲话。

就如何开展好“五个年”活动，吴琦生提出三点意见：一是要统一思想，充分认识开展“五个年”活动的重要意义。开展“五个年”活动，是推进我市科学发展的有力举措，是推进旅游工作创新发展的客观要求，是加强旅游局机关自身建设的现实需要。二是要明确任务，扎实开展“五个年”活动。要以建设粤港澳旅游休闲度假基地为目标，加强机关自身建设，推动旅游产业发展，确保“五个年”活动取得实实在在的效果。三是要精心组织，确保“五个年”活动顺利开展。要加强领导，落实责任；要制订方案，精心组织；要统筹兼顾，搞好结合；要加强宣传，营造氛围；要督促检查，务求实效。

我市旅游行业扎实开展旅游服务质量提升年活动

2010年是全国旅游服务质量提升年。结合我市旅游行业发展的实际情况，市旅游局制定了《2010年惠州市旅游服务质量提升年活动方案》，组织全市旅游行业扎实开展“旅游服务质量提升年”活动，各县（区）旅游局纷纷依据本地区旅游业发展的具体实际，将质量提升年的各项工作目标和任务进行了细化与分解，制订出详细的活动方案，并以实际行动迅速将国家、省、市精神落实到质量提升年的各项工作中去。通过开展“品质旅游伴你远行”宣传活动、举办“文明旅游、理性消费”等内容进社区、下县（区）宣传活动周活动，开展“旅游质量万里行”旅游质量提升年宣传和报道，加强旅游质量信息公开，定期发布游客满意度状况信息、旅游投诉信息，定期更新全市星级酒店、旅行社网上信息，提升旅游重点领域（景区、旅行社、酒店）服务质量，从而确保旅游市场的平稳运行，全面实现“安全、秩序、质量、效益”四统一的工作目标。

从第一季度开展旅游服务质量提升年系列活动的成效来看，我市旅游服务水平全面提升，企业和从业人员的质量意识、标准意识和品牌意识日益增强，旅游全行业质量监督管理工作机制进一步完善，旅游市场秩序良好，人民群众满意度不断提高，取得了实实在在的阶段性成果。

惠州市旅游局喜获“2009年度广东省旅游教育培训工作先进单位”

（略）

评析：这属于工作简报，也是综合简报。这期简报因为事项多，互相之间联系不大，因而编写了目录。前两篇文章简短务实，很好地通报了该市旅游方面的最新情况及活动。最后一篇总结工作，全面具体。该简报对具体事项的报道有详有略，重点突出。该简报也缺少报尾。

文体实训

1. 选择一份会议记录，据此编发一期会议简报。
2. 请指出下列一则简报正文部分的不当之处，并根据这则材料写一份规范的简报。

我校开展捐款活动

全校开展捐款活动，今天就正在开展的捐款活动发布第二次公告。

副校长说，这次捐款活动，仅仅两天，捐款数额就已经超过去年同期水平。

副校长说，全校捐款目前已经达到35万元，比去年超额20万元。他还说，四川大地震深深震撼了全校师生的心，学校号召开展捐款活动一经发布，全校师生就立即响应，有的学生拿出自己不多的学费，还有的学生拿出自己做实习所挣的工钱。他们都一再表示，虽然钱不多，但能表达自己的一份心意。有的老师拿出自己当月的工资，还有退休在家的老教授也来到学校拿出自己的积蓄。

3．在班级里以小组为单位，合作编一期以近期学校发生的事为内容的简报。

任务5 撰写调查报告

调查报告是对社会上某一问题或事件进行专门调查研究后，把所得的材料和结论加以整理写成的书面报告。它是实际工作中常用的应用文体之一。

写作任务

作为在校学生，调查一下本系师生的年度旅游消费情况，并写一篇调查报告。

通过完成写作任务，要求学生达到以下目标：

1．掌握各类调查报告的组成要素和写作方法；

2．能够在现实社会中，根据工作和生活需要，撰写调查报告。

相关知识

一、调查报告的特点

（一）写实性

调查报告是在占有大量现实和历史资料的基础上，用叙述性的语言实事求是地反映某一客观事物。充分了解实情和全面掌握真实可靠的素材是写好调查报告的基础。

（二）针对性

调查报告一般有比较明确的意向，相关的调查取证都是针对和围绕某一综合性或是专题性问题展开的。所以，调查报告反映的问题集中而有深度。

（三）逻辑性

调查报告离不开确凿的事实，但又不是材料的简单堆砌，而是对核实无误的数据和事实进行严密的逻辑论证，探明事物发展变化的原因，预测事物发展变化的趋势，揭示本质性和规律性的东西，得出科学的结论。

二、调查报告的类型

（一）按调查报告的范围，可分为两类

1．专题性调查报告。它是对某项工作、某一问题、某个事件进行调查研究后写成的，内容单一，范围较小。如《2009年第一季度四川省旅游市场调查报告》。

2．综合性调查报告。这种调查报告涉及范围广，围绕一个中心，从多方面进行调查研究，是在获得大量材料的基础上写出来的。如《“五一”黄金周国内旅游调查报告》。

（二）按调查报告的内容，可分为四类

1．情况调查报告。这类调查报告涉及的范围非常广泛，各个领域的事情都可以成为写作对象。其作用在于反映社会发展中出现的新事物，提示其发展规律，并阐明它的意义，以引起有关单位注意。

2．经验调查报告。反映先进地区、先进单位或先进个人的典型经验，将其介绍、推广到更大范围，使其在同类单位中起到以点带面的作用。

3．问题调查报告。就某一典型的反面事例或社会现实的消极因素展开调查。

4．学术调查报告。指就某学科领域中的课题展开调查而写出的具有学术价值的报告。

写作提示

本任务属于专题性调查报告，又属于情况调查报告，写作时要注意调查的广度及调查的准确性。写好这类调查报告，有利于了解新情况，掌握新动向，对开展工作有积极的参考作用。

任务实施

尽管调查报告的种类各异，但都要遵循以下写作步骤。

一、写作前的准备

（一）拟定调查提纲

撰写调查报告首要的、基本的要求是做好调查研究工作，因此必须事先拟定调查提纲。提纲中应包括以下内容：

1．调查对象；

2．调查的起止时间；

3．调查的目的、指导思想；

4．调查的内容、问题；

5．调查的方法和步骤，或称调查进度安排；

（二）选择调查方法

调查方法一般有个别访问、开座谈会、问卷调查、查阅资料、现场调查等几种。

在这五种方法中，重点说一下问卷调查，因为它需要提前编写问卷。编写问卷需要注意以下事项。

一是设计问卷前要做好准备工作。主要包括：明确问卷调查的主题；根据主题做相关资料的搜集；确实调查对象、调查目的、问卷的份数及问卷的方式。

二是注意调查问卷的结构及方式。问卷一般有说明和问题两部分构成。

1．说明部分用简洁语言说明调查的目的、要求、希望和有关事项。如《青岛市民出境旅游消费调查问卷》的说明部分：

亲爱的朋友：

为了解青岛市民出境旅游的消费情况，以提高旅游产品质量，更好地为您提供旅游服务，请您在繁忙之余协助我们填写这份调查问卷。您所填写的结果将被汇总成册，用作参考。为了调查的精确性，请您不要重复发送问卷！调查结束后，我们将从参与调查的问卷中抽出10名幸运者，每人将获得50元话费。请在问卷上填写邮箱地址，以便发送充值密码。

2．问题部分提出问题的方式有两种：开放式提问和封闭式提问。

开放式提问是一种可以自由回答的问题，如：出国旅游对您或您的家庭来说是否属于重大的消费决策？其优点是被调查者回答问题不受限制，利用它收集来的资料比较深入具体。缺点是答案不标准化，不便于整理和统计。

封闭式提问是在问题后提供若干选项的提问。优点是填写容易方便，有助于提高问卷的回收率和利于统计；不足是复杂问题难以量化，回答方式缺乏弹性。所以最好采用开放式与封闭式相结合的方式，如：

您对我们旅行社的评价是______

①满意　　②一般　　③不满意

请说明理由______________________________

二、调查资料的整理

调研人员对在调研阶段收集的材料要进行加工处理，一般包括这几个方面：资料审核、资料编码、资料分组、资料汇总、制作统计表和统计图。

三、调查报告的写作

材料搜集好以后，开始行文。从结构上说，调查报告一般分为四部分：标题、前言、主体和结尾。

（一）标题

调查报告的标题一般有以下几种。

1．公文式。由“调查机关＋事由＋文种”或“事由＋文种”构成。如《海南旅游市场调查报告》、《关于加快旅游业发展的调查报告》。

2．主题式。点明调查课题或表述文章观点。如《股份制改造是国有大中型企业的根本出路》。

3．正副题式。如《做好山水文章，打造神奇浪漫之都——关于江苏省连云港市加快旅游业发展的调查》。

4．提问式。即以提问的形式提出调查报告的主要内容，如《自驾游为什么火热》。

有的调查报告在标题下面还有署名，根据不同情况署单位名称或个人姓名。

（二）前言

前言是调查报告的开头部分，主要写明调查目的、方法、时间、结果、调查对象概况、调研的政策依据等，并简要说明调查的基本结论。

（三）主体

这是调查报告的主要部分。主要以典型的事例和确凿的数据调查对象，说明其发生、发展、变化的过程，总结执行方针政策的成绩和问题、经验和教训，有时还提出建议。从行文结构上可分为以下三种。

1．纵式结构。这是按事件发生、发展、变化的过程或时间的先后顺序来组织材料，或者按调查研究的过程来组织内容。这种写法适应于专题调查报告。

2．横式结构。这是按事物的特点、性质或类型，把内容分成几个部分，每个部分常用小标题的形式列出来。这种写法适合于综合性调查报告，其中在典型经验和揭露问题的调查报告中，一般用提出问题、分析问题、总结问题的思路。

3．纵横结合式结构。可总体为纵式、局部为横式或总体为横式、局部为纵式的结构，两种方式并用。

（四）结尾

调查报告的结尾常见的有以下三种形式。

1．总结式。根据全文内容在结尾处得出结论，借以强化主题，加深读者印象。

2．建议式。针对调查内容提出一些建议，以引起有关方面的关注，敦促问题的解决。

3．号召式。提出今后工作的要求，展示事物发展的趋势。

写作提示

本任务的写作中，前期搜集材料的方法可采用问卷法和访谈法，用问卷法发现一些有关旅游消费的普遍现象，个人访谈法是报道典型情况的一种方法。写作时，可采用横式结构，分门别类地报道此次调查中出现的各种情况。

任务评估

一份好的调查报告，一般要做到以下几点。

1．针对性

调查报告是为直接解决工作中的某个问题而写的，总是针对需要弄清和解决的某个问题先做好调查研究，再将事实和结论写成报告，回答或解决群众所关心的问题。

2．务实性

调查报告注重实用价值，是通过提供真实而丰富的材料，为领导了解情况提供参考，或者作为制定政策、办法提供依据。

3．表达方式的特殊性

调查报告的写作，一般用第三人称进行叙述，一方面要准确地叙述客观事实，另一方面，还要对事实进行概括、分析、形成观点。表达上以叙事为主，适当进行分析、议论。

例文评析

例文 1

“五一”黄金周国内旅游调查报告

为全面掌握和了解我区“五一”黄金周国内旅游情况，加强旅游业的宏观管理和旅游企业拓展旅游市场提供决策依据和统计信息，促进我区旅游事业持续、快速、健康发展，按照省统计局、省旅游局统一部署和安排，我局在“五一”期间开展了今年第一次黄金周国内旅游抽样调查活动。

根据市统计局、市旅游局确定的调查方案，此次调查我区选中广济寺、汀棠公园、赭山动物园三个旅游景点对市外国内游客采取现场问卷的方式调查并按要求回收有效问卷85份；同时对我区境内184家宾馆、旅社进行问卷调查，主要调查各旅馆的接待情况及旅客的出游情况，共回收有效问卷269份。现将调查结果报告如下：

一、旅游现状分析

（一）游客构成（略）

（二）旅游目的（略）

（三）游客的住宿、花费情况（略）

（四）国内游客对我区旅游服务的印象

此次调查，大部分游客对我区旅游服务的综合印象都较好，特别是餐饮、娱乐、购物服务印象很好。对于曾经来过我区的游客，感觉到这次各方面服务都有很大的提高，但是还有一些游客对我区的交通及住宿服务印象一般。

二、我区旅游产业发展存在的主要问题

1. 旅游景点少，新景点、新景区开发不够（略）

2. 旅游消费形式单一，活动少（略）

3. 旅游服务管理体系仍不健全（略）

三、对我区旅游产业发展的建议

1. 因地制宜，大力开发有特色的景点和旅游项目。我区境内旅游资源丰富，潜力较大。因此，区委、区政府应在整体规划、设计的基础上，下大力气改造、修复完善现有的景点和项目，如古城改造等项目；新建一批旅游景点、项目。应把旅游商品经济园区与神山公园结合起来，一道规划、设计，力争把园区建设成集会展、购物、休闲、旅游于一体的理想场所。同时应依托城中区有山、有水的自身优势，建设以自然风光、生态园林为特色的主题公园，创造性地引入自然与时代人文要素的景观作品，提升人们对于城市景观的更深层次的需求。

2. 加强宣传促销工作。旅游业是拉动经济增长的重要行业。发展旅游业，要加大市场宣传、促销力度。要广泛运用广播、电视、报刊等多种媒介，介绍和宣传旅游产品；积极参加国内各类旅游博览会、展览会，不断提高旅游产品和服务知名度。

3. 提升旅游服务质量。要优化旅游软环境，大力整顿、规范旅游市场，加强行业自律，逐步建立起一整套规范的市场运行机制。同时加大交通、餐饮、购物、休闲等旅游配套服务体系建设力度，不断增强服务意识、提升服务水平，树立我区旅游业的良好形象。

评析：本调查报告前言叙述调查的目的、现状和调查范围，接着主体部分先分析现状，找到存在问题，最后提出建议。全文结构清晰，有理有据。

例文 2

2009 年三亚市"春节"黄金周旅游调查报告

为了准确、及时地了解游客在我市"春节"黄金周期间的旅游消费情况，根据三亚市政府"春节"黄金周分工要求，我局对 915 名国内外旅客在我市"春节"黄金周期间的旅游消费情况进行了为期 6 天（1 月 25 日—1 月 30 日）的抽样问卷调查工作。调查结果情况如下。

一、游客的基本信息

1. 被调查的全部游客中，国内过夜游客占 72.5%，有一日游游客占 9.1%，海外游客占 18.4%。

2. 从国内游客构成看，广东游客占 10.4%，位居第一，北京、上海分别占 7.2%、6.6%，湖南 5.9%、江苏 5.7%、黑龙江 5.4%、湖北 4.8%、河南 4.7%、河北 4.1%，我市国内旅游市场总体基本稳定，大多来自经济发达、交通便利的省市。从区域分布的地缘情况来看，周边省份的广东、广西、湖南三省游客占全部游客比重达到 19.8%，同比提高 0.5 个百分点；从经济发展的情况看，北京、上海、广东三省市游客所占比重达到 24.2%。

3. 从国外游客构成看，有 29.6%的游客来自俄罗斯，同比提高 13.6 个百分点，接着为香港 8.9%，下降 6.7 个百分点，日本 7.7%，同比下降 5.5 个百分点、澳大利亚 7.1%、新加坡 7.1%、美国 7.1%，同比下降 7.5 个百分点，韩国 5.9%，同比下降 3.3 个百分点，加拿大和台湾均为 3.6%、法国和马来西亚均为 2.4%，可以看出，俄罗斯已经成为我市最大的境外客源市场，但受国际金融危机的影响，美国、日本、韩国等传统客源国游客明显减少。

二、游客到三亚旅游的意向调查

1. 国内游客到三亚的目的调查中，观光旅游和休闲度假占 94.8%，同比提高 4.3 个百分点、探亲访友占 2.4%、商务占 0.9%、会议 1.1%、文化和其他占 0.8%；境外游客来三亚的目的调查中，观光旅游和休闲度假占 94.7%，同比提高 4.2 个百分点、探亲访友占 1.8%、商务占 1.2%、会议 1.8%、其他占 0.6%，可以看出，三亚已经成为中外游客观光度假目的地的首选。

2. 在被调查的国内游客中，有 55.6%的游客是第一次到三亚，有 44.4%的游客是第二次及以上来三亚，同比提高 0.7 个百分点；在被调查的境外游客中， 有 54.4%的游客是第一次到三亚，有 45.6%的游客是第二次及以上来三亚，同比提高 7.4 个百分点，三亚优美的自然风光吸引了越来越多的回头客。

3. 从旅游方式上看，国内过夜游客参团占 49.2%；散客占 50.8%；境外游客参团占 58%，散客占 42%。

三、对三亚旅游消费环境的评价

1. 接受调查的国内游客对我市的旅游价格、旅游服务质量、餐饮、民航、景区秩序与厕所卫生、文化娱乐、购物、旅行社与导游服务等旅游要素进行评价，总体情况趋好。

2. 抽样调查结果显示，海外游客对旅游价格、旅游服务质量、餐饮、民航、景区秩序与厕所卫生、文化娱乐、购物、旅行社与导游服务等旅游要素总体评价向好。

四、游客在三亚的花费构成分析

1. 从国内游客的花费构成看，“吃、住、行”占 66.64%，同比下降 2.15 个百分点，“游、购、娱”占 26.79%，同比下降 0.33 个百分点；从停留天数和人均花费看，平均停留 3.15 天，与去年“春节黄金周”持平，人均花费 1321 元，同比增加 18 元，增长 1.38%。

2. 从境外游客的花费构成看，“吃、住、行”占 61.89%，同比下降 6.17 个百分点，“游、购、娱”占 31.63%，同比上升 3.95 个百分点；人均花费 1629.88 元，略增 1.17%，停留天数为 3.44 天，略多 0.08 天。

国内外游客的花费数据表明，我市的旅游消费环境有所改善，旅游经济效益继续提高。

五、存在的主要问题

1. 旅游管理水平需进一步提高。（略）

2. 旅游管理面临新的课题。（略）

3.“游、购、娱”所占比重偏低。（略）

六、采取有效措施，加快旅游产业发展

1. 加强对自助游和散客的个性化服务工作。随着自助游和散客的日益增多，城市的旅游功能已经难以满足游客需求，除了在咨询点、机场、大东海、火车站提供面对面的旅游服务业外，要加大在汽车站、住宿设施等地投放旅游宣传品的数量和种类，注重游客可操作性，应该包括旅游线路、旅行社报价、乘车线路、游览时间、旅游产品等内容。同时，积极完善自助旅游信息化服务体系建设，及时更新旅游网信息，方便游客上网查找所需内容。

2. 开发好旅游主打产品，培育景区特色。要积极推出具有娱乐性、参与性、刺激性的旅游互动产品，旅游新产品要以本地为主，多在特色产品上下工夫，把景区的“一日游”变成“二日游”、“三日游”，让游客在互动娱乐中增加旅游消费支出。

3. 继续提高旅游城市管理水平。加强黄金周期间的旅游市场价格监管工作，打击缺斤短两，欺客宰客行为；加大对出租车行业的经营管理，严禁出租车随意乱收费；不断加强旅游服务人员的职业教育，提高旅游服务水平；继续做好旅游消费投诉工作;加强对景区景点厕所等公共设施的维护与管理。

4. 积极开发新的旅游景点景区。黄金周期间，由于大量游客集中涌入现有的几个景点景区，致使景区景点接近日最佳接待量，因此，要以三亚独特的资源禀赋为特色，加大开发新的景区景点，积极打造新旅游景区品牌，做大做强旅游产业。

评析：本文调查2009年三亚市“春节”黄金周旅游情况，分析游客旅游的基本情况、旅游意向、对消费环境的评价及消费情况等方面，并用数字加以证明。结尾分析存在的问题，给出应对措施。有理有据，条理清晰。

文体实训

1．阅读例文1，回答下列问题。

（1）你认为这篇调查报告的写实性、针对性和逻辑性分别体现在哪里？

写实性：____。

针对性：____。

逻辑性：____。

（2）文章正文部分的前言、主体和结尾这三个部分，分别写了哪些内容？请用自己的语言概括回答。

前言：____。

主体：____。

结尾：____。

2．阅读下列材料，根据要求做题。

2010年对上海人来说是一个不同寻常的一年,世博会的顺利召开牵动每个中国人的心。现今，上海世博会已进入倒计时，大家都积极地做着准备，迎接世博会的到来。然而世间事物都有两重性，世博会同样如此！

利：正如我前面所说的，一个举世瞩目的盛会，能促进中国与世界的交流，还可以促进企业间的贸易往来，增加外汇收入，以此带动中国经济的发展。因为一旦世博会召开，世界各地的人们就会蜂拥而至。这样就能带动旅游业与酒店等行业的发展。世博会给了中国上海一个极好的机遇，我们将抓住契机，走出世界经济危机。当然并不仅仅是经济的发展，更重要的是借助世博会的召开，让外国人更深入的了解中国，了解上海，提高中国在国际上的地位，向世界人民证明中国巨龙的腾飞。

弊：虽说世博会能拉动经济，但由于上海是个海纳百川的城市，各地涌入人口众多，包括边远地区的人。由此有些人的陋习至今未改，虽然已通过各种渠道进行了宣传教育，但效果并不理想。另外，对于外界敌对势力的扰乱，破坏以及世博会结束后，企业又该怎么办，难道还要在金融海啸中一蹶不振吗？这些都是有待思考、解决！

世间万事万物，都有利有弊，如何扬长避短？确保世博会带给大家一个精彩，让我们每个上海人共同努力创造吧！

这是网上有关举办2010年在我国上海举办世博会利与弊的网上讨论的贴子，请你就此设计一个封闭式调查问卷。

3．对文体实训2的调查问卷进行整理，并写出调查报告。

任务6　撰写规章制度

规章制度是国家机关、企事业单位、社会团体和人民群众根据法律、政策和实际的需要而制定的具有法规性和约束力的文书。规章制度是个总称，平时说的规定、章程、制度、办法、规则、守则、条例、规程、公约、须知等都属于规章制度。

写作任务

小李是某景区管理处的办公室主任，领导让他起草一份有关景区旅游的安全管理办法，他该怎么写？

通过完成写作任务，要求学生达到以下目标：

1．掌握各类规章制度的组成要素和写作方法；

2．能够在现实社会中，根据工作和生活需要，拟订规章制度。

相关知识

一、规章制度的特点

（一）实践性

规章制度是针对实际存在的问题，适时作出的规定。其制度有特定的目的，着眼于当前或是一个时期的实际效用。

（二）强制性

规章制度是有一定约束力的行政法规，一旦正式颁布，有关人员必须遵照执行，不得违反，如有违反则要受到批评教育或者处罚。

（三）严密性

规章制度的条文无论是内涵还是外延，都必须对所涉及的方面兼顾包容，不能有疏漏或相互矛盾之处。

（四）稳定性

规章制度一经公布执行，在一定时间内变化不大，要保持稳定，以便于理解和执行。

二、规章制度的类型

按照不同的标准，规章制度可分作不同的种类。

1．从性质方面分，可分为法规类和非法规类规章制度。

2．从规定、颁布的情况，可以分为以下几类。

（1）法规类。由立法机关或政府部门依照法律、政策，对国家各领域的某些事项作出的规定。如《海南省旅游价格管理规定》。

（2）章程类。由党政机关或社会团体制定，用以规定该组织的性质、纲要、任务、组织原则、机构设置、成员权利和义务等。如《四川省旅游协会章程》。

（3）制度类。一般行政部门、企事业单位根据本部门、本单位的实际需要，对某些事项作出规定，要求本部门、本单位或有关人员执行。如《连州地下河风景区安全管理制度》。

（4）公约类。由团体或群众商定有关道德或行为的规定，要求参与约定的个人自觉遵守。如《中国公民国内旅游文明行为公约》。

写作提示

本任务属于制度类的规章制度，其特点是针对性强，规定内容细致、具体。写作时要注意方针政策与实际情况相结合。

任务实施

尽管规章制度的种类各异，但一般均包括标题和正文两部分。

一、标题

规章制度的标题有下列几种类型。

1．由制定者、事由和文种三要素组成。如《山西省旅游管理条例》，其中“山西省”是制定者，“旅游管理”是事由，“条例”是文种。

2．由制定者和文种两要素构成，如《青岛市旅游协会章程》。

3．由事由和文种两个要素构成，如《××旅行社奖金发放办法》。

有的规章制度在文种前加“暂行”、“试行”等；政府颁布的重大法令法规，还要在标题下注明通过及发布该法规的时间、会议名称及政府机关名称。

二、正文

规章制度的正文结构一般有以下两种形式。

（一）分章列条式

分章列条式又叫章条式。这种规章制度的正文一般都要分条列目，先总纲，后细目；先一般，后个别；先概括，后具体；先原则，后例外。其条目层次通常分为章、条、款三级，还可分为总则、分则和附则。一般来说，第一章是总则，说明规章制度的目的、意义、宗旨和基本原则等；分则分作若干章，逐条逐款地写出规定事项；最后一章是附则，说明解释权限、生效日期等。条目层次最多的有七级：编、章、节、目、条、款、项。

（二）条款式

这是内容比较简单的规章制度，前无引言，后无结语，以条目开篇，以条目收尾，分条、分项写明大家需要遵守的事项。

写作提示

撰写本任务，一是要注意语言平实，让每个人都能明白；二是语言要准确，不能引起歧义；三是简练，太长了游客没有耐心看，更谈不上遵守。

任务评估

一份好的规章制度，一般要做到以下几点。

1．符合国家法令、政策

无论哪类规章制度，都是以党和国家的方针政策和基本法律为依据的，因此，写规章制度必须以党和国家的方针政策和基本法律为指导，才能保障规章制度有权威性和说服力。

2．密切联系实际

规章制度旨在解决现实中存在的问题和指导现实活动，给人们以准则、规范，因此必须和现实紧密相连，在实际生活中用得上、行得通。

3．简明具体，切实可行

一个规章制度要涉及许多方面，可分为许多条文，但每条最好只写一个方面。条文要简明扼要，用词要含义确切，是什么，不是什么，要怎么样，不要怎么样，都要写清楚、具体，这样才好执行。

例文评析

例文 1

紫云苗族布依族自治县格凸河穿洞风景名胜区管理条例

第一章　总　　则

第一条　为加强对格凸河穿洞风景名胜区（以下简称风景区）的管理，保护、开发、利用风景名胜资源，促进本县经济社会持续发展，根据《中华人民共和国宪法》、《中华人民共和国民族区域自治法》和有关法律、法规，结合本县实际，制定本条例。

第二条 本条例所称的风景区是集喀斯特峰林、峰丛、峡谷、溶洞、湖泊及地下河系统等自然形态景观和洞寨、少数民族风情、民间艺术等人文景观为一体的重要风景名胜区，由穿洞景区、大河景区、黄家湾景区及相关景点组成。

第三条 本条例适用于本县行政区域内风景区所辖的范围。

第四条 任何单位和个人都有保护风景名胜资源的义务，在风景区内进行的活动，应当遵守本条例。

第五条 自治县人民政府应将风景区保护、开发与建设纳入国民经济和社会发展计划。

风景区的保护、建设、开发和管理应遵循严格保护，合理开发，统一管理，永续利用，有偿使用的原则。

第六条 自治县人民政府风景区管理机构负责风景区的管理工作，依法对风景区实施监督和管理，其他有关职能部门依照职责协助做好工作。

第七条 对风景区保护、建设和开发作出重要贡献的单位和个人，由自治县人民政府或风景区管理机构给予表彰和奖励。

第二章 保护与开发

第八条 自治县人民政府应按照总体规划所确定的区域，设置风景区永久性界桩，标明界区，设置与环境协调的入口标志。

第九条 各个景区的奇峰异石、古树名木、天然林区、重要地质构造、少数民族文化遗存和传统居民，应建立档案，悬挂保护标志，严格管理。

第十条 在风景区禁止下列行为：

（一）侵占土地、违章建筑；

（二）毁林毁草开荒、乱砍滥伐；

（三）盗伐、毁损古树名木，采挖珍稀物种；

（四）污损、毁坏文物；

（五）敲毁喀斯特溶洞沉积物或毁损人文景观；

（六）猎捕、伤害野生动物和栖息动物；

（七）炸鱼、电鱼、毒鱼；

（八）排放、倾倒污染环境的废气、废水、废渣和其他有毒有害物品；

（九）在景物上刻划、涂写；

（十）放火烧荒，乱丢烟头；

（十一）破坏、毁损风景区公共、安全设施或者擅自移动、毁坏风景区标志、界桩；

（十二）其他破坏景观和生态环境的行为。

第十一条 未经批准，在风景区不得有下列行为：

（一）开山、采石、挖砂、取土、烧窑；

（二）围填堵塞水源、湖泊、河道、滩涂；

（三）采挖苗木、花草、药材；

（四）燃放篝火、野炊、野灶；

（五）设置、张贴广告；

（六）建造坟茔。

第十二条　风景区管理机构应根据盲谷景点的允许容量，额定游人规模，并予以监督。严禁携带火种进入盲谷景点。

第十三条　在穿洞景区和大河景区使用机动船只，须经风景区管理机构批准。

第十四条　风景区内的工矿企业，交通、旅游等基础设施和村寨建设应服从总体规划。对景区内已建的居民建筑，确有损害自然景观、妨碍风景区保护的，应予迁出。

第十五条　风景区的各类建筑和设施，应突出民族风格，与周围景观和环境相协调。

第十六条　风景区及其外围保护带的建设工程，在施工过程中必须采取有效措施，保护景物及周围的林木、植被、水体、地貌，不得造成污染和破坏，其防治污染设施必须与主体工程同时设计，同时施工，同时使用。施工结束后，应及时清理场地，恢复环境原貌。

第十七条　自治县人民政府应制定有效措施，搞好格凸河流域生态环境的综合治理。

风景区 25 度以上的坡地以及分布在重要景点上的耕地应实行退耕还林、还草和封山育林。在风景区内推广沼气适用技术，采取综合节柴措施，解决风景区内居民的燃料问题。

第十八条　风景区应规划适当面积作为放牧用地，禁止在主要景点放牧。风景区农田基本建设应推行生物梗梯化技术，减少对景区植被和景体的破坏。

第十九条　有关部门或乡（镇）应加强格凸河上游河段的水土保持治理和生态保护，安排建设项目不能影响风景区的生态环境。

第二十条　鼓励和支持有利于风景区保护和建设的招商引资项目；鼓励多种经济成分参与风景区的开发和建设。谁投资谁受益，并享受自治县人民政府制定的优惠政策。

第二十一条　鼓励开发优秀民间工艺、民间文艺和风味食品；鼓励和支持风景区居民生产、经营具有地方、民族特色的产品，从事民族风情服务活动。

对生产、加工民族工艺用品的单位和个人，有关部门应给予扶持。

第三章　管　　理

（略）

第四章　法律责任

（略）

第五章　附　　则

（略）

评析：本规章制度采用分章列条式的写法，条款定得比较细致，具有可操作性。第一章“总则”说明制定该办法的目的、依据和适用范围等；第二章到第四章属于“分则”，说明对风景名胜区管理具体内容；第五章是“附则”补充说明该地区风景名胜区的具体范围及大小。

例文 2

连州地下河风景区安全管理制度

第一条 为做好游览区的安全管理工作，提高全体工作人员的安全责任感，确保游客的人身安全，有秩序地参观游览，根据本区实际情况，特制定本制度。

第二条 本风景区内的工作人员应当遵守本制度。

第三条 景区全体工作人员履行安全职责，实行责任制。法定代表人是安全第一责任人，对安全工作负全面责任；分管安全工作的负责人是安全责任人，对安全工作负直接领导责任；安全领导小组人员对安全工作负间接领导责任。

第四条 安全责任人的职责。

（一）贯彻执行安全管理制度及其他有关法律、法规；

（二）制定本景区安全工作规划并组织实施；

（三）组织制定和落实安全制度，安全操作规程；

（四）组织安全宣传教育；

（五）组织安全检查，消除事故隐患；

（六）改善安全条件，完善安全设施；

（七）发生事故时及时组织抢救；

（八）协助调查事故原因。

第五条 有秩序地维护游客参观游览，游览前必须宣讲游览的安全事项和有关要求。

第六条 严格执行核定载客的规定，严禁无证上岗，严禁酒后驾船，严禁单独载客行船。

第七条 船只破漏失修或驾船工具缺损不准开船；病、残人员不准开船；洪水超过警界线不准开船；照明设备不全不准开船。

第八条 划船载客，谨慎操作，必须平稳，要靠右边缓速行驶，转弯要减速鸣示，靠码头要小心并提醒游客注意安全，不能发生硬碰撞。

第九条 导游、渡工必须提醒游客坐船时备带救生衣。

第十条 遇停电时先稳定游客，导游不得离开队伍，把游客带到安全的地方就地休息等待送电。二十分钟后因发电机或其他原因造成不能送电的必须报告领导，及时派员把游客带出来。

第十一条 导游员要提示游客安全事项，严防触摸路边电缆及电器设备，及时制止游客误入不安全地带。

第十二条 安全员及安全领导小组各部主管人员，要每天对所负责事项进行检查，并做好检查记录。

第十三条 安全领导小组每星期五统一全面对地下河的行人步级、栏杆、码头、船只、照明、灯光线路、吊桥、配电房、发电房等安全设施进行一次大检查。

第十四条　发生事故时，及时组织人员抢救并做好善后处理、调查工作。

第十五条　违反本制度按《员工奖惩条例》处罚。

第十六条　本制度从制定之日起实施执行。

评析：这是“条款”式规章制度。头两条可看作管理制度的开头部分，说明制定的目的及适用对象。第三至十五条是主体部分，明确阐述制度的具体内容。第十六条说明本制度的生效日期。

文体实训

1. 下文选自甘肃迭部腊子口旅游网，分析其内容。

腊子口景区安全防范制度

一、凡进入景区的所有人员，必须服从管理，自觉遵守景区的一切规章制度，维护景区的治安秩序。

二、严禁携带各种枪支、刀具进入景区。景点不得销售易燃易爆物品，不得出售管制刀具。

三、进入景区的各种车辆，必须遵守交通法规，注意交通安全，服从指挥，礼貌行车，严禁乱停乱放。

四、旅游区严禁吸烟，烧纸、焚香等宗教活动必须在指定地点进行，并由专人看管。饭馆、食堂、宿舍的生活取暖用火要严加管理，做到人走火熄。

五、严禁在景区内打架斗殴，酗酒滋事。制黄贩黄、吸毒贩毒、卖淫嫖娼、聚众赌博。

六、严禁在景区内随意化缘、强拦讨要，或利用不正当手段骗财害人。

七、治安联防队在正常工作的同时，要定期、定时进行治安巡查，接受游客的求助及报警，及时处理突发事件。凡违反上述规定者，依照《中华人民共和国治安管理处罚条例》等有关法律法规予以处罚，触犯刑律的，依法追究刑事责任。

2.《辞海》对“条例”的解释是“国家机关制定或批准的，规定国家政治、经济、文化等领域的某些事项，或规定某一机关的组织、职权等项的法律文件。”谈谈你对这种解释的认识。

3. 请搜集不同机构的规章制度，比较其内容和格式上的差异。

任务7　制作海报

海报是主办单位在一定范围内向公众报道或介绍举行文化、娱乐、体育、展销等活动的一种招贴式事务文书。它是一种具有宣传广告性质的招贴。

写作任务

请为开封清明上河园景区撰写一份宣传海报的文字内容。

通过完成写作任务，要求学生达到以下目标：

1. 掌握各类海报的组成要素和写作方法；
2. 能够在现实社会中，根据工作和生活需要，撰写海报的文字内容。

相关知识

一、海报的特点

（一）张贴性

海报可以在媒体上刊登、播放，但大部分是张贴于人们易于见到的地方。

（二）宣传性

海报希望社会各界的参与，它是广告的一种。有的海报加以美术的设计，以吸引更多的人加入活动。其广告性色彩极其浓厚。

（三）商业性

海报是为某项活动作的前期广告和宣传，其目的是让人们参与其中，演出类海报占海报中的大部分，而演出类海报又往往着眼于商业性目的。当然，学术报告类的海报一般是不具有商业性的。

二、海报的类型

（一）按内容，可以分为四种

1. 演出海报。这种海报主要向公众发布有关影视、戏剧、音乐会等演出时间、地点及内容介绍等信息。这类海报有的还会配上简单的宣传画，将精彩画面形象地描绘出来，以扩大宣传的力度。

2. 讲演海报。这种海报最有代表性的就是有关学术性活动的，一般张贴在学校或相关的单位，具有较强的针对性。

3. 比赛海报。主要是各种体育比赛的海报，海报的内容是观众可以身临其境进行娱乐观赏的一种演出活动，因此这类海报一般有较强的参与性。海报的设计往往要新颖别致，引人入胜。

4. 展销海报。这是为宣传各种展览会的举办或者宣传某些值得观光的地方而制作的海报。

（二）按形式，可以分为两种

从形式分，海报有文字海报和美术海报两种。而且随着科学技术的发展，很多现代化的手段被应用到海报创作中来，越来越多的海报制作突出了美术创意，形式上也由过去单一的文字招贴走向艺术招贴。

写作提示

本任务属于展销海报，以介绍风景区名胜区的特点为主，这是很常用的一种海报。这种海报既要求文字优美，还要有美丽的图片相陪衬。

任务实施

尽管海报的种类各异，但一般均包括标题、正文、尾部三部分。

一、标题

标题有三种形式：

1．单独由文种名构成。即在第一行中间写上“海报”字样；

2．直接由活动的内容承担题目。如“舞讯”、“影讯”、“球讯”等；

3．可以是一些描述性的文字。如“微笑服务——上帝与你握手”。

二、正文

海报的正文要用简洁的文字写清楚活动的时间、地点、参加办法等。

1．一段式。内容简单的通常只用三言两语，一段成文。例如“××××年×月×日下午×时，××文化旅游节将在××景区隆重开幕，敬请光临指导”。

2．项目排列式。内容稍多的可分项目、分项排列成文。例如下面一则演出海报。

《十面埋伏》隆重上映

演员阵容庞大　　名导巨资制作

时间：10 月 10—16 日

地点：市区各大影院

票价：人民币 15 元

海口市银龙电影发行放映公司

二〇〇四年九月十八日

3．附加标语式。有的海报在正文首或正文末加上排列整齐的标语，起画龙点睛的作用。配上这类标语之后，起渲染吸引作用；但要遵守真实原则，不能哗众取宠，招摇撞骗。

三、结尾

结尾的内容有主办单位、海报制作时间等。如果正文已把有关内容写清楚了，可以不设结尾。

有的结尾还加上一些吸引人的口号，如“售完为止，勿失良机”、“机不可失”等。

写作提示

海报的写作不需要语言太多，本任务的写作，要抓住清明上河图的主要特点来写，突出它的历史文化背景，语言要优美。

任务评估

一份好的海报，一般要做到以下几点。

1．明确文体特点

文字要力求准确、简明，这样可以缩小篇幅，便于阅读。

2．体现语言特色

为了增强宣传效果，激发公众兴趣，语言要生动，富于鼓动性。

3．增强艺术性

海报的版式可以做些艺术性的处理，以吸引观众。

例文评析

例文 1

武陵山张家界

世界自然遗产——张家界，地处湖南省西北部。

她以神奇峻峭的石英砂岩峰林，奥妙莫测的深谷幽境，清澈幽静的溪涧流泉，古老茂密的原始次森林，人迹未涉的神秘境地，美丽迷人的神话传说，被誉为“天下第一奇山”，“立体山水画”，“扩大的盆景、缩小的仙山”……

评析：这是一张有关旅游胜地“武陵山张家界”的美术海报，原海报图文结合，这是海报的文字部分。正文内容主要包括：位置、景区特点、景区称号，简洁明了，语言生动。

例文 2

【天下太极出武当】

The Great Ultimate Originated in Great Wudang

太极

TAICHI

【二胡圣典】

全球神圣首发典礼

The Sacred Ceremony of the World' s First from Wudang

2009 年 9 月 9 日

武当山·紫霄宫

依托武当山气势恢宏的古建筑和神秘空灵的圣山仙境，在国庆六十周年前夕，选择2009年 9 月 9 日这样具有独特含义的时刻，在有着中国和谐哲学巅峰精神象征意义的武当山举行盛大神圣首发典礼，祝愿国家繁荣昌盛，宾朋鸿运长久。

Relying on the magnificent ancient architecture and mysterious Mount Wonderland of Wudang Mt. on the eve of sixtieth anniversary National Day, we choose the unique moment September 9, 2009 to hold the scared ceremony of the world's firs on the peak sprit of Chinese harmonious philosophy Wudang Mt. We hope our county florish and our friends good luck forever.

评析：这是一份关于在武当山举行演出活动的海报。原海报也是图文结合，这里选用的是文字部分。标题是“太极【二胡圣典】”，正文介绍了此演出的地点、时间、背景、意义等信息。此外，还加上英文介绍，使文化内涵更深一层，并且便于外籍人士掌握信息。

文体实训

1．假如你是学生会的一名负责人，请根据下列信息写一则海报。（海报的制作时间为 2010 年 2 月 14 日）

电影：《一个都不能少》（No One Less）
主演：魏敏芝 张慧科
导演：张艺谋
故事梗概：反映中国农村教育的现状
放映地点：学校礼堂
放映时间：下周一晚七点至八点半

2．××旅行社开发了一条到湖南凤凰古城旅游的线路，请你为这家旅行社写一份宣传海报的文字稿。

3．请为自己所在的城市，制作一份宣传海报。

任务8 撰写启事

启事是机关、企事业单位、团体或个人，因事需要向公众说明或提请公众注意，希望公众协助办理时使用的一种事务文书。这是一种常用的周知性文体。

写作任务

爱之旅旅行社因工作需要欲招聘两名导游，请代为拟写一则招聘启事。

通过完成写作任务，要求学生达到以下目标：

1. 掌握各类启事的组成要素和写作方法；
2. 能够在现实社会中，根据工作和生活需要撰写启事。

相关知识

一、启事的特点

启事具有公开性、广泛性、实用性、随意性的特点。

二、启事的类型

1. 根据作者（启事人）分，有单位启事和私人启事。
2. 根据公布的方式分，有张贴启事、报刊启事、广播启事、电视启事。
3. 根据启事的内容分，有三种：

（1）寻找（领）类，如寻人启事、寻物启事、招领启事等；

（2）声明（告知）类，如迁移、更名、更期、更正、开业、解聘、作废、辨伪等。

（3）征招类，如招生、招标、招领、招聘、征集、征文、征婚、换房启事等。

写作提示

本任务是征招类启事中的招聘启事，这是日常工作中比较常用的启事，招聘启事可以报登，也可以张贴。

任务实施

启事一般包括标题、正文、落款三部分。

一、标题

标题一般的写法有：

一是用文种为题，如《启事》，比较重要或者紧急的可写成《重要启事》、《紧急启事》；

二是事由加文种，如《招聘启事》、《征婚启事》、《开业启事》等；

三是由单位、事由加文种构成，如《南方旅行社招聘导游员启事》、《××旅行社迁址启事》等。

此外，有些报刊以广告形式刊登的启事一般省略标题；或者使用具有诱惑性的广告标题，如《选择职业生涯，实现自我理想》。

二、正文

正文主要写明启事内容，把有关的事项交待清楚，包括启事的目的、要求、原因、内容、形式、条件等。

由于启事各自目的、内容不同，正文的写法也各自不同，应从实际出发，不能千篇一律，但不论哪一种启事，都要紧紧围绕陈述的事情、告知的内容来写。

三、落款

落款有以下几种形式：一是标题或正文里有发文单位名称的，落款只署日期。二是标题里无发文单位的，落款可署上该单位名称或者发文者姓名、日期。三是以机关、团体名义发布的信息，应盖上公章，并附上联系地址、联络人和电话号码等。

写作提示

本任务中启事的写作要注意把招聘条件和联系方式写清楚。

任务评估

一份好的启事，一般要做到以下几点。

1．内容单一，一事一启，措辞礼貌讲究。

2．语言表述严密、完整，不遗漏应启之事。

3．标题“启事”不能写作“启示”。“启事”，是为了公开声明某事而登在报刊上或墙上的文字。这里的“启”是“说明”的意思，“事”就是指被说明的事情。而“启示”的“启”，则是“开导”的意思，“示”是把事物摆出来或指出来让人知道。“启示”是指启发指示，开导思考，使人有所领悟。可见“启事”和“启示”的含义截然不同，二者不能通用。

例文评析

例文 1

汕尾市旅游风光摄影大赛征稿启事

为展示汕尾市丰富的旅游资源和开发成果，树立“红、蓝、绿、古、特”五色旅游品牌，提高旅游知名度，促进汕尾市旅游经济的发展。通过摄影艺术家手中的镜头，记录大量珍贵、优质的影像资料。汕尾市人民政府决定举办汕尾旅游风光摄影大赛，由汕尾市旅游局、广东省青年摄影家协会承办，汕尾市摄影家协会、中国电信广东汕尾分公司协办。现面向社会征稿：

一、作品内容

以汕尾市旅游风光为主体、以“滨海新城多彩汕尾”为主题，充分展示汕尾的自然景观、人文风光和旅游开发建设所取得的巨大成就。

二、作品要求

1. 作品形式、风格不限，彩色、黑白均可，规格为 8R（8×10 英寸）；长方形边长为 25 厘米，正方形边长为 20 厘米，画幅的长宽比例达到或超过 2:1 的，边长可以为 30 厘米；组照作品不超过 6 幅，均须输出 8R 照片，每一组算作一幅作品，并请用透明胶粘连在一起。

2. 送稿数量不限，不得装裱，不收电脑或暗房合成的照片。如使用数码相机须 600 万像素以上，单幅原始电子文件须 TIF 格式 18 兆以上或 JPG 格式 3 兆以上。

3. 作品背面必须注明作品题目、作者姓名、通讯地址、邮政编码和联系电话。

4. 所有获奖作品统一调底或提供足够数据和精度的电子文件。如因作者原因无法及时送到，或电子文件达不到规定输出精度的，主办单位将取消作品的获奖资格，由评委评出的备选作品递补。

5. 所有获奖的作品，主承办单位有使用权（包括用于展览、出版物、媒体、网络宣传等），不另付稿酬；作品如涉及著作权、版权、肖像权或名誉权纠纷，均由作者本人负责；主承办单位如选用落选作品将另付稿酬。

三、奖项设置

一等奖 1 名，奖金 16000 元

二等奖 3 名，奖金各 3000 元

三等奖 6 名，奖金各 2000 元

优秀奖 10 名，奖金各 500 元

入选奖 80 名，奖金各 200 元

以上获奖者均由承办单位颁发获奖证书，并计算加入广东省青年摄影家协会入会积分。

以纸质作品自送或寄于以下地址：

1. 汕尾市旅游局

汕尾市区城南路旅游大厦×楼（市旅游局开发科）；

联系人：周××、陈××；　电话：0660—339××××

邮政编码：516600

邮箱：××××@126.com

2. 广东省青年摄影家协会

广州市东华南路19号广湾18商务港B座×楼×××室

联系人：梁小姐　电话：020-8329××××

邮政编码：510100

邮箱：××××@21.cn.com

截稿日期：2010年9月20日

汕尾市旅游风光摄影大赛组委会

二〇一〇年七月二十三日

（资料来源：汕尾政府网）

评析：这是一份有奖征摄影作品启事。全篇由标题、前言、应征作品要求、奖项设置和联系方式等条款组成。开头部分，写明了本次活动的目的及主办、承办单位。正文分条列项写出，征稿要求明确具体，对作品形式、大小等都作了明确规定。奖项设置明确。联系方式明确具体，操作性强。全篇层次条理清晰，文字准确简要，便于人们应征。

例文2

川滇黔十市地州旅游展启事

为广泛宣传川滇黔十市地州旅游资源和产品，加强各地区间旅游交流与合作，促进旅游业健康、科学、快速发展，川滇黔十市地州的攀枝花市、毕节地区、楚雄州、大理市、昆明市、丽江市、六盘水市、凉山州、宜宾市、昭通旅游系统定于7月30日（公众开放日）、31日（内部交流，不对外开放）、8月1日（公众开放日）在攀枝花会展中心大厅举办旅游展。展会将展示各地旅游资源和产品，现场旅游咨询，派发旅游宣传资料和旅游用品，每日还将向观展的前100名市民免费赠送各地旅游景区门票。欢迎广大市民届时前来观展。

攀枝花市旅游局市场处

二〇一〇年七月二十三日

（资料来源：攀枝花旅游信息网）

评析：这则启事正文写了举办旅游展览目的，举办主体，展览时间、地点及参展内容和优惠活动等，语言简练，内容完整。

文体实训

1. 修改下面这则启事，并说明原因。

深圳××旅行社诚聘

1. 业务助理：数名，大专文化，懂电脑操作，能熟练运用Office 办公软件（限女性）。
2. 导游：数名，熟悉景区知识，有导游经验。

有意者请带个人简历亲临面试。

联系人：钟艳华

电话：××××××

2. ××旅行社因房屋拆迁，从 2010 年 8 月 1 日起迁到××街××号照常营业。请代××旅行社写一则搬迁启事。

3. ××酒店运货汽车于 5 月 20 日晚 8 点，在裕华路与建华大街交叉口附近，遗失两个密封木箱，编号分别为“001”、“003”。请代写寻物启事。

任务 9 制发传真

传真是各级机关、企事业单位、社会团体通过有线电、无线电或国际互联网络传送的文书、文字材料和图像。传真机不仅能传送信息的内容，还能传送信息的形式，不但可以传递文字、数据、图表，还可以传递签名、手迹、印章等。因此，传真具有特殊的应用价值。

写作任务

某铁道旅行社有 20 名游客需要北京中国妇女旅行社接待，请代该旅行社发一个传真给中国妇女旅行社。

通过完成写作任务，要求学生达到以下目标：

1. 掌握各类传真的组成要素和写作方法；
2. 能够在现实社会中，根据工作和生活需要，制发传真。

相关知识

一、传真的特点

（一）真实性

传真是把记录在纸上的文字、图表、相片等静止的图像变换成电信号，经传输线路传递到远方，在接收方获得与发送原稿完全相似的记录图像的通信方式。

（二）便捷性

传真这种方式操作起来非常方便，传送也非常快捷。

（三）可靠性

由于传真可以将原稿的真迹准确地传输给远距离的接收方，所以有人称之为远距离复印。

二、传真的类型

可分为文书传真、文字材料传真、图像传真三种。

写作提示

本任务属于文书传真，实际属于商洽问题的一种快捷书信，制作时一般有固定的格式。

任务实施

传真一般分为标题和正文两部分。

一、标题

传真的标题常用的结构是：单位名称＋文种（传真），如“××旅行社传真”。

二、正文

传真的正文包括首部和主体两部分。

（一）首部

首部要写明收件人姓名、单位，抄送人姓名、传真号及发件人姓名、发件日期、总页数、传真号、电话、主题、紧急程度及回复要求等。

（二）主体

主体即所传输的内容，包括文书、文字材料和图像。主体的文书部分相当于一个短函，要有抬头、正文及结尾的祝福语等。一般用语简洁客气。

通常公司的传真信纸是统一印制的，在传真信纸上方或下方印有公司名称、地址和标志图案。

写作提示

本任务的写作中要注意写清楚各种细节，如人数、时间、联系人等。

任务评估

制发传真，要做到以下几点：

1. 要语言简洁、格式规范；

2．传真信纸要统一印制，做到内容齐备、格式规范；

3．传真文稿传出后，要电询收件单位是否收到。

例文评析

例文 1

雁盟源旅行社传真

收件人：姚仙强

单位：华侨大酒店

抄送：××××

传真号：0592-205××××

发件人：刘　海

日期：2010/8/24

传真号：0898-654××××

电话：0898-654××××

页数：共 1 页

主题：询问房源

□紧急　□请审阅　□请批注　□请答复✓　□请传阅

华侨大酒店：

因本社将有一旅游团欲于 5 月 12—15 日住宿贵酒店，共需普通标间 10 间、高级标间 3 间。是否有房源，请贵酒店速与我社联系。盼复。

雁盟源旅行社（公章）

二〇一〇年五月六日

评析：这是一份传真的首页，正文的首部内容齐备，格式规范。短函语言简洁明了。

例文 2

裕丰旅游有限公司传真

收件人：张维明

电话：33435605

单位：大东公司

大东公司：

你公司所需的货物已到，请即与我联系。

评析：这份传真存在的问题如下：

1．首部内容不详，缺传真号、发件人姓名、发件日期、总页数、电话区号、紧急程度及回复要求选项等；

2．主体的短函内容过简，缺少已到货物的品种、型号等，以及联系的方法等内容；

3．短函结构不完整，缺落款。

文体实训

1．分析下面这份传真存在的问题，并修改。

莫赛耳有限公司

新加坡河谷路555号国际金融大楼

电话：65—5256—8467 传真：65—5256—8333

敬致：黄先生　××股份有限公司

发文：富康

日期：××××年×月×日

页数：1

亲爱的jesse，

只是要告诉你，本公司自×月×日起迁至上址。公司总机及传真号码不变，而我的专线则为：5256—8258。

我们对本地区的服务如常。请将你的电话簿资料更新加上（见本传真信头）。

希望很快在你下一次出差来这里时见面。祝安好！

2．××景点开发区计划和××旅行社合作开发一条旅游线路，就传真给××旅行社询问合作意向，请你代××景点开发区拟写一份传真。

3．搜集3～5份不同单位的传真，进行分析比较。

模块四

旅游契约文书

任务1　撰写合同

合同也叫契约，是两个或两个以上当事人之间为实现一定的目的，以有关法律、法规和政策为依据，通过协商，用来确定相互之间的权利和义务关系而订立的书面协议。订立合同多以经济目的为主，在市场经济条件下，合同行为、合同现象是大量存在的，从国家大型建设项目到百姓日常生活都离不开合同。

写作任务

徐丽是旅游管理专业的应届高职毕业生。她在当地的一家旅行公司找到了一份导游工作。她要做的第一件事就是和这家公司签订劳动合同，请你代双方拟订一份劳动合同。

通过完成写作任务，要求学生达到以下目标：

1．掌握各类合同条款的组成要素和写作方法；

2．能够在现实社会中，根据工作和生活需要，拟订合同。

相关知识

《中华人民共和国合同法》规定：合同是平等主体的自然人、法人、其他组织之间设立、变更、终止民事权利义务关系的协议。合同的当事人，可以是公民（自然人），也可以是法人或者其他组织。

签订合同是一种法律行为。其主要作用是，有利于维护合同当事人的合法权益和明确当事人的权利、义务。随着《合同法》的实施及合同的普遍采用，合同在发展社会经济中发挥着越来越大的作用。

一、合同的特点

（一）合法性

合同的内容要符合《合同法》的规定。

（二）平等互利性

签订合同的双方或多方的法律地位是平等的，合同是自愿协商的产物。合同条款中，权利、义务也是相互的、对等的，不能将其建立在损害对方或他方的利益之上。合同内容也应是等价有偿的。

（三）协商一致性

合同的签订是一个协商一致的过程。合同的内容只有表达当事人彼此一致的意愿，其条款才能成立。只有当事人经过充分的协商，将应承担的义务和应享有的权利充分表达出来并形成文字，合同关系才算真正建立。因此，没有充分表达意愿、草率成文的合同，难以保证实施和实现经济目的。同时，在履行合同过程中，如需要变更合同条款，也要重新协商补签，任何不经双方或多方协商一致而改变合同者，要承担违约责任。

（四）规范性

规范性具有两层含义，其一是依法订立的合同对当事人具有法律约束力，其二是指合同的写法和格式需要规范。

二、合同的类型

1. 按时间分，有长期、中期、短期合同。
2. 按形式分，有书面合同、口头合同和其他形式合同。
3. 按写法分，有条款式合同和表格式合同。
4. 按内容分，有 15 大类：买卖合同，建设工程合同，承揽合同，运输合同，供用电、水、气、热力合同，融资合同，仓储合同，保管合同，租赁合同，借款合同，行纪合同，居间合同，技术合同，赠予合同，委托合同。

写作提示

本任务属于长期、书面条款式劳动合同，这类合同各地都有一些规范的固定的文本格式，可做参考。

任务中的合同是与大学生联系比较密切的劳动合同。近年来，劳动纠纷日益增多，原因就在于，人们虽然有了一定的法律意识，但是在订立合同的过程中却忽视了合同条款中工作细节的考虑，无形中造成了不平等。一份好的劳动就业合同如橡皮艇、游泳圈，能有效保护自己，合理规避风险。

任务实施

尽管合同的种类各异，但一般均包括首部、主体、尾部三部分。

一、首部

首部主要包括以下各项。

（一）标题

标题写在合同首页上方正中位置。要明确写出合同的性质，如“旅游合同”、“购销合同”、“工程安装合同”。有的合同还在标题下方书写合同的编号。

（二）合同当事人名称或者姓名

合同当事人名称或者姓名是指签订合同的双方或多方的名称或者姓名。要准确写出签约单位或个人的全称、全名，并在其后注明双方约定的固定指代：“甲方”、“乙方”。如有第三方，可将其称为“丙方”。在对外贸易合同中，有时可指代为“卖方”、“买方”。无论在什么情况下，合同中都不能用不定指代“你方”、“我方”来指当事人。

（三）引言

引言就是合同的开头部分，主要写签订合同的目的或签订合同的依据。常用的表述句式为：“为了……”或“根据……”。若选用“表格式合同”，则依据国家工商局或有关部门制定的合同的规范文本要求，填写有关内容。

二、主体

主体是合同的主要部分，一般多采用条款式写法。按双方当事人的约定，详细写明主要条款和其他条款的内容。

（一）主要条款

合同的内容由当事人约定，一般应具备以下几项条款。

1．标的。标的是合同当事人权利义务所共同指向的对象，是合同的基本条款。没有标的的合同是无效合同。标的可以是物、货币、劳务、智力成果等。签订合同的双方对标的要协商一致，写得具体、明确。

2．数量和质量要求。是指从数量和质量的角度对标的进行精确度量，它决定双方当事人承担的权利义务的大小、范围。数量是标的具体的计量，如借款金额、建设工程项目、工作量等，要明确标的的计量单位，如：吨、米、件等。质量要求是对标的质的要求，如产品、商品、工程的优劣程度，应明确标的质量的技术标准（如国家标准、行业标准）、等级、检测依据等。

3．价款或报酬。这是指合同标的的价格，是合同双方当事人根据国家法律、法规、政策和有关规定，对标的议定的价格，是合同一方以货币形式取得对方商品或接受对方劳务所应支付的货币数量。要明确标的的总价、单价、货币计算标准，付款方式、程序，结算方式，若与外国方面合作，要写明支付币种。

4．合同履行的期限、地点和方式。履约期限就是合同的有效期限，是合同法律效力的时限和责任界限，过时则属违约。日期用公元纪年，年、月、日书写齐全。地点是指当事人履行合同义务、完成标的任务的地点。履行方式是当事人履约的具体办法，如借贷合同的出资方要以提供一定的货币来履约；劳务合同的某一方要提供某种具体的劳动服务，如照看小孩、打扫卫生等。

5．违约责任。就是合同的当事人不能履约或不能完全履约时，所要承担的经济责任和法律后果。具体包括违约金、赔偿金和其他承担责任的法律形式等。“违约责任”是履行合同的重要保证，也是出现矛盾分歧时解决合同纠纷的可靠依据。

（二）其他条款

这里所说的其他条款是除上述必备条款外，经双方当事人协商确定的其他条款。具体包括以下两项条款。

1. 不可抗力条款。该项条款的作用是，如果发生了当事人不能预见、不能避免且不能克服的客观事故（如洪水、地震、台风等），而导致履行合同困难时，当事人便可根据这一条款，依据《合同法》规定，部分或全部免予承担责任。此条款的内容应包括不可抗力事故的范围、后果等。

2. 解决争议的方法。此条款要约定在履行合同发生争议时解决问题的方式和程序，要明确注明是通过仲裁解决、协商解决还是诉讼解决。

三、尾部

尾部是指合同的结尾和落款部分。主要包括以下内容。

（一）合同的有效期限和文本保存

有效期限是指合同执行生效、终止的时间，是合同必须具备的条款。文本保存是注明合同文本的保管方式，即合同一式几份，当事人保管的份数。

（二）落款

这部分是合同特定的内容和格式，即在合同的有效期限和保管条款下方，依次写上当事人的名称、签章、法定通讯地址、法人代表、银行账号、签约日期及地点等。

有些合同有特殊要求，或有附件，也要在尾部注出。通常是在合同正文“其他条款”之后注明：“合同附件、附表均为本合同的组成部分，且有同等的法律效力”。如工程承包合同要在“附件”中列出工程项目表、工程进度表、工程图纸等。这些附件、附表均标写在合同落款的最下方，即“年、月、日”以后的部位。

由于社会活动多种多样，合同也就有各自的特点和侧重点，拟定一份合同，在遵守国家法律、法规的前提下，还要视实际情况而定。

写作提示

撰写本合同，首先要了解国家相关劳动就业政策，然后对合同结构进行拟写。重点是撰写合同的主体部分，注意所包含的条款内容不能缺项，要做到语言准确，表意清晰，不能有引起歧义的句子。

任务评估

一份好的合同，一般要做到以下几点。

1．合法

订立合同，必须依法办事。当前存在的较突出的问题是有的合同内容违反国家的法律和政策。这类合同，不仅不受法律保护，有的还要依法追究责任。

2．合理

合同必须贯彻平等互利、协商一致、等价有偿的原则。任何一方都不得把自己的意愿强加给对方。

3．合格

即合乎合同的一般写作格式和必备的主要条款。

4．完善、明确

不仅格式和主要条款要完善，每一条款的内容也要尽量周密严谨，避免发生漏洞。如标的物不仅要写明数量和质量，而且要写明计量单位、质量的技术要求和标准等等。有的合同就是因为质量标准和检验手段不明确而发生纠纷。又如供货方负责维修商品，而人员的旅费、工资等应由谁负责等，都要明确具体地加以规定。

5．做好调查研究

一份合同能否成立、有效，能否全面履行，必须满足基本的有效条件。这些条件包括当事人要有合法资格，订立合同必须遵守国家法律，贯彻平等互利、协商一致、等价有偿的原则，履行法定的手段。而要做到这些，必须在写作前做好充分的调查研究。首先要调查对方属于何种身份。其次要调查对方履行合同的能力。可以通过检阅证明文件、当面洽谈、现场考察、从旁调查等多种途径了解，避免不法分子利用合同买空卖空，或由于条件、设备等原因无法履行合同造成损失。再次要核查本单位履约的能力。签订合同还必须从己方实际出发，才能保证全面履行合同，否则就会招致违约而负违约责任。此外，签订合同前还要对社会、市场进行调查，多掌握一些情况，尽可能使合同订得切合实际，以确保质量。

例文评析

例文 1

北京市国内旅游合同

《专 用 条 款》

旅　游　者：____________________

组团旅行社：____________________

根据《中华人民共和国合同法》等有关法律、法规、规章的规定，旅游者和旅行社双方在平等、自愿的基础上就国内组团旅游的有关事宜协商达成协议如下：

第一条　旅游者情况

旅游者人数为____人，姓名、性别、年龄、身体健康状况为：________________

第二条　旅游内容及安排

（一）合同报价以____人成行为基准。

（二）成行团号：____________________

（三）行程时间共计____日，行程中的在途时间包含在内。

（四）出发地点及时间：___年___月___日____点由北京出发____________________

（五）返回地点及时间：___年___月___日返回北京

（六）旅游线路：____

（七）成人旅游费用为_____元（人民币）/人

（八）住宿时如遇单人房间，住宿差价的解决办法：____________________

（九）关于旅游费用的特别约定：__________________________________

（十）旅游费用的支付方式和时间：________________________________

（十一）交通工具：______________________

（十二）餐饮标准：____

第三条　合同权利义务的转让

（一）旅游者转让合同的方式

出发前经旅行社书面同意，旅游者可以将其在本合同中的权利义务转让给第三人，由此增加的费用由旅游者承担。

（二）旅行社转让合同选用第______种方式

1. 出发前经旅游者书面同意，旅行社可以在保证不降低旅游服务标准的前提下将旅游者转至其他旅行社合并组团，并由原旅行社就本合同内容对旅游者先行赔偿责任；赔偿后，原旅行社可以向受让旅行社追偿。

2. 出发前经旅游者书面同意，旅行社可以在保证不降低旅游服务标准的前提下将旅游者转至其他旅行社合并组团，旅游者应当与受让旅行社就《专用条款》重新达成协议，并由受让旅行社对旅游者承担责任。

第四条　不成团安排

（一）报团人数未达到成行基准时，旅行社应当提前3日（不含）通知旅游者，双方按下列第_______种方式解决：

1. 解除合同，旅行社向旅游者一次性退还全部旅游费用。

2. 旅行社建议将旅游者转至其他旅行社合并组团。

3. 旅行社建议旅游者延期或更改旅游线路，如旅游者同意则改签旅游合同，费用如有增减，由旅行社退回或由旅游者补足。

（二）旅行社未提前3日通知旅游者的，应当按照《通用条款》第8条的有关规定承担解约责任。

第五条　争议解决方式

本合同项下发生的争议，由双方协商解决，或向有管辖权的旅游质监所、消费者协会等有关部门投诉；协商、投诉解决不成的，向_____人民法院起诉，或按照另行达成的仲裁条款或仲裁协议申请仲裁。

第六条　其他约定

____

（一）违约责任

1. 旅游者违约责任

（1）旅游者未按照合同约定支付旅游费用的，应当每日按照迟延支付费用0.3%的标准支付违约金。

（2）旅游者因违约、自身过错、自由活动期间内的行为或自身疾病引起的人身、财产损失由其自行承担；由此给旅行社造成损失的，旅游者应当承担赔偿责任。

（3）旅游者因违反国家或地方的法律规定而被拘留或被追究其他法律责任的，相关责任和费用由其自行承担；由此给旅行社造成损失的，旅游者应当承担赔偿责任。

2. 旅行社违约责任（略）

（二）补救责任（略）

（三）成行前的解约责任（略）

（四）行程中的解约责任（略）

（五）免责条款（略）

旅游者（签章）：　　旅行社（签章）：

接团地点：　　地址：

领队电话：　　电话：

传真：

签约代表：

签订时间：　　签订地点：

评析：本合同为北京市旅游局为规范旅游合同而制定的示范文本。要素齐全，项目完备，双方的权利和义务十分明确，便于执行和操作。

例文2

旅 游 合 同

甲方：________旅行社（或公司）

地址：____________________邮编：___________电话：___________

法定代表人：_______________职务：_______________

乙方：姓名（或团体名称）_______________________

地址：____________________邮编：___________电话：___________

根据国家有关旅游事业管理的规定，甲乙双方经协商一致，签订本合同，共同信守执行。

第一条　旅游的时间安排：

由甲方在××××__年__月__日至××××__年__月__日为乙方提供旅游服务。

第二条　旅游的地点及每个旅游景点的时间安排：

甲方为乙方提供的旅游景点为_____个。分别是________、________、________。

每天的时间安排为上午________时至________时，下午________时至________时。

第三条　旅游的生活安排：

甲方为乙方提供食宿，每天伙食在________元至________元标准内。

第四条　导游服务：

甲方为乙方提供导游服务，服务内容：____________________。

第五条　旅游的费用：

本次旅游的费用总计____元（包括食宿在内）。在旅游出发前____日交清。

第六条　旅游的交通工具：

甲方为乙方提供交通工具。________、________、________等交通工具都由甲方联系、提供，并保证乙方的旅游安全。

第七条　甲方的权利义务及违约金：

1. 甲方应按本合同的规定按时为乙方安排本次旅游。

2. 甲方未经乙方同意不得擅自减少或增加旅游景点和缩短旅游时间。如甲方违反约定，应向乙方赔偿____%的违约金或者乙方可以要求甲方按约定继续提供旅游服务，甲方不提供的，乙方可以自行旅游，支出的合理费用，由甲方承担；甲方增加游览景点的，增加的费用由甲方承担。

3. 甲方应按本合同规定为乙方提供优质的服务。在旅游期间，甲方应派医务人员、保安人员等随行，以保证本次旅游的顺利进行。

4. 甲方不得擅自变更或解除合同，否则按约定赔偿乙方损失额_____元。

5. 由于甲方的原因导致乙方受到财产损失和人身伤害的，甲方负赔偿责任。如因第三人的过错造成损失的，甲方在赔偿后，有权向第三人追偿。

第八条　乙方的权利义务及违约金：

1. 乙方应按时交纳旅游费用，如违反规定在旅游出发前____天内还不交清的，甲方有权不与乙方签订合同，取消乙方的旅游事项。

2. 乙方应遵守甲方安排在本次旅游当中的安全事项及其他合理要求，不得擅自单独行动，否则后果自负。

第九条　本合同在执行前或执行期间，如有未尽事宜，甲乙双方协商同意后，另订附则附于本合同之内，所有附则在法律上均与本合同有同等效力。

第十条　本合同一式____份，由甲、乙方各执________份。

甲方：____________________　　　　乙方：____________________

代表：____________________　　　　代表：____________________

____年____月____日　　　　____年____月____日

评析：这份旅游合同比较规范完整，对旅游中各种事项作出了预想，并明确了责任和义务，具有可操作性。

文体实训

1. 赵女士要参加大众旅行社的海南双飞五日游，请替她和旅行社签订一份旅游合同。

2. 大众旅行社拟租用快通汽车公司的车辆，下面是租车合同，请指出不足之处，并修改。

租 车 合 同

甲方：大众旅行社有限责任公司

乙方：快通汽车出租公司

甲、乙双方就车辆租用事宜达成如下协议：

1. 本合同为长期合同，在本合同有效期内甲乙双方可就租车事宜达成多个具体租车协议。甲方租用乙方车辆时，应提前以书面形式向乙方订车，并详细写明各项用车要求，包括用车数量、时间、路线、价格、结算方式、确认期限要求等在附件中规定。

2. 当乙方接到甲方订车通知后，应根据甲方要求，以书面形式通知甲方确认或不确认。一经双方确认，双方必须按照要求认真履行各自的责任。

3. 乙方向甲方提供的车辆应经公安等部门检验年审合格并符合行业标准或合同约定标准，车辆驾驶员应是公安等部门登记在册的并有丰富驾驶经验及技能的人员，足额办理了乘员险、第三者责任险等保险手续，符合交通部门认定的旅游目的地经营范围的旅游客车。

4. 乙方应在车辆使用前向甲方提供如下使用车辆及驾驶员的相关资料：（1）机动车驾驶证；（2）机动车辆保险单；（3）车辆购置税完税证明；（4）道路运输证；（5）道路运输费缴讫证。

5. 违约责任：乙方如不能按照约定时间提供车辆，应提前____日书面通知甲方，并支付约定车费____%违约金。乙方如不能按照约定时间提供车辆，又不及时通知甲方的，应当支付约定车费____%违约金。乙方如不能按照约定数量提供车辆，缺少的车辆视为不能按约定时间提供，乙方负有本项规定的通知义务，并应承担相应违约金。乙方如不能按照约定时间、数量提供车辆，给甲方造成损失的，乙方还应当赔偿经济损失。

甲方（公章）：大众假日旅行社	乙方（公章）：快通汽车公司
法定代表人：	法定代表人：
委托代理人：	委托代理人：
电话（传真）：	电话（传真）：
××××年×月×日	××××年×月×日

3．大众旅行社要和某景点合作，开辟旅游线路。请查阅相关资料，为大众旅行社起草一份合同。

任务2 撰写意向书

意向书是双方或多方就合作项目在进入实质性谈判之前，根据初步接触所形成的带有原则性、意愿性和趋向性意见的文书。意向书是国家、单位、企业以及经济实体与个人之间，对某项事务在正式签订条约、达成协议之前，由一方向另一方表明基本态度或提出初步设想的一种具有协商性的应用文书。

写作任务

××民俗村位于××风景区北部，面积1平方公里，是该风景名胜区总体规划中的五大景区之一，该项目主要以畲族民俗文化为特色，结合田园风光、农具展示、休闲度假等功能，包括畲族榕树群、杨梅洞、江西大道、跌马坑、笔石等主要景点，可设立森林疗养院、民俗展演厅、度假区等区域布局。

一段时间以来，景区管理处和大宇集团就民俗村合作开发事宜进行了深入交流。经双方同意，拟把前期的商谈结果以意向书的形式确定下来，以便今后进一步深入合作。请拟写这份意向书。

通过完成写作任务，要求学生达到以下目标：

1．掌握各类意向书条款的组成要素和写作方法；

2．能够在现实社会中，根据工作和生活需要，拟订意向书。

相关知识

意向书的主要作用是传达“意向”，提请对方注意或供参考，可以约束双方的行动，保证双方的利益；意向书能反映业务工作上的关系，能保证业务朝着健康有利的方向发展；意向书可为正式签订协议或合同打下基础。

一、意向书的特点

（一）协商性

写意向书多用商量的语气，不带任何强制性。有时还用假设、询问的语气。

（二）灵活性

意向书的灵活性主要在两个方面：一是可以随时改变自己的主张。意向书发出后，对方如有更好的意见，可以直接采纳，部分改变或全盘改变都是可能的；二是在同一份意向书里可以提出多种方案供对方选择。或者对其中的某项某款同时提出几种意见或调查，让对方比较和选择。

（三）临时性

意向书是协商过程中各方基本观点的记录，一旦达成正式协议，便完成了意向性的使命。意向书不像协议、合同那样具有法律效力。

二、意向书的类型

（一）按文体格式，意向书可以分为两种类型

1．条款式意向书。这种意向书类似合同，采用分条列项式结构的写法。

2．书信式意向书。这是用信函文体写作的意向书。

（二）按效力，意向书可以分为两种类型

1．具有“双方契约”和“有偿合同”性质的意向书。这种意向书使签订各方既享有一定的权利，也承担一定的义务。

2．具有“单方契约”和“无偿合同”性质的意向书。这种意向书只有一方单独承担某种义务。

写作提示

意向书是双方前期工作和努力的结晶，凝结着双方的智慧和劳动。因而在写作中，要充分了解双方的洽谈成果，包括合作形式、合作范围等具体内容。一般情况下，这种合作开发景区的意向书应明确双方的权利和义务，在结构上，可以采用条款式。

任务实施

完整的意向书一般由标题、正文、尾部三部分组成。

一、标题

标题常见的形式有两种：一种是项目名称＋文种；一种是文种，即《意向书》。

二、正文

正文由导语、主体和结尾三部分构成。

（一）导语

导语写明合作各方当事人单位的全称，双方接触的简要情况，因何事项进行了协商，以及合作的指导思想，磋商后达成的意向性意见。然后用“本着××原则，兴建××项目”、“双方就有关事宜，达成如下意向”一类承上启下的惯用语导出主体部分。

（二）主体

主体部分是意向书的重点内容，一般写双方的意图及初步商谈后达成的倾向性认识和比较认同的事项。多采用分条列项的形式写。各项条款之间的界限要清楚，内容要相对完整。

（三）结尾

写明“未尽事宜，在签订正式合同或协议书时再予以补充”一语，以便留有余地。

三、尾部

意向书签订各方单位的名称、代表人姓名并加盖公章、私章及日期。有时还要注明通讯地址、电子邮箱、电话号码等。

写作提示

完成本任务既要注意结构和写法上的规范，还要注意内容上的完整和全面，能够体现双方意愿，要忠实地表达各方协商的事项。由于意向书表述的内容比较原则、笼统，需为以后的谈判和正式签订合同留有余地，因而必须注重使用留有余地、富有弹性的语言，不要把关键问题的条款尤其是数字写得太具体、太精确。各条款的内容要合理合法。

任务评估

一份好的意向书，一般要做到以下三点。

1. 坚持平等互利的原则。不分国家大小、单位大小和资本多少，都应一视同仁，平等对待；既不能迁就对方，也不能把自己的要求无原则地强加给对方。

2．是非要分明，态度要诚恳，做到不卑不亢，礼貌客气。

3．内容要明确，条款要具体，用词要准确，不能含混不清、模棱两可。

例文评析

例文 1

联办综合服务公司意向书

××市化工厂（以下简称甲方）和××旅游文化有限公司（以下简称乙方）于×年×月×日在郑州就创办联营综合服务公司的问题进行了初步协商。根据双方需要，为更合理利用双方优势，提高经济效益和社会效益，双方在平等互利的基础上达成如下联营意向：

一、联营综合服务公司在创建之初的生产经营项目主要有二：一是利用甲方在生产过程中产生的废渣石灰脚生产煤渣砖；二是代客户运输。

二、甲方提供运输工具载重车数辆给联营企业，按月收取适当的租用费。乙方提供土地一块给联营企业，按月收取适当的租用费。乙方一并提供综合服务公司所需的生产人员。

三、此联营项目投资总额估计十余万元（包括基建、厂房、设备及流动资金）。甲方投资比例约八成，乙方投资比例约三成，实现的利润按投资比例分成。

四、综合服务公司是具有法人资格、实行独立核算、自负盈亏的企业。

五、双方各派代表若干人组成筹建小组，具体负责筹建工作。筹建小组应于明年春完成可行性研究并提交工作方案。

六、有关具体问题双方在进行可行性研究后进一步协商。

七、本意向书一式四份，双方各执两份。

甲方（盖章）：　　　　　　　　　　乙方（盖章）：

甲方代表（签字）：　　　　　　　　乙方代表（签字）：

××××年×月×日

评析：这是一份双方联办公司的意向书。标题由项目名称和文种构成。导言部分，写双方单位名称、因何事项进行了“初步协商”和合作的指导思想。一句“……达成如下意向”引出主体部分。主体部分采用条文式结构，依次写了联营综合服务公司的经营项目、双方的职责、双方投资比例、公司的性质和经济形式、组建筹建小组及意向书份数等内容。在语言方面注重使用留有余地和弹性的语言，比如投资比例约“八成”、“三成”，各派代表“若干”等，这些都体现出了意向书写作特点。

例文 2

山东省郯城县新村生态旅游开发意向书

一、基本情况

1．自然条件。山东省郯城县新村乡银杏生态旅游建设项目，包括银杏森林、乡村度假区（老万亩银杏园）、银杏古梅园、银杏村居、橡皮坝等景点，统称为古银杏森林公园。该园地处鲁南地区郯城县城西25公里，属郯城县新村乡辖区，西靠沂河，南与江苏省邳州市接壤。全乡总面积36平方公里，东西宽为4公里，南北长9公里，银杏种植总面积达30000亩。公园位于沂河冲积平原，自然地势由西向东逐渐降低，沂河堤纵贯南北。土体构成下部为壤质土壤，上部覆盖1～2米厚砂土，表层土壤质地为砂土质，土壤适合银杏生长。园区属暖湿带半湿润气候区，四季分明，常年平均气温一般在12.1—12.7度，平均温差为28℃，年平均降水量为843毫米。公园紧邻沂河，其1/3座落于沂河滩内，引水条件十分便利。

2. 森林植被。公园地处全国银杏主产区的中心位置，该区种植银杏历史悠久，自清朝至民国末年达到鼎盛时期。所产银杏干果籽粒大、口感好，银杏叶符合国际GAP标准化生产要求，因而素有“银杏之乡”美誉。全园现有银杏30000亩，约占园区面积的89%，林龄结构以20～80年居多，百年以上银杏树集中连片达10000亩，数量达23000株，除老万亩银杏园外，还有12000亩银杏采叶圃、10000亩银杏苗木培植园，800亩优良品种园，250亩银杏盆景园。采叶圃林木密度为3000～4500株/亩，结果园林木密度为35～41株/亩，苗木培植园林密度为70～90株/亩。园区年产银杏干果100万公斤，银杏干叶6000吨。

3. 社会经济状况。新村乡地处苏鲁交界处，区位优越，二、三产业发展较快，是全国著名银杏生产基地，银杏系该乡支柱产业，综合经济实力居全县之首。2006年全乡国内生产总值达5.2亿元，全乡农民人均纯收入5000元，其中银杏收入达2500元，尤其是近年来，乡党委、政府充分发挥资源优势，进一步把银杏产业做大做强，取得了显著的经济效益和生态效益，成为闻名海内外的“银杏之乡”。

4. 基础设施。公园座落在幽静的森林之中，离京沪高速公路马头入口处仅9公里，距310国道4公里。自1995年以来累计投资3600余万元用于交通、电力、通讯等基础设施配套建设，园区内银杏林网纵横交错、交织成网。全乡乡村道路全部实现“三化”：硬化、美化、绿化。全乡全部实现了“四通”：户户通电、通有线电视、通自来水、通电话。

二、项目建设的必要性与可行性

1. 独特的银杏森林优势。（略）

2. 明显的区位地理优势。（略）

3. 传统的佛教文化优势。（略）

4. 强大的政策驱动优势。（略）

5. 独有的文物资源优势。（略）

三、项目建设的内容和规模

根据功能的需要，将全园规划为银杏生态园观光区、银杏标准化林园示范区、古银杏村景区、乡村度假区（老万亩）、橡皮坝、沂河楼、水上活动区、古梅园景区。

1. 银杏生态园观光区。本观光区计划建有银杏观光大道、采叶园、采果园、良种园，按照“适应市场、适度发展、限制规模、调整种植结构”的思路，把其建成集万亩银杏专类园游赏、观光和考察的中国第一银杏产业基地。

2. 银杏标准化林园示范区。景区规划包括绿源公司厂貌、银杏路、观光游道等处景点，兼顾生产、旅游双重功能，以优质、早实、丰产为前提，增强林园旅游观赏性。

3. 古银杏村景区。景点包括旅游购物一条街、民俗一条街及银杏之家、银杏小游园、银杏营销市场、银杏工艺产品加工等，突出“银杏人家”这一主题，把其建成集民居民俗、传统工艺品制作、观赏考察等为一体的景区。

4. 乡村度假区。建设项目包括银杏人家、茶馆、康疗健身小区、娱乐游憩小区、布设游道、围墙和园门、林中人家、环卫设施等，把其建成休闲度假和康疗娱乐为一体的银杏林园。

5. 橡皮坝、沂河楼。景点规划主要有橡皮坝、沂河楼、“沂河风帆”、游览码头、儿童水上活动区、“红崖古梅”、台阶游道、河岸风景线等。

6. 古梅园景区。景点规划主要有：老神树观赏点、广福寺、银杏博物馆、银杏文化碑林、百花园小区、盆景园、林园休闲区等。古梅园是森林公园自然景观和人文景观最为集中的景区。资源丰富，特色鲜明，历史久远，区位优越，是新村生态游览区的特有景观。总的开发建设指导思想是，该景区作为一项精品工程进行建设，保护好现有古树名木和寺院，突出历史景观，充分挖掘文化内涵，对现有景点、景物进行合理调整布局，增加常绿树和花灌木、提高绿荫覆盖，完善服务设施。重点工程先期开发，建成以古银杏、古槐、古梅和古寺为主体景观，以寻古探奇为主要功能的休闲游乐林园，带动以“中国银杏之乡”为品牌的旅游业的全面振兴。

四、投资估算与资金筹措（略）

五、效益分析与评估（略）

【联系方式】

公司：郯城县新盛银杏有限责任公司

电话：0539—66×××××

传真：0539—66×××××

E-mail：×××××

网址：http://www.gingko-hometown.com

实名：中国银杏之乡网

地址：山东省郯城县新村乡政府驻地

二〇〇七年一月十八日

（资料来源：中国银杏之乡网）

评析：这是一份单方面发出的意向书，用于征寻合作伙伴。全文从郯城县新村乡银杏生态旅游建设项目的基本情况、项目建设的必要性与可行性、项目建设的内容和规模、效益分析与评估等五个方面对建设项目进行了详尽的介绍，以方便有意合作者全面了解有关情况，进行分析论证和进一步的深入合作。

文体实训

1. 下面的问题来自深圳律师网的深圳律师论坛，是一位名叫“stechler”的网友提出的，请代为回答。

我公司与一美国公司欲就未来合作签订一份合作意向书，但是对于意向书的性质，我方是认定其具有协议（合同）作用的，约定了有限期和生效日。请问意向书一定要约定不是合同才对我方有利吗？如果约定意向书不具有约束力，则对对方失去了约束，又可能影响我方项目的发展。该如何规定才好？

2．下面是一篇病文，请指出其存在的毛病。

共建合资企业意向书

一、甲、乙两方愿以合资或合作的形式建立合资企业，定名称为××有限公司，地址在中国××市××街××号。建设期为××年，即从××××年至××××年全部建成。双方签订意向书后，即向各有关上级申请批准，批准的时限为×个月，即××××年×月至××××年××月完成。然后办理合资企业开业申请。

二、合资公司经营范围：合资公司从事××产品的生产、研究和开发。新产品在中国国内外市场销售，并进行销售后的技术服务。

合资公司的生产规模：生产初期年产×××吨，正常生产期年产×××吨。

三、合资公司为有限责任公司。合资各方按其在注册资本中的出资额比例分配利润、分担亏损和承担风险。

总投资为××万元，其中注册资本为××××万元，贷款为××万元。××部分投资××万元，××部分投资××万元。

甲方投资××万元（以工厂现有厂房、水电设施现有设备等折款投入），占注册资本的百分之××。乙方投资××（以折美元投入，购买设备），占注册资本的百分之××。

四、合资公司所需要的机械设备、原材料等物资，应首先在中国购买，如果中国国内不能满足供应的，可以在中国国外购买。

五、合资企业自营出口或委托有关进出口公司代理出口，价格由合资企业定。

六、合资年限为×年，即××××年×月至××××年×月。

七、合资企业其他事宜按《中外合资企业法》有关规定执行。

八、双方在各方上级批准后，再具体协商有关合资事宜。

九、本意向书生效后，甲、乙双方应认真遵守本意向书的规定。任何一方因不执行本意向书规定的义务，对方有向违约一方索取赔偿经济损失的权利。

十、本意向书用中文和××文写成，两种文本具有同等法律效力。

××厂（甲方）　　　　××××公司（乙方）

代表：　　　　　　　　代表：

××××年×月×日

任务3　撰写询价函

询价函是买方向卖方询问某项商品交易条件所写的信函。询价的目的是请对方报价，询价对交易双方都没有法律上的约束力。

写作任务

××景区管理处需购置商务车一辆，参考品牌型号规格为：丰田新奥德赛（舒适版）2.4 排气 7 座位或东风起亚嘉华 06 款 2.7TOP 国产 2.6 排量 7 座位等其他相近品牌。要求愿意参加此项目竞争的供应商，于 8 月 12 日 16 时前将产品报价、规格、型号、产地、详细配置、质量保证及服务承诺、企业营业执照（上述资料应加盖单位公章）快递、传真或送至××景区管理处。××景区管理处经询价小组确认在满足采购需求、质量和服务相等的前提下，按报价最低的原则确定预成交供应商。请代替景区管理处起草一份询价函。

通过完成写作任务，要求学生达到以下目标：

1. 掌握询价函的基本写作格式和写作方法；
2. 能够根据实际需要，撰写询价函。

相关知识

写作商务信函并不要求使用华丽优美的词句，只需用简单朴实的语言，准确地表达自己的意思，让对方可以非常清楚地了解你想说什么。围绕这一点，在写作询价函一类商务信函时应注意以下两点。

1. 口语化。每一封信函的往来，都是和收信人彼此之间的一次交流。人都是感性的，所以需要在信函里体现感性的一面，多用一些简单明了的语句，让信函读起来热情、友好，就像两个朋友之间的谈话那样简单、自然、人性化。

2. 语气语调。由于信函都是有其目的性的，所以信函里所采用的语气语调也应该符合写作者目的。在写之前先不妨仔细考虑一下，写这封信函是想达到一个什么样的目的，希望对收信人产生一种怎样的影响，然后通过信函中的语气语调来表现。

写作提示

向卖方发询价函要体现出购买的诚意，表达加强合作的愿望。在写作时要直奔主题，语言简洁，措辞得体，内容具体准确。任务中的询价函，是要了解产品的价格，在写作时应力求格式规范，语言礼貌诚恳，购买产品的名称、型号及相关要求表述清楚，以便卖方提供准确报价。

任务实施

询价函属于商务信函的一种，和书信的写作方法类似。一般由标题、称谓、正文和落款构成。

一、标题

询价函的标题通常由文种名构成。如在第一行正中书写“询价函”三字即可。

二、称谓

顶格写上受函人（公司）名称。

三、正文

写明向卖方索要主要商品目录本、价格单、商品样品、样本等，也可以用询价单或发订单的方式询问某项商品的具体情况。

四、落款

写明发函的单位或个人的名称、姓名，并标明年、月、日。

写作提示

撰写询价函，在形式上要注意按照信函的格式来写。任务中的询价函，在称谓上可以模糊表述。在具体内容上，可以明确写明需购什么产品，对对方公司在产品质量、规格、付款方式等方面有什么要求，最后礼貌地祝愿双方合作愉快。语言要求简洁精炼，无需客套寒暄，篇幅不宜过长，说清楚问题即可。

任务评估

写作询价函之类商务信函，要注意以下几个原则。

1．真诚原则

不管是生活中的交往还是生意上的合作，真诚是最重要也是最基础的，所以信函也必须能够充分体现真诚。不管写什么，都要带着诚意写。

2．直接原则

合作伙伴可能每天都要阅读大量信函文件，所以询价函一定要写得简明扼要、短小精悍、切中要点。不符合主题和目的的内容，要毫不留情地舍弃。因为这些内容不仅不能使交流通畅，反而会混淆视听，非但不能让读者感兴趣，反而会让他们反感。

3．简洁原则

用简洁朴实的语言来写询价函，让信函读起来简单、清楚，容易理解。

4．精确原则

当涉及数据或者具体的信息时，比如时间、地点、价格、货号等，尽可能做到精确。这样会使交流的内容更加清楚，能够加快办理事务的进程。

5．礼貌原则

礼貌并不仅仅是简单地使用一些礼貌用语就可以的，而是要体现一种为他人考虑，多体谅对方心情和处境的态度。如果本着这样的态度去跟别人交流，那么就算这次拒绝了对方的要求，也不会因此失去友谊，不会影响今后合作的机会。

例文评析

例文 1

合肥市旅游局信息化建设项目设备询价函

尊敬的供应商：

根据《中华人民共和国政府采购法》的规定，合肥市政府中心受合肥市旅游局的委托，拟就该局信息化建设项目（项目编号：HFCGZX－X2004255）以询价方式进行政府采购，特向贵单位发询价函，望贵单位给予复函：

一、品牌、规格型号、技术要求及数量

编　号	设备名	规格型号	数　量
1.1	应用程序服务器	IPlanet Application Server6.0	1 套
1.2	操作系统软件	Windows Server 2003（Standard Edition）/10 个客户端	1 套
1.3	数据库系统软件	Oracle9i 数据库标准版单处理器版	1 套
1.4	语音卡	NMS 8 线模拟语音卡：AG2000－8LS；参数：4 路或 8 路 LoopStart（LS）、4 路 LS/4 路 DID、8 路 subscriber loop（SL）、可配置为在单个插槽支持 8 个模拟接口、采用 MVIP－95 交换模型、完全支持 CT 总线标准规定的 4096 个时隙、采用跨协议的 Natural Call ControlTM API 接口、接口支持 NaturalFaxTM 和 FusionTM IP 电话软件。	1 块
1.5	服务器用内存条	512MB DDR 266MHz SDRAM（配浪潮 350）	1 根

二、报价时间及地址

若贵单位有兴趣，可就以上设备在 2004 年 11 月 18 日下午 14: 30 之前向我中心密封报价。本报价一经本中心认可，即为签订合同的最终依据。

三、供应商复函须知

1. 贵单位可选择部分或全部分包进行报价，但一个分包以内的设备不应缺项。报价函应由贵单位加盖公章。复函报价应包含：制造、运输、安装、调试、检验、技术培训及售后服务、税金、中标服务费等费用。

2. 供应商在报价函中应就以下条款给予说明：

（1）供货时间、地点、方式；

（2）技术支持及售后服务承诺。

3. 采购合同由成交单位、采购单位与合肥市政府采购中心三方签订。询价函、报价函及其澄清文件均为采购合同的组成部分。

4. 合同签订前，经选定的供应商应按合同总金额向我中心交纳 1.5%的中标服务费及 5%的履约保证金或开具银行保函（期限一年）。

四、结算方式

设备安装调试完毕经采购单位验收合格后，采购中心负责将相关付款资料报送相关部门，审核后由国库支付中心一次性支付合同款。

五、联系方法

单　位：合肥市政府采购中心

地　址：合肥市荣事达大道100号振信大厦十二楼

本项目联系人：张××

传　真：0551—261××××

邮　编：230001

开户行：合肥市商业银行阜南路支行

账　号：21312××××××××

（资料来源：合肥政府采购网）

评析：这则例文信息全面，品牌、规格型号、技术要求、数量以及报价时间、地址、结算方式明确，为了方便供应商报价，从四个方面告诉了对方“复函须知”。最后详细列出的联系方式便于供应商联系解决相关事宜。

例文2

无为县文化局旅游指示牌采购询价函

本中心以询价的方式采购旅游指示牌，现将有关事项说明如下：

（一）注意事项。

1. 被询价的供应商就采购清单中的货物及相关要求，在11月10日9时之前（逾期不报视为自动放弃）向本中心作出一次性书面报价。该报价一经本中心认可，即为签约的合同价。

2. 被询价的供应商可以不对本中心的询价作出报价，但一经作出报价，即不可撤回。

3. 本中心询价文件和签约方的报价函将作为合同的组成部分。

4. 本次投标只允许有一个方案，一个报价，多方案、多报价的投标书将不被接受。

5. 请将报价函及相关文件密封后（封面加盖单位公章和法人代表人印章）递交本中心。

（二）货物规格、型号。

名　称	参　数	数　量	备　注
旅游指示牌	详见附件	六块	安装在无为县境内六处

（三）符合《政府采购法》第二十二条规定的供应商在投标时须提交经供应商法定代表人签署的有效报价（单价、合计价）、企业法人营业执照（复印件加盖公章）、税务登记证（复印件加盖公章）、法定代表人授权证书、法人代表或被授权人的身份证、投标保证金交付证明，证件不全者，将取消其投标资格。

（四）报价函应包含：制造、运输、安装、调试、检验、技术培训及售后服务、税金等一切费用。

（五）评审办法：本次询价在符合采购需求、质量和服务相等的前提下以供应商报价最低者推荐中标。采购项目报价不超过单位预算价的供应商为单位采购中标供应商。本次采购预算价 48000 元。

（六）交货日期及方式：签订合同 15 日内在指定地点安装，安装结束交付需方组织验收。

（七）报价函应完全满足"货物清单"的要求。

（八）付款条件及方式：无产品质量问题，需方验收合格后一次性付清。

（九）服务承诺：供应商须在满足产品生产企业固有的售后服务承诺的基础上，完全响应；为政府采购所提供的产品在硬件质量出现问题时，由成交供应商负责提供一年免费上门服务。

（十）保证金。

1. 本次投标保证金 600 元。未交保证金的供应商，报价函将不予接受。

2. 中标供应商投标保证金在合同签定后 5 日内退还。未中标供应商保证金在开标后退还。

3. 以下任何一种情况，保证金将不予返还：

（1）中标供应商撤回报价的；

（2）成交供应商在中标、成交通知书发出后拒绝按约定条件签订合同的；

（3）报价供应商提供了虚假的资质证书或相关证明材料的；

（4）报价供应商的其他不正当行为。

无为县政府采购中心电话（传真）0565—631××××

二〇〇九年十一月四日

附件：旅游道路指示牌要求（略）

（资料来源：http://www.zhaobiao.gov.cn/z/notice/2009/11/4/24145588.shtml）

评析：这则例文首先交待了报价应注意的事项，在第二部分和附件部分详细交待了旅游道路指示牌的规格、型号以及各种要求。其他部分对报价要求、评审办法、服务承诺等进行了详细说明。这份报价函内容全面，信息完整，具有可操作性。

文体实训

1. 你想购买一台笔记本电脑，为了以最低的价格买到最理想的产品，请分别给联想、戴尔等不同品牌的电脑销售部门发出询价函。

2. 利用业余时间搜集不同产品的询价函，从中体悟询价函的写作要领和注意事项。

3. 与询价函性质和作用相类似的，还有询价单。询价单也是由欲购买某些商品的企业向其贸易伙伴发出，其目的是了解该商品在不同企业的售价。询价单一般以固定格式的形式出现，针对一种商品发出的询价单，往往是一样的。由于商品在规格、货号等方面的差异，针对不同的商品常常使用不同的询价单。多方搜集询价单，分析其包含的内容和项目。

任务4　撰写报价函

报价函是卖方向买方提供商品的有关交易条件的信函。当今社会，经济活动日益频繁。在商务活动中，经常会遇到使用报价函的时候。

写作任务

假定你是某4S店汽车销售人员，结合任务3中的写作任务，起草一份报价函，回复给××景区管理处。

通过完成写作任务，要求学生达到以下目标：

1．掌握报价函的基本写作格式和写作方法；

2．根据实际需要，撰写报价函。

相关知识

报价函作为商务信函，一般是为应和询价函而产生的，它与询价函一样采用书信格式，在内容上和询价函具有呼应性，针对询价函内容作出答复。

写作提示

任务中的报价函，在写作时要表达出合作的诚意，首先要保证所提供的产品报价是对方想要了解的，并且是准确的。其次，注意行文语言的诚恳礼貌。完成任务前，可以在市场上对其生产、销售、价格等情况进行调查，掌握比较全面的一手资料。

任务实施

报价函一般由标题、称谓、正文和落款构成。

一、标题

报价函的标题通常由文种名构成。如在第一行正中书写“报价函”三字即可。也可以写明报价的内容，如“关于××的报价函。”

二、称谓

顶格写上受函人（公司）名称。

三、正文

正文部分包括开头、主体、结束语等部分。

1．开头部分说明询价函已收到，表明对方的询价内容已经经过我方研究。

2．主体部分介绍产品概况，包括产品的价格、结算方式、发货期、产品规格、可供数量、产品包装、运输方式等内容。

3．结束语，使用“恭候佳音”等。

四、落款

写明发文的单位或个人的名称、姓名，并标明年、月、日。

写作提示

撰写报价函，在形式上要注意格式的规范。任务中的报价函，称谓可以直接写明。正文中，首先表明对方询价函已收到，然后针对对方询价函中所要了解的产品价格等相关事宜作出说明和答复。内容要真实准确，具体详细。语言要精简，篇幅不宜过长。

任务评估

在贸易往来中，商机稍纵即逝。因而，写作报价函要注意以下几点。

1．回复迅速及时

写给买家的回复，千万要迅速及时。因为买家通常只看最先收到的几封回复，从中去选择合适的供应商。如果回复不够及时，就可能因为抢不到先机而失去商机。

2．内容完整具体

报价函的内容完整具体，才有更大的可能性带来预期的效果，并可以避免由于遗漏重要情况（情报）所导致的不必要的麻烦和损失。那么，一封报价函写得是否完整，建议用5个“W”来检验，即：Who、What、Where、When及Why（包括How）。

3．仔细校对

写完之后，一定要检查。最基本的是要字词正确，然后检查一下您所提供的事实、数据等是否有错。信函里一个极小的失误，也可能会破坏在沟通方面的可信度，并使人对报价函所表达的其他信息产生怀疑。

例文评析

例文 1

报　价　函

××景区管理处：

在研究了询价函中的所有文件、技术资料、图纸后，我们根据上述各种资料数据，报价如下：

序　号	项　目	报　价	工　期	备　注
1	方案一：室内水磨石地面	××元	××天	
2	方案二：室内运动复合木地板	××元	××天	
3	方案三：室内丙烯酸地面	××元	××天	

1. 工人工日工资××元/ 天，包干。

2. 本工程清单外项目执行《广州市房屋修缮工程预算定额》按三级下浮×%计费，材差参考施工期间有关文件执行。

3. 由询价人确定的部分装饰材料，由我们负责采购，询价人无需支付采保管理费。

4. 所有附件均为我们报价函的组成部分，我们理解你们并不一定非得接受最低价或你方可能收到的任何报价函的约束。

5. 本报价函的报价有效期为报价之日起 60 天内。

××装饰公司

二〇〇九年七月六日

附件：（略）

评析：这篇例文针对对方来函作出详细答复，条理清楚，表达意思明确，一目了然，有利于促成双方的合作。

例文 2

报　价　函

××购物中心：

贵中心于 2002 年 9 月 30 日发出的询价信函收悉，感谢对我公司产品的关注。现就贵中心有关产品情况的询问，做如下回答：

商品：××牌女儿红黄酒

规格：一级（5 年陈酿）

容量：每瓶 275 毫升

单价：每瓶 18 元（含运输费）

包装：50×30×45 纸箱，每箱 10 瓶

结算方式：商业汇票

交货方式：由我方发货，贵方自提

交货日期：收到订单后 10 日内发货

我公司生产的××牌女儿红 5 年陈酿在价格上比市场同类产品要低 20%，质量绝对可以保证。另外，我公司对于每次订购 100 箱以上的客户给予原货价的八五折优惠。

如以上报价符合贵中心的采购要求，请尽快给我公司回复，以便公司市场部门统一安排。

恭候佳音！

××酒业有限公司（公章）

二〇〇九年七月二日

评析：这篇例文在结构上比较完整，符合报价函的格式。开头以诚恳的语言表明了自己的谢意。针对对方的询价内容，从商品名称、规格、容量、单价、包装、结算方式、交货方式、交货日期以及优惠措施等方面进行了回复。内容全面，信息准确。

文体实训

1．前往家电商场调研家用电视机销售情况，然后分别为创维、TCL、海尔等品牌的电视机设计报价函。

2．查找询价函范本，从中挑出两份作为参照，尝试写出它们的报价函。

3．与询价单一样，也有报价单，报价单是针对询价函或询价单发出的，在内容上也包括报价单位、报价人以及产品名称、规格、单位、单价等。搜集针对不同商品发出的报价单，比较它们在内容上的差异。

任务 5　撰写招标书

招标书是招标人利用投标者之间的竞争达到优选买主或承包方的目的，从而利用和吸收各种优势于一家的交易行为所形成的书面文件，属于邀约的范畴。招标书也称为招标通知、招标公告、招标启事，是一种告知性文件。它一般通过大众传媒公开，因此也称招标广告，具有广告性。

写作任务

××景区管理处拟以招标形式购置 19 盏太阳能 LED 节能路灯（含光伏系统），要求投标人有合法的营业执照、税务登记，经办人要有法人代表授权书；投标人具有生产或经销太阳能电池板的资质或授权生产太阳能电池板的生产厂家注册资金 1000 万元以上，代理经销商注册资金 500 万元以上。企业注册年限不低于 3 年。通过 ISO9001 国际质量管理体系认证以及 CE 认证。投标人提供近三年的经营业绩、经营年限、综合实力、经营信誉、中标史、优惠条件。请代替该景区管理处起草一份招标书。

通过完成写作任务，要求学生达到以下目标：

1．掌握招标书的基本结构和写作方法；

2．能够在现实工作中，根据实际需要，拟定招标书。

相关知识

一、招标书的特点

（一）具体性

招标书对征招项目、要求和技术质量指标等内容的表达具有具体性，不能模棱两可。

（二）规范性

招标书中的内容必须符合国家的明确规定。

（三）竞争性

招标书是吸引竞争者加入的一种文书，从投标者中选优的做法决定了招标书具有竞争性。

二、招标书的类型

招标书有以下几种不同的种类：

1．按时间划分，有长期招标书和短期招标书；

2．按内容及性质划分，有企业承包招标书、工程招标书、大宗商品交易招标书；

3．按招标的范围分，有国际招标书和国内招标书。

写作提示

招标书是能否招到最佳中标合伙人的重要文件，直接关系到质量、造价等关键问题，所以必须准确地表达招标者的意愿。为了顺利完成本任务，需要详细写出招标项目名称、项目内容、投标人资格要求以及报名时间、资格审查及招标文件发售时间、递交投标文件及开标时间、地点等相关事项。

任务实施

招标书一般由标题、正文、结尾三部分组成。

一、标题

招标书的标题写在第一行的中间。常见写法有四种：一是由招标单位名称、招标性质及内容、招标形式、文种四元素构成；二是由招标性质及内容、招标形式、文种三元素组成的标题；三是只写文种名称“招标书”；四是广告性标题，例如《××承包××景点》。

二、正文

招标书的正文包括前言、主体两部分内容。

（一）前言

写招标单位的基本情况、行文的目的或事由。

（二）主体

一般用条文式，也可用表格式。

主体部分要详实交待招标方式（公开招标、内部招标、邀请招标）、招标范围、招标程序、招标内容的具体要求，双方签订合同的原则、招标过程中的权利和义务、组织领导、其他注意事项等内容。

商品招标书要求标明商品的名称、数量规格、价格等。

科技项目招标书则要求写清招标原则，项目名称，任务由来，研究开发目标，研究开发内容，经济技术指标，研究开发的进度要求、成果要求、经费要求、承包单位的条件及要求等。

三、结尾

写招标单位的名称地址、法人代表、成文日期并加盖印章、联系人姓名、电话号码等，必要时还可写上开户银行及账号，以便投标者参与。

写作提示

任务中的招标书，要写好正文，特别是正文的主体部分。先用一段话简要说明招标的缘由、依据和目的，然后在主体部分分条列项地介绍招标的条件和要求，投标和开标的日期等投标人应知的事项。语言要求简洁准确。

任务评估

一份好的招标书，应做到以下几点。

1．周密严谨

招标书不但是一种“广告”，而且也是签订合同的依据。因而是一种具有法律效力的文件。这里的周密与严谨，一是指内容，二是指措辞。

2．简洁清晰

招标书没有必要长篇大论，只要把所要讲的内容简要介绍，突出重点即可，切忌没完没了地胡乱罗列、堆砌。

3．注意礼貌

招标涉及的是交易贸易活动，要遵守平等、诚恳的原则，切忌盛气凌人，更反对低声下气。

例文评析

例文 1

××森林公园有限公司景区绿化、养护管理工程招标书

一、工程名称：××森林公园景区绿化养护管理工程。

二、招标内容：××森林公园有限公司坐落在××县城北 15 公里。公园占地面积 330 余万平方米，园内已有各类绿植面积 270 万平方米，现对园区内剩余 60 余万平方米山岭地（已深翻 1 米以上）新植、绿化、养护管理工程进行招标，欢迎有实力、有资质的公司参与竞标。

三、招标要求：

1. 园区内剩余 60 余万平方米松软的山岭地划分若干片，用不同的、以四季常青树种为主进行新植绿化。

2. 欲新植绿化地块水源充足。

3. 招标单位（乙方）需按甲方规划，进行购苗、栽植和养护管理。

4. 招标单位需自备所有绿化设施、设备。

5. 合同期限内按甲方标准要求完成绿化任务，经甲方验收合格后，一次性交给甲方。

6. 1～2 年内完成新植绿化任务，第三年养护管理，第四年合同期满交付甲方。

四、绿化养护基本标准：按园林绿化二级养护标准执行。

1. 新植树木要求 3 厘米以上，第四年验收时达到 5 厘米以上。新植林地、绿地各种植物四年内达到正常标准形态。

2. 树木、树冠基本正常，修剪及时，无明显枯枝死叉。分支点合适，枝条粗壮，行道树无缺株，绿地内无死树。

3. 落叶树新梢生长正常，叶片大小、颜色正常。正常叶片保有率 85%以上。常青树叶需存在一年以上。

4. 病虫害防治及时。新植树木虫害株数不得超过 5%，虫害叶片每株不得超过 10%。

5. 新植林地、绿地基本整洁，绿化生产垃圾及时清理。

6. 绿地基本完整，无明显堆物、堆料、树干上无钉、拴、刻、画等现象。

五、付款方式：

该工程不预付工程款，待苗木栽植基本完成后，经招标单位初验，并根据初验工程量支付不超过 50%工程款。栽植完成后的第二、三年每年付 15%，第四年合同期满，经甲方验收合格再支付余下 20%的工程款。

六、其他要求：

1. 乙方需提供新植、绿化养护方案及计划书。

2. 绿化养护人员素质高、技术全面。

3. 严格遵守××森林公园有限公司各项规章和保密制度。

4. 严格遵守国家的各项法律法规。注意安全生产，生产过程中发生的一切安全事故由

乙方承担。

七、合同期限：期限四年，即从 2010 年 5 月 1 日起至 2014 年 4 月 30 日止。

八、投标要求：

投标书一式三份，正本一份，副本二份。内容包括：企业法人营业执照、税务登记证、法人代表授权书等资质证明资料（复印件）；投标报价及预算（指甲方除提供绿化用地外其他所有绿化费用及风险总额）。未按要求投标的无效。

九、标书送达地点和截止日期：

投标书和预算书密封后在封口处加盖公章，并在封面上写清投标项目，于 2010 年 5 月 6 日 18：00 前送达××森林公园有限公司（地址：××县××乡××森林公园有限公司）。

十、评标办法：招标单位采取仪标方式，原则上以最低有效价作为中标价。招标单位对中标或不中标的单位有权不做任何解释，并不承担由此引起的一切责任。投标过程中发生的一切费用由乙方承担。

联系方式：××森林公园有限公司

联系人：×××　　　电话：13564××××××

××森林公园有限公司

二〇一〇年四月二十日

评析：这则例文逐条列举了所要招标的事项，具体包括工程名称、招标内容、招标要求、绿化养护基本标准、付款方式、合同期限等，事项完备，内容详尽具体。

例文 2

"狮舞岭南，传奇佛山"旅游推介大会招标书

2007 佛山旅游文化节暨广东国际旅游文化节佛山分会场组委会定于 11 月 28 日至 11 月 29 日在禅城区东方广场举行"狮舞岭南，传奇佛山"旅游推介大会。为策划办好这次推介大会，拟招聘一家公司作为本次活动的策划及承办单位。现将招标内容公布如下：

一、目的

通过这次旅游推介大会，把我市最具特色、最有市场竞争力的旅游资源、旅游产品推向国内外市场，增加佛山旅游的知名度，提升我市旅游形象，吸引更多的国内外游客到我市观光游览。

二、时间和地点

时间：11 月 28—29 日在禅城区东方广场中心广场举办佛山旅游推介会（对公众），为期 2 天。

三、招标内容

（一）支出项目

1. 策划方案。策划方案要求把握主题、突出重点、体现特色、形式新颖、具有现代感，营造隆重、热烈、专业的氛围。策划方案要求项目说明详尽，图文并茂。

2. 场地搭建（标准展位、舞台、音响），并办理相关的报建手续。需报送平面布置图和搭建方案。具体要求如下：

（1）标准展位（3 米×3 米）90 个，每个展位要求有上盖、灯光和电源插座，并配备 1 桌 2 椅。标书需标明展位搭建的用料、材质及报价；

（2）演出舞台具体尺寸：12 米×7 米，背景板高度：4.5 米（背景板含喷画，内容需经主办方审定）；

（3）灯光、音响需标明产品品牌、型号、功率等。

3. 场地管理。标书需注明文艺节目、安保、卫生、气氛营造等内容。具体要求是：

（1）每天上、下午各安排一场文艺表演，每场表演时间为 2 小时。文艺节目要求精彩、健康，有地方特色。并按照规定办理有关演出的报批手续。

（2）配备足够的保安人员，做好安全保卫工作，确保会场的正常秩序。

（3）配备足够的卫生清洁员，及时打扫卫生，清理垃圾，保证会场内环境卫生整洁干净。

（4）气氛营造包括入口拱门、空飘气球、彩旗、礼炮、入口至舞台铺设红地毯、礼仪小姐、嘉宾襟花等。并需标明尺寸、规格、数量及价格。

4. 宣传广告（力度大、影响广、引力强、效果好）。制作招展书、宣传单张、海报等宣传资料，采取多种广告宣传形式，广泛开展宣传招商推介活动，吸引省内外知名旅游企业参与广告宣传、产品推介。需标明广告的媒体种类、规格及次数、费用等。

（二）收入项目

1. 外市旅游单位可占总展位数量 10%，展位只收取宣传费 800 元/个。

2. 场内广告的招商，广告收入。其中：拱门 5 座、空飘气球 24 个只打价，不算收入，背景板也不再招商。

3. 其他收入，如赞助等。

（三）承办预算

包括各个项目的支出费用、收入金额以及承包该项活动所需的详细费用及预算。

四、资格要求

（一）具有一定实力（注册资本在 50 万元以上）的合法企业（包括策划公司、广告公司、旅行社等）。

（二）具有大型旅游推介促销活动的承办经验（承办过大型活动的证明材料）。

（三）具有企业法人营业执照副本和工商营业执照等（复印件）。

五、报名时限

（一）报名时间：2007 年 9 月 24 日至 10 月 12 日（每天上午 8：30 至下午 17：30）。

（二）报名及投标地点：佛山市佛山大道 93 号十一楼佛山市旅游局。

（三）截标时间：2007 年 10 月 12 日。

（四）详细资料可登录佛山市旅游局网站查询。

联系人：张倩明，电话及传真 8298××××，电子邮箱：×××××@foshan.gov.cn

六、投标须知

（一）时间要求

按照规定的招标时间进行，过期不候。

（二）标书要求

投标书为 A4 页面的打印体，一正一副分开装订密封。

（三）评标原则

坚持“公开、公平、公正、择优”原则，依据投标方的承办经验、方案设计、预算报价、标底数额等进行综合评定，确定最优中标方。

（四）中标公布

标书收集后，主办方将在 10 天内（即 10 月 22 日前）在佛山市旅游局网站（http//www.

fstourism.gov.cn）上公布中标单位，并与之签订承办合同。

（五）文件解释

为了有助于对投标材料进行评估比较，发标方有权要求投标方解释其投标内容。

（六）文件效力

投标材料内容与合同内容共同具有法律效力。

二〇〇七年九月二十四日

（资料来源：佛山旅游局网站）

评析：旅游推介是一种常见旅游营销方式。这则例文点明了活动目的、时间、地点，明确了招标内容、资质要求、报名时限等具体内容。整个招标书思路明确，操作性强，便于招标工作顺利进行。

文体实训

1．根据下面材料写一份招标书。要求：符合招标书的拟写格式；用词准确，条理清楚；正确使用标点符号。

远方旅游有限公司拟订做1000套桌椅，由远方旅游有限公司（招标公司）提供原材料，由投标单位包工。远方旅游有限公司对桌椅的规格及质量要求提出书面材料。2009年1月11日至2009年3月10日为工程招标的起止日期。2009年3月15日在远方旅游有限公司会议室公开招标。交工时间为2009年8月25日。远方旅游有限公司地址：汴梁路5号，电报挂号××，电话：0157××××，联系人：张明。

2．指出并修改下面一则招标书的错误之处。

××旅游集团公司修建计算中心大楼招标书

本集团公司将修建一栋计算中心大楼，由××市城市建设委员会批准，建筑工程实行公开招标，现将招标有关事项公告如下：

一、工程名称××旅游集团公司计算中心大楼

二、建筑面积：××××m^2

三、设计及要求：见附件

四、承包方式：实行全部包工包料

五、索标书时间：投标人请于2005年6月5日前来人索取招标文书，逾期不予办理。

投标人请将投标文书及上级主管部门的有关签证等，密封投寄或派员直接送本集团公司基建处。收件至2005年7月5日截止。开标日期定于2005年×月×日，在××市公证处公证下启封开标，地点在本集团公司绿湖楼第一会议室。

报告挂号：××××

电话：×××××××××

联系人：×××

××旅游集团公司招标办公室

2005年5月5日

任务6 撰写投标书

投标书是指投标单位按照招标书的条件和要求，向招标单位提交的报价并填具标单的文书。它要求密封后邮寄或派专人送到招标单位，故又称标函、标书。它是投标单位在充分领会招标文件，进行现场实地考察和调查的基础上所编制的投标文书，是对招标书提出的要求的响应和承诺，同时提出具体的标价及有关事项来竞争中标。

写作任务

根据任务5写作任务中的招标书，起草一份投标书。要求具有针对性和可操作性。

通过完成写作任务，要求学生达到以下目标：

1. 掌握投标书的基本结构和写作方法；
2. 能够在现实工作中，根据实际情况制定投标书。

相关知识

一、投标书的特点

（一）竞争的公开性

目前，随着我国的市场经济发展的日趋成熟，经济活动中的招投标竞争也逐步规范起来，以促进正当、合法的竞争，因而大都实行公开竞标，以体现公开、公平、公正的原则。

（二）制作的规范性

投标书的制作既要遵守国家对招投标工作的有关规定和具体办法，又要执行国家颁布的技术规范和质量标准，不能随心所欲，任意制作。

（三）承诺的可行性

对投标书承诺的各项条件（包括项目标价、规格、数量、质量及进度要求等），承诺单位务必保证其可行性，一旦中标，必须严格履行承诺，绝不能反悔。

（四）时间的限定性

招投标活动一般都有严格的时间限定，必须在限期内将投标书递交招标单位，过期将视同自动放弃。同时，对投标项目的进度要求也有严格的时间限定。

二、投标书的类型

投标书按不同的分类标准可分为以下几种类别。

1. 按投标方人员组成情况，可分为个人投标书、合伙投标书、集体投标书、全员投标书和企业（或企业联合体）投标书等。

2．按性质和内容，可分为工程建设项目投标书、大宗商品交易投标书、选聘企业经营者投标书、企业承包投标书、企业租赁投标书、劳务投标书、科研课题投标书、技术引进或转让投标书等。

3．按投标范围，可分为国际投标书和国内投标书。

写作提示

投标书是能否中标的决定环节，投标方会全力以赴做好各项投标准备工作，所以在撰写的时候应该充分表达投标方的意愿以及与自身所具备的优势。完成本任务的前提是一定要在任务5中，写出一份质量较高的招标书。因而，在完成任务5时，一定要认真细致。

任务实施

投标书的内容与招标书相对应，要对招标的条件和要求作出明确的回答和说明。

投标书的结构一般由标题、正文、结尾三部分组成。

一、标题

一般写上文种“投标书”即可。也可包括投标形式、投标内容和文种，如《租赁××景区办理处办公用房的投标书》。

投标的时间可写在标题下方，也可写在文末投标人的单位名称下面。

二、正文

投标书的正文包括前言、主体两部分内容。

（一）前言

说明投标的依据、指导思想和投标意愿。

（二）主体

主体写法比较灵活。一般根据招标书提出的目标、要求，介绍投标企业的现状、说明具备投标的条件，提出标价（常用表格表示）、完成招标项目的时间，明确质量承诺和应标经营措施，此外，根据招标者提出的有关要求，填写标单等。

三、结尾

写明投标单位的名称、法人代表、联系人地址、电话号码和传真，并以附件形式附上有利己方中标的有关材料等。

写作提示

投标书是整个招标活动的中心文书，议标、评标、定标等重要环节的活动都是围绕标书而进行的。对于参加竞争的投标企业来说，能否制作出令招标人满意的标书，是其竞争成功的关键。撰写任务中的投标书，需注意正文部分，尤其是正文中的主体部分。

任务评估

一份好的投标书，要求做到以下几种。

1．有针对性地认真研究招标文件

招标文件反映了招标单位的招标目的和要求，作为投标者，必须“投其所需”；也要结合招标文件，客观地分析本单位的各项条件，判断有没有能力或希望参加该项目的投标竞争。

2．有竞争性地明确表达投标意愿

招标、投标活动的显著特点就是竞争性强。因此，投标书的写作要突出本单位的实力、优势和特色，增加中标机会。

3．要实事求是

对本单位的实力介绍要客观，对项目的分析要透彻，引用的数据要准确，确定的目标要可信，制定的措施要可行。切不可为了增加中标机会而夸大其辞，采取欺骗手段。

4．内容真实、详细

要突出本单位的优势，但不得夸大其词，虚构或瞒报本单位的基本情况。

例文评析

例文 1

投　标　书

××市二七区绿地游园建设指挥部：

我方已全面阅读和研究了二七区××路入市口绿地工程施工招标文件和招标补充文件，并经过现场踏勘，澄清疑问，充分理解并掌握了本工程招标的全部有关情况。现经我方认真分析研究，同意接受招标文件的全部要约条件，按此确定本工程投标的各项承诺内容，以本投标书向你方发包的二七区××路入市口绿地工程全部内容分别进行投标。

××路入市口绿地工程我方预算报价为××万元，投标报价为××万元，工期日历总天数为 180 天，质量目标为优良，项目经理李××。

我方将严格按照有关工程招标法规及招标文件规定参加投标，并理解贵方不一定接受最低标价的投标，对决标结果也没有解释的义务。如由我方中标，在接到你方发出的中标通知书起 7 日内，按中标通知书、招标文件和本投标书的约定与你方签定承包合同，并提交 10 万元的履约保证金或银行保函，履行规定的一切责任和义务。

本投标书自递交你方起××天有效期内，全部条款内容对我方具有约束力。在此有效期内，我方如出现以下行为之一者，即无条件支付履约保证金人民币 10 万元：（1）撤还投标书；（2）擅自修改或拒绝接受已经承诺确认的条款；（3）在规定的时间内拒签合同或拒付履约保证金。

本投标书包括以下内容：

（1）投标报价书；

（2）履约保证金或银行保函；

（3）投标说明企业（主要是计划进场的具体施工队伍）的概况、业绩、特长（附有关证件），承担本工程施工的总体设想、要求和建议、对招标文件的承诺意见、投标书编制说明；

（4）工程预算书；

（5）驻现场项目经理和技术管理人员配备及业绩简介；

（6）施工组织设计：包括劳动力的投入，施工机械的配备、质量、工期目标及相应的技术管理措施、进度计划，主要分部分项工程施工方法、现场总布图等；

（7）其他按招标规定递交的答疑、澄清等书面文件；

（8）法定代表人签署的授权处理本工程投标事项的全权代表委托书。

联系地址：××市文化路 95 号　　　　邮编：××××××××

联系人：王××　　　　电话：××××××××

开户银行：××××××　　　　账号：××××××××

投标人（盖章）　　　　法定代表人（签字、盖章）

二〇〇三年六月十二日

附件：（略）

评析：这则发给二七区绿地游园建设指挥部的投标书，在开头部分表明了投标意愿，在主体部分对工程进行了报价。附件部分详细开列了和投标成功密切相关的资料，作为竞争一个大工程的投标书，这是必不可少的。

例文 2

投　标　函

××区园林局：

我单位自愿参加××景区绿化工程招标活动，并授权为我方全权代表进行投标，我谨郑重声明以下几点，并对之负法律责任：

1. 所有招标文件我方已详细阅读，内容全部清楚。

2. 保证完全满足招标文件中全部实质性要求。

3. 保证所提供的证明合法有效。

4. 保证遵守招标文件中的有关规定。

5. 我方已投标段现场进行了实地勘察，并对投标价进行了认真分析、测算。

6. 投标报价（人民币）××元。

7. 我方保证诚实履行双方签订的《××景区绿化工程合同》，并按照招标文件的规定履行和承担合同责任和义务。

8. 我方保证不将所中标段分包或转包。

9. 我方同意提供贵方可能要求的与投标有关的一切数据资料。

10. 我方如果违反招标文件的规定，认同投标保证被贵方扣缴的条件。

11. 我方提供的投标书正本一份，副本四份。内容包括：

（1）投标函；

（2）资格证明材料复印件；

（3）单位基本情况；

（4）投标工程施工组织计划；

（5）工程项目负责人和主要技术人员简历；

12. 与本投标活动的一切往来通讯：

地址：××市田安路6号　　　　邮编：××××××

电话：××××××　　　　手机：×××××××××

法定代表人：（或授权代理人）（签字）×××

投标单位：（盖章）××工程有限公司

二〇〇九年十月八日

附件：（略）

评析：这则景区绿化工程投标书在表明自愿参加投标之后，作出了"郑重声明"。这些"郑重声明"分别从己方承诺、报价、违约责任、投标书组成部分、通讯联络等方面，向对方提供了详细信息，以便对方考察论证。附件内容对于竞标成功举足轻重。

文体实训

1．某市旅游局每年要送一批人员轮番到世界各地考察旅游发展情况。2010 年考察目的地是埃及，现在旅游局面向所有具有出境旅游资质的旅行社招标。共 15 名设计人员参加考察，单独成团，要求旅行时间 10 天之内（包含飞行时间），出行日期不限。

每位同学各作为一个旅行社的投标代表，为各自的旅行社投标。老师作为招标方对投标书进行评议。

2．分析指出下面这份投标书的毛病，并进行修改。

投　标　书

合肥××宾馆：

1. 根据收到的招标文件，遵照《招投标管理办法》的规定，我单位经考察贵单位的餐饮、客房及酒店的整体运转情况后，决定我方愿以以下收费方式委托管理弘翔宾馆。

收费标准：基本管理费＋外派人员工资费用。

基本管理费用=营业收入的3%～5%＋GOP的2%～3%；

管理人员工资：视派出的人数、职位按照同行业标准确定。

（1）如我单位中标，我单位接管的前六个月每月仅收取1～1.5万元的管理费用；

（2）6个月以后按酒店月营业收入的3%～5%计提管理费；

（3）年底按酒店GOP的2%～3%计提利润分成；委托管理的第一年不计提GOP的分成。

2. 如果我单位中标，我方保证一月之内完成总经理等主要管理人员的选派，保证酒店的平稳运营。

3. 如我单位中标，我方保证一年内将酒店的管理、经营推上一个新的台阶，一年后升格为四星级酒店。

合肥××有限公司

3. 收集3～5份投标书，比较其写作内容和格式。

模块五

旅游宣传文书

任务1 撰写旅游指南

旅游指南是指除了具有较为详细的对旅游景区、景点介绍外，还包括对衣、食、住、行，旅游资讯，民俗风情等方面介绍的旅游应用文，它可以指导旅游者的旅游活动。旅游指南是一个通称，实际上有的冠以如“旅游大观”、“旅游地图”、“旅游线路图”等名。

写作任务

徐丽是旅游管理专业的应届高职毕业生。她在当地的一家旅行公司找到了一份导游工作。最近公司新开发了一条“开封一日游”旅游线路，经理让徐丽撰写这条新线路的旅游指南。请替徐丽撰写“开封一日游”的旅游指南。

通过完成写作任务，要求学生达到以下目标：

1．掌握旅游指南的组成要素和写作方法；

2．能够在现实社会中，根据工作需要，撰写旅游指南。

相关知识

一、旅游指南的特点

（一）实用性

旅游指南对旅游者的旅游活动能起到指引作用，具有较强的实用性。

（二）真实性

旅游指南的实用性决定了它对旅游产品的介绍要实事求是，客观、准确、恰当地介绍该产品。

（三）趣味性

为了更好地吸引消费者，旅游指南同时必须具有趣味性的特点。

二、旅游指南的作用

1．宣传、展示旅游景区、景点和旅游环境及设施的内涵。无论是什么类型的景区、景点，要在有限的文字里充分将其最重要的部分表达出来，解答游客的疑问，同时让潜在游客和社会公众了解其基本情况。

2．说明旅游景区、景点和旅游环境及设施的形态以及它们的类型。比如是观光型的，还是参与型的，为不同爱好、不同性情的游客做选择服务。

3．突出旅游景区、景点和旅游环境及设施的个性。个性就是特色，个性就是优势。一般意义上说，旅游景区、景点介绍和旅游指南在个性和共性方面都会涉及，但要注意突出个性，要使其更鲜明、更突出，从而增强对游客的吸引力。

4．突出旅游环境、周边设施及其功能。这要解决自助驾车游和"背包客"的需求，解答游客怎样去、怎样更节约的疑问。

写作提示

本任务是撰写旅游指南，而不仅仅是旅游景区、景点介绍，也不是导游词，因此，应该注意旅游指南的特点，不仅要介绍景点、景区，还要注意介绍相关的辅助信息。

任务实施

旅游指南一般由以下三个部分组成。

一、标题

即旅游指南的题目，可以是直接式的单项标题如"某地旅游指南"，也可以使用复式标题。单项标题只要说明旅游地的名称，复式标题一般会对要介绍的旅游地的特色进行一定的描述。

二、正文

旅游指南必须要"想游客所想，急游客所急"，介绍旅游者旅游过程中所必需的一些信息，必须要符合旅游者的需要。所以，正文一般会对旅游地或旅游景点、景区做一个大致的介绍，通常包括旅游资源、必要的旅游设施、注意事项及提供的旅游服务等内容。可以把所要介绍的内容分成几大部分，如分为景区概况、旅游资讯两大部分，又把旅游资讯分为游览、交通、食宿等内容。篇幅较短的旅游指南也可以不分块，采取直接介绍的方法，按照所要介绍的内容分成几段一一介绍。

三、附录

附录是正文内容的补充，主要是补充正文的不足之处。因此，并不是所有的旅游指南都必须要有附录，可以具体情况具体分析。

写作提示

撰写本旅游指南，首先应熟悉景区、景点以及相关辅助信息，然后对旅游指南进行撰写。重点是正文的撰写，要全面完整，侧重于景区概况和旅游资讯两部分。可采用直接介绍的方法，语言要形象生动，引人入胜。

任务评估

写作旅游指南，要做到以下几种。

1．强调实用

旅游指南写作的目的就是为游客所用，以期方便游客的游览和旅行活动，所以，其首要的写作要求就是实用。不但要包括旅游过程中所需要的景点、交通、住宿、游览等方面的介绍，而且还要通俗易懂、简单明了。

2．讲究科学

旅游指南要方便游客的游览和旅游活动，其本身的内容必须要有科学性。其介绍的景点概况必须是真实、科学的，不能是凭空捏造出来的，诸如历史、成因等内容必须符合实际。介绍的旅游资讯如交通、住宿等内容也必须是科学的，只有符合科学性的要求才能真正方便旅游者。

3．具有吸引力

旅游指南的目的虽然是为了方便旅游者的游览活动，但其本身的内容必须要有吸引力，对景点、景区的介绍应力求引人入胜，如果读者看了之后觉得索然无味，旅游指南也就失去了它的作用。

例文评析

例文 1

北京故宫博物院旅游指南

（节选）

门票·开放时间（略）

交通概况（略）

景点简介

故宫位于北京市中心，也称“紫禁城”。这里曾居住过 24 个皇帝，是明清两代（1368—1911）的皇宫，现辟为“故宫博物院”。故宫的整个建筑金碧辉煌，庄严绚丽，被誉为世界五大宫之一（北京故宫、法国凡尔赛宫、英国白金汉宫、美国白宫、俄罗斯克里姆林宫），并被联合国科教文组织列为“世界文化遗产”。故宫的宫殿建筑是中国现存最大、最完整的古建筑群，总面积达 72 万多平方米，有殿宇宫室 9999 间半，被称为“殿宇之海”，气魄宏伟，极为壮观。无论是平面布局，立体效果，还是形式上的雄伟堂皇，都堪称无与伦比的杰作。一条中轴贯通着整个故宫，这条中轴又在北京城的中轴线上。三大殿、后三宫、御花园都位于这条中轴线上。在中轴宫殿两旁，还对称分布着许多殿宇，也都宏伟华丽。这些宫殿可分为外朝和内廷两大部分。外朝以太和、中和、保和三大殿为中心，文华、武英殿为两翼。内廷以乾清宫、交泰殿、坤宁宫为中心，东西六宫为两翼，布局严谨有序。故宫的四个城角都有精巧玲珑的角楼，建造精巧美观。宫城周围环绕着高 10 米、长 3400 米的宫墙，墙外有 52 米宽的护城河。现在，故宫的一些宫殿中设立了综合性的历史艺术馆、绘画馆、分类的陶瓷馆、青铜器馆、明清工艺美术馆、铭刻馆、玩具馆、文房四宝馆、玩物馆、珍宝馆、钟表馆和清代宫廷典章文物展览等，收藏有大量古代艺术珍品，据统计共达 1052653 件，占中国文物总数的六分之一，是中国收藏文物最丰富的博物馆，也是世界著名的古代文化艺术博物馆，其中很多文物是绝无仅有的无价国宝。

故宫建筑形式

故宫严格地按《周礼·考工记》中“前朝后寝，左祖右社”的帝都营建原则建造。整个故宫，在建筑布置上，用形体变化、高低起伏的手法，组合成一个整体。在功能上符合封建社会的等级制度。同时达到左右均衡和形体变化的艺术效果。中国建筑的屋顶形式是丰富多彩的，在故宫建筑中，不同形式的屋顶就有 10 种以上。以三大殿为例，屋顶各不相同。故宫建筑屋顶满铺各色琉璃瓦件。主要殿座以黄色为主。绿色用于皇子居住区的建筑。其他蓝、紫、黑、翠以及孔雀绿、宝石蓝等五色缤纷的琉璃，多用在花园或琉璃壁上。太和殿屋顶当中正脊的两端各有琉璃吻兽，稳重有力地吞住大脊。吻兽造型优美，是构件又是装饰物。一部分瓦件塑造出龙凤、狮子、海马等立体动物形象，象征吉祥和威严，这些构件在建筑上起了装饰作用。

故宫的前部宫殿，当时建筑造型要求宏伟壮丽，庭院明朗开阔，象征封建政权至高无上，太和殿坐落在紫禁城对角线的中心，四角上各有十只吉祥瑞兽，生动形象，栩栩如生。故宫的设计者认为这样以显示皇帝的威严，震慑天下。后部内廷却要求庭院深邃，建筑紧凑，因此东西六宫都自成一体，各有宫门宫墙，相对排列，秩序井然，再配以宫灯联对，绣榻几床，都是体现适应豪华生活需要的布置。内廷之后是宫后苑。后苑里有岁寒不雕的苍松翠柏，有秀石迭砌的玲珑假山，楼、阁、亭、榭掩映其间，幽美而恬静。

故宫的宫殿是沿着一条南北向中轴线排列，三大殿、后三宫、御花园都位于这条中轴线上。并向两旁展开，南北取直，左右对称。这条中轴线不仅贯穿在紫禁城内，而且南达永定门，北到鼓楼、钟楼，贯穿了整个城市，气魄宏伟，规划严整，极为壮观。

故宫是几百年前劳动人民智能和血汗的结晶。初建时被奴役的劳动者有工匠十万、夫役百万。在当时社会生产条件下，能建造这样宏伟高大的建筑群，充分反映了中国古代劳动人民的高度智能和创造才能。同时，为了修建故宫，如所需的木材，在明代时，大多采自四川、广西、广东、云南、贵州等地，无数劳动人民被迫在崇山峻岭中的原始森林里，伐运木材。所用石料多采自北京远郊和距京郊二三百里的山区。每块石料往往重达几吨甚至几十、几百吨，如现在保和殿后檐的台阶，有一块云龙雕石重约 250 吨。

建筑学家们认为故宫的设计与建筑，实在是一个无与伦比的杰作，它的平面布局，立体效果，以及形式上的雄伟、堂皇、庄严、和谐，建筑气势雄伟、豪华壮丽，是中国古代建筑艺术的精华。它标志着中国悠久的文化传统，显示着五百多年前匠师们在建筑上的卓越成就。

站在高山上看故宫，根本看不到一个窗户，是为了防止刺客找路。大门前有两个铁缸，是防火的，里面盛满了水。

旅游注意事项（略）

（资料来源：http://beijing.cn.com/jingdian/gugong/profile.html）

评析：该旅游指南介绍了故宫博物院的概况，其中包括它的建筑形式、主要建筑、设计者、故宫谜团等内容，让读者首先对故宫博物院有一个大致的了解。还介绍了参观时间、注意事项、乘车路线、购票说明及服务项目。其内容既真实又实用，为到故宫参观游览的旅游者提供了很好的指南。

例文 2

禅宗少林——少林寺一日游

线路特色

少林寺是我国久负盛名的佛教寺院，声誉显赫的禅宗祖庭，少林功夫的发祥地，位于登封市西 12 公里处的嵩山五乳峰下，是嵩山风景区的主要核心景区之一。少林寺建于北魏太和十九年（495），是孝文帝为安顿印度高僧跋陀而建，因其建于嵩山少室密林之中，故定名“少林寺”。北魏孝昌三年（527），印度高僧菩提达摩来到少林，在少室山五乳峰一天然石洞面壁九年，首传禅宗。至此，少林被称为“禅宗祖庭”。唐初，少林寺志坚、昙宗等十三棍僧，在秦王李世民讨伐王世充的征战中，立下汉马功劳，得到了李唐统治者的赞誉和封赏。在此期间，由于朝廷的大力支持，少林寺发展极快，博得了“天下第一名刹”的美称，少林功夫也从此美名远扬。明代达到鼎盛。民国时期，军阀石友三放火烧毁了少林寺的大部分建筑，千年基业毁于一旦。新中国成立后，在党和国家的关心支持下，少林寺雄风重振，特别是 1982 年一部《少林寺》电影，使少林寺、少林功夫风靡世界，成为河南乃至世界的一个顶级旅游产品。少林寺自建寺以来，禅、武、医举世闻名，经久不衰，沉积了丰厚的历史内涵和文化底蕴，曾先后被评为“郑州市十大旅游景区”、全国首批“4A 级景区”，年接待游客 150 余万人次，是名副其实的中原旅游明珠，华夏旅游胜地。

行程安排

早集合，乘车赴中国武术之乡——登封（约 1.5 小时），游禅宗祖庭、少林武术的发源地——少林寺。游览中岳嵩山景观，参观全寺的中心建筑一常住院（约 1 小时），中国现存规模最大、保存最完整的古代塔群落——塔林（约 40 分钟），观看少林功夫表演（30 分钟），领略少林武术的博大精深，自由游览初祖庵、二祖庵、达摩洞、三皇寨（不含索道）等景点。游览结束后返程，约 19:00 左右抵达郑州。

行程标准

门票：景点景区大门票。

导服：优秀导游服务。

交通：往返空调旅游汽车。

保险：旅行社责任险。

优惠信息

半票：60～69 岁老人（老年证或身份证），大、中、小学生（学生证），教师（教师资格证）。

免票：1.2 米以下儿童、残疾人、离休人员、革命伤残军人、省部级以上劳模、英模凭有效证件、70 岁以上老人、记者等凭相关证件给予优惠。

评析：该旅游指南属条目式旅游指南，篇幅短小，文字较少，把所介绍的条目一一讲明白，简单明了。

文体实训

1．通过网络搜集 5 篇旅游指南，分析其结构和写作特点。

2．为你熟悉的景区写一则旅游指南。

3．下面是这一则旅游指南，分析指出其特点。

“开荒南野际，守拙归园田”，自古以来，中国人就渴望着过一种乡间的平静生活。让我们暂时停下奔波的脚步吧，把目光投向远方，投向中国最美的乡村和古镇——在那里，有青山绿水，有我们梦想中的家园。

在中国最美的古镇古村中，丹巴藏寨名列第一。丹巴，西距成都 348 公里。在当地，人们都将其居住的村落称为寨子，这些寨子一般都修建在向阳的坡梁上，寨子由几十户甚至上百户人家组成。一幢一幢外形美观，风格统一的寨房依着起伏的山势迤逦而建，高高低低、错落有致，与周围茂密的树林，清澈的溪流，皑皑的雪峰一起构成一幅幅田园牧歌式的优美的乡村画卷。丹巴还盛产美女，在神秘的美人谷，女孩艳丽如玫瑰，娇媚似桃花……

康定的汉子，丹巴的美女，这些美丽的姑娘据称是古西夏皇族后裔，据史书记载，西夏王朝灭亡时，有大批皇亲国、后宫嫔妃从遥远的宁夏逃到山美水秀的丹巴，故而也有了丹巴美人谷。

任务 2　撰写导游词

导游词是导游人员引导游客观光游览时的讲解词，是导游员同游客交流思想，向游客传播文化知识的工具。优秀的导游服务离不开高质量的导游词。这些话语包括自我介绍、景点讲解词、沿途讲解词以及欢送语等。

写作任务

张琳是一家旅行社的导游。最近，旅行社又新开发了一条旅游项目，是苏州园林一日游，请为张琳撰写这条新线路的导游词。

通过完成写作任务，要求学生达到以下目标：

1. 掌握导游词的写作方法和写作要求；
2. 能够在现实社会中，根据工作和生活需要，撰写导游词。

相关知识

一、导游词的特点

导游词是旅游应用文的一种，因其主要靠口头表达的方式发挥作用，所以除了具备旅游应用文的一般特性外，还具有一些自身的特点。

（一）口语化

导游词是通过导游员口头表达的方式传达给游客的，游客不能反复地琢磨，因此，无论从内容上还是从遣词造句上都应该突出口语化的特点，尽量多用口头语和通俗易懂的书面语，避免难懂的书面语词汇和音节拗口的语言。同时多用短句，以便讲起来顺口，听起来轻松。但是强调口语化的同时要特别注意语言的规范化，还讲解内容以本来面目，用通俗易懂的语言将科学的、客观的知识传输给游客。

（二）形象性

导游词通过口头表达方式发挥作用，这种表达方式只是口耳相传，所要表达内容对游客的影响力比书面表达稍显逊色，而且无论是在旅游车上还是在旅游景点，游客所处的环境都是十分复杂的，能分散他们注意力的东西有很多，如果导游词的内容枯燥乏味则很难引起游客的共鸣。所以，一篇优秀的导游词应该绘声绘色、生动形象、幽默诙谐。

（三）知识性

导游词应该具备一定的知识性，是游客对旅游地、旅游景点及要参加的旅游活动的整体介绍。通常来说应该内容丰富，融入一定的历史、人文、自然知识。通过导游词让游客了解相关知识和信息，作为旅游活动的铺垫，以加强游客在旅游过程中的感性认识。

二、导游词的作用

（一）引导游客鉴赏

导游词的宗旨是通过对旅游景观绘声绘色地讲解、指点、评说，帮助旅游者欣赏景观，以达到游览的最佳效果。游客通常对旅游目的地都不是很了解或知之甚少，大多是了解一些常识性的知识，所以，游览活动还是要依靠导游员的帮助。导游词通过对景区、景点概况、特点、价值、轶闻趣事和相关知识的介绍，增加游客的兴趣，同时把原有的知识和现实的东西结合起来，很多时候能起画龙点睛的作用，提高游客的审美情趣。

（二）传播文化知识

传播文化知识即向游客介绍有关旅游胜地的历史典故、地理风貌、风土人情、传说故事、民族习俗、古迹名胜、风景特色，使游客增长知识。

（三）陶冶游客情操

导游词的语言应具有言之有理、有物、有情、有神等特点。通过语言艺术和技巧，给游客勾画出一幅幅立体的图画，构成生动的视觉形象，把旅游者引入一种特定的意境，从而达到陶冶情操的目的。

（四）与游客交流情感

旅游产品最大的特点是其生产过程是面对面的，是生产者与消费者之间直接面对面的服务，需要生产者与消费者之间建立一定的信任，有一定的情感。双方如果有良好的沟通与交流，旅游产品质量就有很大的保障。这种沟通与交流需要一定的行动，更需要良好的语言交流。导游词是导游员最重要的工作语言，导游词写得富有感情、精彩生动往往更容易打动旅游者。让游客在“有朋自远方来，不亦乐乎”的友好气氛中，进行一次愉快的旅游。

此外，导游词通过对旅游地出产物品的说明、讲解，客观上能起到向游客介绍商品的作用。

写作提示

撰写此导游词，首先要注意导游的自我介绍要有特色，一开场就给游客留下深刻的印象。同时导游词要能够突出知识性、文化性，并且始终保持和游客的互动性，突出导游词的口语化和形象性。

任务实施

导游词一般由标题、称谓、正文、结束语四部分构成。

一、标题

标题由地名和文种构成。如《奥运会场之“鸟巢”导游词》、《八达岭长城导游词》。

二、称谓

称谓就是对游客的称呼，通常用“各位团友”、“各位朋友”作为称呼语。

三、正文

正文一般由前言、总述、分述三部分构成。

（一）前言

一般包括表示欢迎和问候的用语、简单的自我介绍等，主要是为整个活动做铺垫和准备，营造出良好的氛围。也叫开场白。

（二）总述

对景点或旅游地的总体介绍，主要陈述其历史、概况、特色、价值等，让游客对游览有个整体印象。

（三）分述

对景点中的各个部分逐一加以说明和介绍。这一部分是按照游览的时间顺序或方位进行的，根据眼前景物的变换按步骤具体介绍景观。介绍内容主要有景观的成因、历史传说、文化背景及审美功能等。

四、结束语

结束语是在游览结束时总结的话语。这部分内容不固定，可以对游览的景观再做一次整体的概括介绍，以加深游客印象，也可以补充一些遗漏的内容。可以包括感谢语、惜别语、征求意见语、致歉语和祝愿语等。

写作提示

撰写此导游词，首先要对景区的景点有一个总体的介绍，注重经典的历史文化内涵，然后按照一定的顺序，即游览的时间顺序或方位对景点进行具体的介绍，在介绍的过程中一定要注意形象性和趣味性。

任务评估

一份好的导游词，一般应达到以下要求。

1. 强调知识性

一篇优秀的导游词必须有丰富的内容，融入各类知识并旁征博引、引人入胜。导游词的内容必须准确无误、令人信服。导游词不能只满足于一般性介绍，还要注重深层次的内容，如：同类事物的鉴赏、有关诗词的点缀、名家的评论等。这样，会提高导游词的档次水准。

2. 讲究口语化

导游语言是一种具有丰富表达力、生动形象的口头语言，这就是说，在导游创作中要注意多用日常词汇和浅显易懂的书面语词汇。要避免难懂的书面语词汇和音节拗口的词汇。多用短句，以便讲起来顺口、听起来轻松。强调导游口语化，不意味着忽视语言的规范化。编写导游词必须注意语言的品味。

3. 突出趣味性

为了突出导游词的趣味性，必须注意以下六个方面的问题。

（1）编织故事情节。讲解一个景点，要不失时机地穿插趣味盎然的传说和民间故事，以激起游客的兴趣和好奇心。但是，选用的传说故事必须是健康的，并与景观密切相关。

（2）语言生动形象，用词丰富多变。生动形象的语言能将游客带入意境，给他们留下深刻的印象。

（3）恰当地运用修辞方法。导游词中，恰当地运用比喻、比拟、夸张、象征等手法，可使静止的景观深化为生动鲜活的画面，揭示出事物的内在美，使游客沉浸陶醉。

（4）幽默风趣的韵味。幽默风趣是导游词艺术性的重要体现，可使其锦上添花、气氛轻松。

（5）情感亲切。导游词语言应是文明、友好和富有人情味的语言，应言之有情，让游客赏心悦耳、倍感亲切温暖。

（6）随机应变，临场发挥。导游词创作成功与否，不仅表现其知识渊博，也反映出导游的技能技巧。

4. 重点突出

每个景点都有代表性的景观，每个景观又都从不同角度反映出它的特色内容。导游词必须在照顾全面的情况下突出重点。面面俱到，没有重点的导游词是不成功的。

5. 要有针对性

导游词不是以一代百、千篇一律的。它必须是从实际出发，因人、因时而异，要有的放矢，即根据不同的游客以及当时的情绪和周围的环境进行导游讲解。切忌不顾游客千差万别，导游词仅一篇的现象。编写导游词一般应有假设对象，这样才能有针对性。

例文评析

例文 1

杭州西湖导游词

（节选）

各位旅客朋友们：

大家好！欢迎来到历史悠久，世界著名的风景游览胜地——杭州西湖。我是你们这次杭州之旅的导游，我姓林，叫我林导好了。

来杭州之前，您一定听说过“上有天堂，下有苏杭”这句名言吧！其实，把杭州比喻成人间天堂，很大程度上是因为有了西湖。千百年来，西湖风景有着经久不衰的魅力，她的丰姿倩影，令人一见钟情。就连唐朝大诗人白居易离开杭州时还念念不忘西湖：“未能抛得杭州去，一半勾留是此湖。”诗人说他之所以舍不得离开杭州，其主要原因就是因为杭州有一个美丽迷人的西湖。“天下西湖三十六，就中最好是杭州”啊！

朋友们，下面就随我一起从岳庙码头乘船去游览西湖。在船未启动之前，我先来介绍一下西湖的概况……

西湖这么美，当然孕育着许多奇妙动人的传说。相传在很久以前，天上有玉龙和金凤在银河边的仙岛上找到了一块白玉，他们一起琢磨了很多年，白玉就变成一颗光芒四射的明珠，这颗宝珠的珠光照到哪里，哪里的树木就常青，百花就盛开。后来消息传到天宫，王母娘娘就派天兵天将前来把珠抢走。玉龙和金凤赶去索珠，遭到王母拒绝，于是就你争我夺，王母被掀翻在地，两手一松，明珠就掉落到人间，变成了晶莹清澈的西湖，玉龙和金凤也随之降落，变成了玉龙山（即玉皇山）和凤凰山，永远守护在西湖之滨。

刚才有的朋友问西湖的水为什么这样清澈纯净，这要从西湖的成因讲起……

历史上西湖有很多名称。汉朝（前206—220）时称为武林水、金牛湖、明圣湖；唐朝（618—907）时称石函湖、钱塘湖。此外还有高士湖、贤者湖、上湖、龙川、钱源等称呼。到了北宋（960—1127），苏东坡做杭州地方官时，写了一首赞美西湖的诗：“水光潋滟晴方好，山色空蒙雨亦奇，欲把西湖比西子，淡妆浓抹总相宜。”诗人别出心裁地把西湖比作我国古代美女西施，于是，西湖又多了个“西子湖”的雅称。

西湖作为著名的风景地，许多中外名人对这情有独钟。毛泽东一生中共40次来杭州，最长的一次整整住了7个月之久，他把杭州当作“第二个家”。毛泽东常常称赞西湖秀美，但他生前从未正式发表过描写西湖的诗词。中国伟人喜欢西湖，国际友人对西湖更是流连忘返。美国前总统尼克松两次来杭州，他赞叹地说：“北京是中国的首都，而杭州是这个国家的心脏，我还要再来。”尼克松还把家乡加利福尼亚州出产的红杉树送给了杭州。

我们船已缓缓启动了。我先把整个游湖的行程简单的介绍一下：环湖一周的景点有一山和二堤。一山指的孤山，孤山景区的名胜古迹多达30多处，沿湖们所能欣赏到的有西泠桥、秋瑾墓、西泠印社、楼外楼、中山公园等。孤山之后是白堤，起自平湖秋月，终于断桥残雪，桥后还有著名的宝石流霞等景观。欣赏完沿湖景色，我们再去湖中三岛，游船最后将在苏堤靠岸。

现在船正在自西向东行驶，各位到的是孤山一带的景色。孤山西接西泠桥，东连白堤，海拔35米，占地面积20万平方米。孤山景色唐宋年间就已闻名，南宋理宗曾在此兴建规模宏大的西太乙宫，把大半座孤山划为御花园。清朝康熙皇帝又在此建造行宫，雍正皇帝改行宫为圣因寺，与当时的灵隐寺、净慈寺、照庆寺并称“西湖四大丛林”。或许有的朋友要问：孤山既是西湖中最大的岛屿，为什么要取名“孤山”呢？这是因为历史上此山风景特别优美，一直被称为孤家寡人皇帝所占有，所以被为孤山。从地质学上讲，孤山是由火山喷出的流纹岩组成的，整个岛是和陆地连在一起的，所以“孤山不孤，断桥不断，长桥不长”被称为西湖三绝。

大家再看前方那座环洞石拱桥，地处孤山西面，名叫西泠桥。它和断桥、长桥并称为西湖古代的三大情桥……

我们的船继续徐徐往东行驶，各位看到前面的一道粉墙，院内便是著名的西泠印社……

现在船已驶向中山公园，孤山的正门就在这里。“山不在高，有仙则名”，孤山既是一座风景名山，又是一座文化名山。孤山的地位在西湖景区中之所以这么重要，是因为它蕴藏着丰富的历史、文化内涵，景区内有著名的“西湖天下景”，还有纪念北宋隐逸诗人林和靖的放鹤亭。这些景点等上岸后我们前往参观……

请看前面那座突出湖面的水泥平台的重檐亭子，这座建于清代康熙年间的建筑，名叫平湖秋月。它是白堤的起点，也是杭州的三大赏月胜地之一。历史上杭州人中秋赏月有三大去处：湖中首推三岛之一的三潭印月，山上应是凤凰山坡的月岩景点，至于岸边，就数这月白风清、水天共碧的平湖秋月了！

现在各位看到前面这条“间株杨柳间株桃”的游览长堤就是白堤……

大家再看，白堤中间的这座桥叫锦带桥，以前是座木桥，名叫“涵碧桥”，如今更名为石拱桥。在白堤的尽头，到了断桥，全长1公里的白堤就由此而“断”了。

断桥的名字最早取于唐代，宋代称宝祐桥，元代又叫段家桥，以前是座苔藓斑斑的古老石桥。我们现在看到的这座桥虽然是座很普通的石拱桥，但它的名字和《白蛇传》故事联系在一起，因而成了西湖中最出名的一座桥……

大家再看断桥后面那座山叫宝石山……

各位朋友，西湖沿岸的景观就介绍到这里，接着我们去观赏湖中三岛。

首先我们来看西湖中最大岛“三潭印月”，也叫小瀛州……

接着我们再来看湖中那座飞檐翘角的亭，名叫湖心亭。它是西湖中最大的一座亭。也是在西湖三岛中最早营建的一座岛……

湖心亭西北的那个小岛，称为阮公墩……

（资料来源：http://wenku.baidu.com/view/d300edbbfd0a79563c1e72c6.html）

评析：这篇杭州西湖导游词从岳庙码头乘船开始，按照乘船观赏西湖的路线来对西湖的美景做了一一介绍，向游客展示了西湖秀丽的风光。其中穿插了大量古代名人诗词及许多动人的传说，其介绍充满了历史文化的韵味，让游客在浓郁的人文气氛中感受到了西湖的特色。

例文2

丽江古城导游词

（节选）

各位嘉宾，现在小李将要带大家去游览下一个景点，也是丽江最著名的景点——丽江古城。刚从象山山麓澄碧如玉的玉泉公园出来，我们要顺着从古城西北端悠悠流至城南的玉泉水来到被称作“高原姑苏”、“东方威尼斯”的丽江古城。在此各位嘉宾就会想，小李怎能口出狂言，敢把这高原小城称得如此夸张，其实一点都没有被小李夸大，丽江古城就是因为有玉泉水贯穿全城由古城分成西河、中河、东河三条支流，再分成无数股支流。城内亦有多处龙潭、泉眼出水。古城利用这种有利的条件，街道自由布局，不求网络的工整，主街傍河，小巷临渠，清澈的泉水穿街流镇，穿墙过屋，“家家流水，户户垂杨”的诗意是这座古城的真实写照，这里虽是云贵高原小镇，却颇有江南水乡的特色。

丽江古城又叫大研镇，它由大研、白沙、束河三部分组成，大研古城是它们的集中代表，所以人们常常把它叫作大研古城或大研镇。而且大研古城位于丽江盆地的中心，古城的西南角耸立着酷似书天巨笔的文笔锋，丽江盆地则像一方碧玉做成的大砚台，古时“研”和“砚”相通，所以古城叫大研。说话间我们便到了古城，城口最引人注意的应该是一双水车吧，有人说它是子母水车，也有人说它是情人水车。过去古城里就有水车，今天在一些偏远之地也在使用。

古城形成于南宋后期，已有八百多年的历史，面积3.8平方公里，常住人口约3万人，1986年成为国家级历史文化名城，1997年又被列入世界文化遗产，丽江古城除了同苏州古城一样具有“小桥流水人家”的特色外，还在古城选址街道和房屋布局、纳西民居等方面别具一格。

丽江的世界文化遗产由白沙古镇、束河古镇和大研古镇三部分组成，但对于各位嘉宾来说，吸引力最大的是大研古镇，古城的入口很多，大家随着小李从右边的入口进入，看见了显眼的水车后，紧接着右边是写有江泽民主席题词的照壁，古城里有三房一照壁的民居。再往右是水龙柱，龙是管水的，古城里的土木建筑最怕火，但水能克火，所以这个水龙柱代表古城人民免除火灾的愿望。千百年来，古城人民像爱护自己的眼睛一样爱护古城，也请各位朋友像古城人民一样爱护古城，不乱扔烟头垃圾。再看世界文化遗产标志，圆圈代表地球、自然，方框代表人类创造的文明，圆圈和方框相连，代表人与自然要和谐统一，丽江古城就是人与自然和谐统一的杰作。右边的这些石刻称得上是丽江的“清明上河图”，是一幅浓郁的纳西风情画。我们脚下是“巴格图”，是纳西先民根据五行学说创造的，东巴祭司常用它来定方位和占卜等。

小李在古城给大家讲了那么多，大家也看了那么多，但是马上就要进入古城了，怎么就没有看到城门呢？其实各位嘉宾是看不到的，这也是丽江古城的一奇，既看不到城门，也看不到城墙，因为古城根本没有城墙和城门，因为纳西族的头领姓“木”，如果建了城墙和城门就变成了“困”字，所以古城没有城墙，也没有城门了。

各位嘉宾心目中一定有这样一个问题，像这样的古城在中国有的是，为什么这个高原上的偏僻的古城竟被评上呢？想要得到答案，各位嘉宾请随小李一同去游览一番……

“丽君从来喜植树，山城无处不飞花”，丽江男人一生有三件大事：盖房子、娶媳妇、晒太阳……

纳西族善于学习也可反映在古城的民居建筑上。古城民居在广泛吸收汉、藏、白等民族建筑风格的同时，也把本民族的建筑文化和审美意识融于其中，形成了许多具有纳西特色的三房一照壁、四合五天井、前后院、一进数院等建筑风格，并在门楼、前廊的设置和天井铺地、六合门及其装饰等方面形成了浓郁的地方特色和民族特色。如果问四合院里哪儿最富有特色，那就是堂屋的六合门和六合门上的窗蕊——“四季博古”。虽说这些也是学习汉、藏、白等民族文化的结果。但是到了现在，已没有哪一个民族像纳西族这样每家都必有六合门和“四季博古”。您看这六合门，可装可卸，方便灵活，开则为门，闭则为窗。平时只开中间两扇，如遇家中有红、白事客人较多，行走不方便时，则六扇门均可卸下。六合门上所雕的窗蕊称为“四季博古”，构图上用名花异卉，吉鸟瑞兽、美好典故，以此寄托纳西人民四季吉祥、福禄寿喜、耕读传家的美好意愿。大家看到这六扇门上都有各自不同的图案，这是“松鹤同春”、寓“春”和“寿”，这是“喜鹊争梅”、寓“冬”和“喜”，这是“鹰立菊丛”、寓“秋”和“福”，这是“鹭鸶天莲”、寓“夏”和“禄”，这是"孔雀玉兰"、"锦鸡牡丹"，请大家都想想看它们都分别代表了什么寓意。

穿过了五一街便看到了许多小桥，在我们脚下这座小石桥大家不妨坐下来休息一下，看到桥旁"百岁坊"字样，不难猜测这就是百岁坊，试想一下百岁坊的由来，一般人都会想百岁坊老人有关，这就对了……

（资料来源：http://www.chinaue.com/html/2006-3-26/2006410024505121.htm）

评析：这篇丽江古城导游词紧紧围绕丽江古城"小桥流水人家"、"家家流水，户户垂杨"的主题，向游客展示了一幅丽江古城的柔美画卷。其介绍丽江特色、引导游客游览的同时也不乏幽默、诙谐，如"一条小巷、一户人家，一不小心你就站在了一百年的历史上了，这种感觉，在路上、在各个庭院中，您随处都能感受到"，让游客在轻松愉快的氛围中感受到了丽江古城的特色。

文体实训

1．通过网络搜集5篇导游词，分析其结构和写作特点。

2．为你熟悉的景区写一则导游词。

3．分析指出下面几则开场白的特点。

（1）女士们、先生们：你们好！欢迎大家光临××。（自我介绍之后）非常高兴能有机会陪同各位一道欣赏领略这雄伟壮丽、庄严肃穆的古坛神韵。让我们共览这"人间天上"的风采，共度一段美好的时光。

（2）女士们、先生们：大家好！首先，我对各位的到来致以最诚挚的欢迎！各位在来长春旅游之前，想必已经对长春有所了解了吧？那么您认为中国末代皇帝是谁呢？对，毫无疑问是爱新觉罗·溥仪！那么溥仪在长春生活期间，宫殿在什么地方呢？就是我们将要到的伪满皇宫博物院了。好，现在咱们就一块到溥仪的"宫殿"去看看。

（3）女士们、先生们：瓷器是我们日常生活的必需品。那么多姿多彩的瓷器是如何制造出来的呢？到了瓷都景德镇，我们就不能不去探寻一番，所以，今天我就请各位去参观古窑瓷厂，这个瓷厂为什么用"古窑"二字命名呢？等会儿到了我再做解释。现在我利用路上的时间向各位介绍一点陶瓷知识。

（4）各位游客：您们好！欢迎大家到湄洲岛旅游。我们今天游览的景点是湄洲岛妈祖庙，导游的内容有：湄洲岛概况→湄洲岛妈祖庙朝觐活动盛况→祖庙山门→仪门→太子殿→寝殿→妈祖石像。预祝我们愉快地度过这美好的一天。

任务3　撰写旅游广告

旅游广告是旅游企业或相关旅游机构向现实的旅游者或潜在的旅游者传递旅游信息的活动。旅游广告是旅游业推销的一个重要手段。现在不但旅行社、旅游饭店、旅游景点等的旅游企业会用旅游广告来推销自己的产品，一些旅游地政府也通过广告来提升自己的知名度，招揽客源。

写作任务

假设你是洛阳龙门风景名胜区管理处的一位工作人员。为了进一步提升龙门风景名胜区的知名度，管理处计划在当地报刊上投放广告。请你撰写这则广告。

通过完成写作任务，要求学生达到以下目标：

1. 掌握旅游广告的组成要素和写作方法；
2. 能够在现实社会中，根据工作需要，撰写旅游广告。

相关知识

一、旅游广告的特点

（一）功利性

旅游广告具有明显的功利性，其目的就是为了推销某种旅游产品，因此，旅游广告必须适应消费者的心理，激发他们的兴趣，感染他们，促使他们购买产品。

（二）真实性

旅游广告虽然具有鲜明的功利性，但必须以真实为基础，要符合《中华人民共和国广告法》的有关规定，不能发布虚假广告，欺骗、坑害消费者。

（三）创造性

旅游广告只有具有创造性，才能塑造产品或服务者的个性与形象，引起消费者的注意，乃至留下深刻印象。

二、旅游广告的类型

广告按不同的标准可以分为很多种，旅游广告与其他广告相比有很多独特之处，按照传播的媒体，可把旅游广告分为以下几种类型。

（一）新闻广告

新闻广告是以新闻媒体为主要传播手段的广告类型，它主要以电视、报纸、杂志、广播等几大新闻媒体为传播手段。它具有生动、形象、可信度高、影响范围较广、传播迅速及时等特点，但容易消失，保持时间短，而且费用较高。

（二）户外广告

户外广告是指在街头、交通站点、建筑物及道路两旁等公共场合设置的广告。它具有信息发布快、可经常修改、较持久等特点。但时效性差，不易引人关注。

（三）户内广告

户内广告是指在旅游场所内部张贴的广告。这些旅游场所可以包括宾馆、饭店、游乐场所等旅游活动的场所。它的特点是比较有针对性，受众比较明确，但影响范围相对较小。

（四）馈赠广告

馈赠广告是把广告图文印制在钥匙圈链、小扇子、日历等物品上，通过馈赠小物品的方式达到做广告的目的。它具有保存时间相对较长，人们不会轻易扔掉等优点，能给人留下较深印象。

写作提示

撰写旅游广告，首先一定要注意广告的目的是为了招揽客户，带来经济利益。其次要注意旅游广告不同于一般的广告，要突出其文化特色。

任务实施

旅游广告的写作，一般没有固定的格式，写法较灵活。从结构上讲，一般包括标题、正文、广告标语、随文四部分。

一、标题

标题是旅游广告的精髓，是旅游广告的眼睛，反映着旅游广告的精神和主题。标题一定要能吸引人们的眼球，让人有兴趣看下去，抓住读者，促成购买，做到“题好文一半”。标题可分为直接标题、间接标题和复合标题三种。

（一）直接标题

也就是以简明的文字表明广告的内容，直接标明要宣传的旅游商品、服务项目或宣传单位，让人一目了然。如“黄山欢迎您”、“璀璨明珠——张家界”、“北京，迷人的城”。

（二）间接标题

在标题中并不直接说明要宣传的产品，而是通过富有趣味性的语言抓住人们的好奇心，诱导人们关注广告的正文。如“露天博物馆”（意大利旅游广告）、中国人旅行——找中国旅行社（中国旅行总社精品线路广告标题）。

（三）复合标题

在一则广告中把直接标题和间接标题组合起来，包括两个以上的标题。如“夏季避暑往北——到黑龙江来避暑”。

二、正文

正文是广告的中心和主体，是广告中除了商标、口号、企业相关信息等之外的说明文字。广告的绝大部分信息都是靠正文来传达的。它主要包括三个方面的内容：即对商品等方面内容加以解释或说明；具体说明提供商品或其他方面的细节；最后以热情诚恳的语言诱导消费者购买产品。

三、广告标语

为了加强广告在公众心中的印象，广告中通常会长期、反复使用一种简明扼要的口号性语句，它可以出现在广告的任何一个部位，一般独立于正文之外。它高度概括、凝练，具有很强的号召力、感染力，而且简洁、整齐、押韵。

如：海南泉水山庄的标语是“泉是大地母亲之乳，水是生命万物之源”，北京新世纪饭店的标语是“美食佳肴，舍我其谁”。

广告标语与广告标题有明显的区别。

1．位置不同：广告标题是广告的题目，它在广告的开头；标语往往与旅游产品或者单位名称放在一起，既可以出现在广告文的开头，也可以出现在正文的中间或结尾。

2．作用不同：标题的作用是引导消费者的注意，吸引消费者的兴趣。而标语的作用是传播企业或产品最基本的诉求，反复提醒，不断加深消费者对该产品印象，从而形成长期的印象和回想。

3．数量不同：标题只有一个。当新的标题出现，旧的标题就舍弃不用。但标语则可以不止一个，在一则广告中可以不止一个标语。如：新加坡的广告标语就有：无限的新加坡，无限的旅游业；尽情享受，难以忘怀；新亚洲——新加坡新感觉。

四、随文

随文是正文的附属，又称附文、落款。主要是对正文进行补充，如单位名称及地址、网址、联系方法、注意事项等。

写作提示

撰写旅游广告，首先要注意标题一定要吸引人的眼球，令人一看就止不住要继续往下看。正文部分要渲染出景区或产品最主要的特色和优点。广告标语要醒目、与众不同、朗朗上口。

任务评估

旅游广告的写作要达到以下要求。

1．内容真实可靠

旅游产品购买之前无法试用，事先也看不到它的样子，所以旅游者在购买时一般都会有所顾虑。因为他们不知道这个产品到底是什么样的，到底符合不符合他们的要求，到底是不是物价相符的，存在很多顾虑。因此旅游广告就必须传递给消费者最真实可靠的信息，以此取信消费者。

2．创意新颖独特

新颖独特是广告创意的生命，也是增强记忆度的有效武器。只有鲜明、醒目、新异才能从众多的陈词滥调中脱颖而出，在瞬间引起消费者感官和心理的反应，激发他们对产品产生注意、强烈的兴趣和美好的联想。因此，旅游广告必须推陈出新，针对人们存在的各种心理刻意求新、不落俗套。

3．紧扣消费者的需要

提供消费者所需要的旅游产品是企业成功的关键。旅游业只有提供了适销对路的产品，才能引起消费者的兴趣。旅游产品具有生产与消费的同时性、不可转移性等特点，所以必须通过旅游广告来吸引消费者，消费者也是通过旅游广告对旅游产品有初步的了解。可消费者暂时看不到旅游产品，也不能在购买之前试用，他们购买与否很大程度上取决于旅游广告所传递的信息对他们是否具有吸引力、是否符合他们的需要。

4．以品位感染消费者

随着社会的发展，人们的文化水平和艺术修养不断提高，人们的需求已从物质领域转向对生活品质与精神享受的追求。因此，旅游广告应根据消费者的内心情感需要，充分发掘大众化的人文题材，渗透传统文化的底蕴，以情感诉求方式，融合东西方传统文化，树立格调高雅的广告品位，以沟通受众的心灵，从而激发其购买动机。

例文评析

例文 1

世界之窗广告

深圳世界之窗文化旅游景区毗邻锦绣中华与中国民俗文化村，开业于 1994 年，占地 48 万平方米，集世界奇观、自然风光、民俗风情、民间歌舞于一园，再现了一个美妙的世界。

园内景区分为世界广场、亚洲区、大洋洲区、非洲区、美洲区、现代科技乐园、雕塑园、国际街等九大景区。景观采用自由比例，或精致微妙，或气势恢弘。艾菲尔铁塔高 108 米，巍然耸立，游人可乘观光电梯到塔顶，饱览深圳和香港风光；尼亚加拉大瀑布水流飞泻，声势浩大，颇让人有身临美洲之感……每当夜雾降临，华灯初放，由世界民族歌舞组成的大型广场综艺晚会即在世界广场拉开帷幕，把景区活动推向高潮。

“你给我一天时光，我给你一个世界！”

单位：深圳世界之窗有限公司

电话：0755－6608×××

传真：0755－6603×××

评析：这则广告对世界之窗做了一个完整的介绍，内容全面且真实可靠。行文中紧紧抓住了游客追新猎奇的需求。其标语口号“你给我一天时光，我给你一个世界”突出了世界之窗的特点的同时，整齐押韵、朗朗上口。

例文 2

人类回归的绿洲，野生动物的乐园

——西双版纳原始森林公园有限公司

西双版纳原始森林公园是金孔雀旅游集团的下属企业之一，于1995年年初动工开发建设，1999年5月29日试营业，占地面积26310亩，职工600人，公园距景洪城区8公里。2001年5月被国家旅游局旅游景区（点）等级评定委员会正式评为国家4A级旅游景区，并于2002年7月通过ISO9001/14001质量/环境体系认证；2003年被评为“云南省科学普及教育基地”和云南省“省级森林公园”；2005年12月被国家林业局评定为国家森林公园。森林公园内有北回归线以南保存最完好的热带沟谷雨林，融会了独特的原始森林自然风光和迷人的民族风情。突出体现了“热带沟谷雨林、以孔雀文化为主的野生动物展示、以哈尼族——爱伲人为主的民族风情展示”三大主题特色，向游客充分展示了人与自然的和谐相处，达到了“天人合一”、“回归自然”的境界。

在这里，感受人与自然，人与动物和谐相处的“野生动物驯化表演”；参观典型的南传上座部佛教建筑“曼双龙白塔”；领略罕见的“孔雀放飞”景观，沉湎于孔雀公主的传说；参与爱伲山寨爱伲人独特的“爱伲婚俗”表演活动；感受“九龙飞瀑”的民族民间器乐展演，徜徉在博大渊源的民族文化中；参观“热带濒危植物园”，领略植物家族的独特魅力；独具老茎生花、植物绞杀、大板根现象、滴水叶尖、独树成林、空中花园、丛生、藤萝交叉等自然奇观的“热带沟谷雨林”让你流连忘返；充分体验“东方狂欢节”的泼水活动及“‘彩云之南’少数民族服饰展”。

风景秀丽、旖旎迷人的孔雀山庄是游客休闲度假的极佳选择，内有集餐饮、客房、娱乐、会务为一体的孔雀山庄，能同时接待200人用餐的水上餐厅及容纳300人举行会议的大型会议室，配备有完善的会议设备、设施。山庄内有按四星级标准修建的各类客房61间，能同时接待120人入住，满足不同层次客人需求。工作之余到森林公园度假休闲，入住孔雀山庄，静看远山绿水，卧听雨打芭蕉。

地址：昆洛213国道距离景洪市区8公里处

邮编：666100

办公电话：0691—275××××

销售部电话：0691—275××××

订餐电话：0691—275××××

公司网址：www.banna.travel

评析：这则广告对西双版纳原始森林公园做了一个完整的介绍，着力推介森林公园富有特色的“野生动物驯化表演”和休闲娱乐胜地孔雀山庄。最后随文附上电话等信息，便于消费者联系。

文体实训

1．通过网络搜集5篇旅游广告，分析其结构和写作特点。

2．为你熟悉的景区写一则旅游广告。

3．下面是部分城市的旅游广告词，分析比较它们的着眼点和特点。

上海市：上海，精彩每一天
重庆市：世界的重庆，永远的三峡
广州市：一日读懂两千年
福州市：福山福水福州游
长沙市：多情山水，天下洲城
桂林市：桂林山水甲天下
苏州市：人间天堂，苏州之旅
大连市：浪漫之都，中国大连
宁波市：东方商埠，时尚水都
曲阜市：孔子故里，东方圣城
登封市：中国少林武术之乡——登封

任务4　撰写旅游商品说明书

旅游商品说明书是对旅游商品进行说明的一种文体。

广义的旅游商品就是旅游产品，是指供游客购买的商品，其中一部分是游客在旅游途中吃、穿、用的物品，另一部分是供游客赏玩、收藏和馈赠亲友的物品。旅游商品发展的程度是旅游业发展成熟度的重要标志之一。

但旅游商品和旅游产品又有一些不同的特点，两者有时又是两个不同的概念。因此，为了便于研究，一般情况下，我们将旅游商品定义为在旅游活动过程中，由旅游者用货币购买的各种物质性的产品，也就是狭义的旅游商品。

旅游商品可分为三大部分：旅游纪念品、旅游日用品和旅游消耗品。

旅游纪念品是指旅游者在旅游过程中所购买的具有区域文化特征、民族特征、景区特征的有纪念意义的一切物品。一般包括文物古董、工艺美术品、土特产、珠宝首饰、服装等五大类。

旅游日用品是指旅游者为了更好地实现自身旅游的目的，购买在旅游过程中所需要的商品，如手杖、风雨衣、太阳镜、登山器械等等。

旅游消耗品是指旅游者在旅游过程中所消耗的商品。如旅游目的地的风味小吃，所消耗的食品、饮料、日常生活用品等。

旅游商品是旅游行业创收的途径之一，旅游者对旅游商品也是有需求的。对旅游商品的生产者来说，除了生产出适应市场需求的旅游商品外，还应注意一些细节问题，旅游商品说明书就是一个细节，它有利于旅游商品的销售，也方便游客的购买。

总之，旅游商品说明书是对狭义的旅游商品的说明性文体。

写作任务

一家知名景区的管理处为了满足游客旅游购物需求和增加自身经济收入，计划推出具有当地特色的毛笔、玉雕等商品。请为该景区管理处拟写商品说明书。

通过完成写作任务，要求学生达到以下目标：

1．掌握旅游商品说明书的组成要素和写作方法；

2．能够在现实社会中，根据工作需要，撰写旅游商品说明书。

相关知识

一、旅游商品说明书的性质

旅游商品说明书与一般商品说明书大致相同，都是商品生产者为了宣传商品、促进销售、服务用户，向广大消费者介绍其产品的性能、特色、规格、用途、使用及保养方法等情况的说明性应用文。

二、旅游商品说明书的作用

旅游商品说明书的作用，有以下几个方面。

（一）宣传与促销作用

随着企业商品意识的强化，占领市场成为企业生存发展的重要条件之一，作为旅游商品书面“宣传员”和“推销员”的旅游商品说明书，越来越受到重视。通过旅游商品说明书，商品生产者可以向广大用户及消费者传递信息，帮助他们了解和选择商品，以激发他们的购买欲望。

（二）指导用户作用

旅游商品说明书介绍的商品知识，包括商品的特点、使用方法、保管事项等；对艺术品，还要介绍欣赏方法、收藏价值、保存方法等；对电器或易碎、易爆商品，还应特别介绍使用注意事项。因此，旅游商品说明书在指导用户安全消费、有效使用商品，以获得最佳社会收益方面，有着重要作用。

（三）提供信息作用

随着社会的发展，信息的交流与传递越来越重要。有特色的旅游商品说明书本身就是一份极好的广告，既介绍了商品，又树立了企业、产地的形象，同时还可激发人们的旅游欲望。另外，有的旅游商品说明书还能为科研单位、生产单位提供产品情报和技术资料，作为新产品开发设计或提高产品质量的参考。

（四）法律作用

首先，旅游商品的生产经营者除了执行国家强制性标准外，依照法律还具有明示担保义务。生产经营者可以以旅游商品说明书向消费者约定该商品应有的质量、性能，来承担法律要求生产经营者作出的明示担保义务。这也是商家对消费者的一种承诺，意味着必须保证提供的商品与此约定的内容保持一致，否则，消费者有权要求降价、退货、赔偿损失，也就是说商品的生产经营者必须承担相应的法律责任。其次消费者如果未按商品说明书使用，因此所造成的损失，其法律责任一般由消费者自负。

写作提示

撰写旅游商品说明书，首先要明了商品说明书的性质和作用，然后再对商品的性能、特色、规格、用途、使用及保养方法等进行说明。

任务实施

旅游商品本身，有的比较复杂，有的比较简单，所以说明书自然也有繁简之分。一般说来，较为复杂的旅游商品说明书多采用条款式；较为简单的旅游商品说明书多采用概述式或综合式。总之，不论其复杂或简单，旅游商品说明书的结构形式大体一致，只不过说明的项目和内容多少不同而已。

一、复杂的旅游商品说明书的常用结构形式

（一）封面

标明商品名称、型号、商标、专利号或荣获奖项及生产厂名。要求美观、醒目，必要时还可配以实物图样，以增强封面设计的美感及实物直观性。

（二）目录

适用于较复杂的大型说明书。主要是将说明书的全部项目依次编列于卷首，以便于用户翻检查阅。

（三）前言

前言一般要概述产品的设计、发展历史、研制情况、主要功能、领先地位及国家主管机关的鉴定结论和评价，有的还顺便向顾客致意。

（四）主体

主体是各类形式说明书的核心部分。一般包括产品性能特点、用途；产品规格、结构、

工作原理；主要技术参数；安装、使用与维修、保养注意事项，以及对产品本身的介绍说明等。

（五）附件

附件指有关商品装配图、基础结构图等。

（六）封底

落款写明生产单位名称、地址、电话等联络事宜。

不同商品的说明书，特别是不同形式的说明书，其写作结构及内容上的差异性较大，实际写作时不必受上述结构形式的局限，而应视实际情况灵活掌握。

二、简单的旅游商品说明书的常用结构形式

简单的旅游商品说明书一般采用概述式或综合式，由标题、正文、落款三部分组成。

（一）标题

一般采用“××说明书”或“××使用说明”样式。有的则只写商品名称。

（二）正文

一般介绍性能、用途、规格、使用方法以及注意事项。

（三）落款

说明生产（或出售）单位名称、地址、电话、电报等。单位名称已在正文中出现的，落款中可以省略。

写作提示

撰写该旅游商品说明书，最主要的是正文部分，一定要将商品的性能、用途、规格、使用方法以及注意事项介绍清楚。同时注意说明书的封面设计要美观、醒目。

任务评估

旅游商品说明书的写作要达到如下要求。

1．态度诚恳，内容真实、详细

产品的销售将给企业带来一定的经济效益，而一切成功的企业在严保产品质量的同时，还应确保其宣传品的真实可靠。应本着以用户、消费者为“上帝”的宗旨，抱着对用户、消费者负责的态度，实事求是地拟写产品的说明书。对其产品的介绍、说明不可言过其实、盲目拔高，更不能弄虚作假。说明书涉及的数据、原理、配方、材料等方面，应准确无误地说明；用途、性能应客观介绍、评价；使用与保养，应详细介绍说明。只有这样，才能

正确地指导用户合理、有效地使用商品，才能取信于民。

2．具备与产品有关的专业知识

一切产品的生产都具有很强的专业性。撰写说明书必须对所涉及的产品结构特点、工艺设计、历史发展、理化性能、规格标准、技能指标、安装调试、使用保养等有关知识，以及国内外同类产品的现状都有所了解，还要从同类产品的比较中，突出该产品的特点与优越性。

3．掌握商品说明书的结构形式

商品的多种多样，决定了其说明书的结构形式远比别的应用文灵活自由。但是，无论何种产品说明书，都具有一定的常用形式，区别只在于有的商品较为复杂，说明的项目较多；而有的商品较小较简单，其说明的项目较少，大多可以采用只有正文的写法。

4．语言朴素、通俗

说明书使用范围广，阅读的人多，因此语言要言简意赅、朴实流畅、深入浅出、通俗易懂，既便于阅读，也便于掌握；不要使用深奥莫测的专业术语，否则会令人费解，影响效果。随着我国对外贸易往来的加强，为了便于中外游客旅游、购物，大多数说明书常常同时印有中文说明和外文说明。

5．形式多样，美观新颖

说明书的样式多种多样。常见的设计形式有卡片式、单页式、对折式、多折式、书册式、标贴式等。目前，对产品说明书的形式设计提出了更高的要求——形式美观、新颖，尤其封面设计，还讲究图文并茂，图案照片印制精良，色彩或淡雅或浓烈。总之封面设计要与其他内容和谐统一，只有这样，才会更加吸引用户和消费者注目，才能更好地发挥其宣传产品的作用。

例文评析

例文 1

竹编八仙图画

竹编八仙图画册是根据中国古代神话传说的八位神仙的故事而编织的，即铁拐李、汉钟离、吕洞宾、韩湘子、张果老、蓝采和、何仙姑、曹国舅。八仙的故事多见于唐、宋、明文人的记载。至明吴元泰《八仙出处东游记传》里才确定为以上八仙。

竹编是传统的民间手工艺品，八仙图画册是由八个高级技师费时一个月，用竹丝千万条编制而成。其设计新颖、工艺精美，装潢考究。

（资料来源：四川旅游网）

评析：这则旅游商品说明书首先竹编八仙图画册的编制依据，由此给人以文化底蕴深厚的感觉。第二段简要介绍了其制作用时和特点等。由于是商家网络销售，并已通过其他途径告知了联系方法等信息，因而说明书中省略了落款等内容。

例文 2

价格：10000 元！

中江花石

因产于中江县之东南“玄武山圣泉”，故又称“圣泉文石”，又因花纹形似菊花，故又名“菊花石”。花石分“棋石”和“文石”两种。据专家考证，中江花石是地壳变化的产物。十万年以前，四川盆地是一片内海，后来由于地壳运动，一切海底生物被深深地埋在地下，变成了珊瑚类化石，形成了具有灰黑、浅褐等多种花纹的中江花石。据《中江县志》记载早在唐宋时，就有杜甫、王勃等文人雅士在中江举办过圣泉宴，著文、赋诗赞之。

中江花石还流传着许多美丽动人的传说，如《仙女散花》：隋朝时，有一年农历九月十一日，中江百姓为美丽善良、专为老百姓解除疾苦的白塔仙姑庆祝生日，西王母派天上的七仙女散花以表示祝贺。霎时，中江县的凯江流域上空花雨缤纷，鲜花落入河里，立即变成了花石。当时正值菊花盛开之时，故中江花石多为菊花石。中江花石色调多样，石纹多变，富于观赏价值。灰黑石上隐约可见花草、梅竹、山水的灰白色纹样，灰白色石上有黑色的花纹，棕色的石上有龟贝纹样，黑绿色石头上有各色花芯纹。《人鸟对话》是天然的花纹形成的图案，形象生动的人物和小鸟构成了一幅自然生动的画面。《中国大熊猫》是一枚天然的花石图案，黑白分明的图案完整地表现了中国国宝——大熊猫憨态可掬的神态。

评析：这也是一则选自网络的旅游商品说明书。在原网页上，还配发有实物照片，供人们参详。该说明书在抬头部分首先交待了中江花石的价格。在正文部分说明了中江花石的别称，以及形成原因和古文记载。第二部分用举例的方式，引入了民间传说，用以增强趣味性和可读性。

文体实训

1．通过网络搜集 3～5 篇旅游商品说明书，分析其结构和写作特点。

2．在你熟悉的景区选择一种旅游商品，并为其写一则旅游商品说明书。

3．以下是几则旅游商品说明书，分析其特点和优缺点。

（1）中国长生茶

“中国长生茶”是“灵洁功能茶”系列产品之一。改善生理机能，请喝“长生茶”！“灵洁功能茶”系列是民间秘方的新应用，纯中草药配制的袋泡茶。牙痛、声嘶、体虚……赶紧喝！

（2）森海民族服饰

张家界森海民族工艺有限公司致力于张家界民族工艺品开发、传承和推广创新，将享有“东方第一染”美誉的蜡染从我省少数民族地区向全国乃至全世界推广；并在传承这一已有两千多年的传统工艺的基础上又进行了大胆的创新，使古老的艺术融入了现代的韵味。通过蜡染独有的艺术魅力，以及原始的图案、图腾和变幻无穷的冰纹，通过民族包、民族服饰等民族工艺向各国（地区）和各民族展示了张家界的民族风情。

（3）喇叭角化石

化石名称：喇叭角石（lituites）。地址年代：中奥陶世（距今 4.3 亿—4.8 亿年）。喇叭角石是一种古生物代鹦鹉螺类的化石，生活在中奥陶世（距今约 4.3 亿年）的温暖海洋中，能游泳的软体动物，营游生活，其壳保存为化石，形似喇叭而得名。喇叭角石介于直壳和旋壳之间。其始部为旋壳，至前部即伸展为直壳，是很珍贵的化石收藏品。

任务5　撰写消息

旅游消息属于旅游新闻范畴。旅游新闻是反映旅游公务和旅游活动中新近发生事实的报道，包括消息、通讯、特写、评论、记者来信等。旅游消息是狭义的旅游新闻，是以最快的速度反映旅游工作中新近发生的重要事件的报道。

写作任务

“十一”黄金周期间，张帆所在的旅游文化有限公司取得了很好的业绩。经理让张帆就此撰写一篇消息，投寄给当地媒体，以便刊发。请为张帆撰写此则消息。

通过完成写作任务，要求学生达到以下目标：

1. 掌握消息的组成要素和写作方法；
2. 能够在现实社会中，根据工作需要，撰写消息。

相关知识

一、旅游消息的特点

（一）真实

真实就是强调真实性，在旅游消息中所报道的人物、事件、时间、地点、原因、结果，每一个要素都必须是生活真实，材料必须确凿无误。这是消息写作的第一要求。

（二）快速

快速就是时效性强，要以最快的速度在第一时间反映事件的发生。

（三）简洁

简洁就是简明、简短，不但“标题消息”、“一句话消息”、“简讯”文章很短，字数很少，就是写“典型消息”、“综合消息”也是如此。尽管“典型消息”有导语、主体、背景、结尾几个组成部分，但比起通讯和特写来，还是简短得多。

（四）直接

直接是指表达方式。虽然消息中也有描写和抒情，也可以写得活泼一些，但是消息还是以叙述为主，不像通讯那样可以用多种表达方式，用多种修辞方法和表现技巧来反映生活。消息最基本的要求是“清楚明白”，而通讯的要求是“生动形象”。

二、旅游消息的类型

（一）动态消息

动态消息是迅速而简要地报道国内外重大事件的消息。它一般只宣传一件事，文字简明，篇幅短小，在报纸、广播、电视中占有相当重要的位置。

（二）典型消息

典型消息也称经验消息。通过对一些具体部门、企事业单位和个人的典型经验、成功做法和失败教训的报道来带动全局。在内容上，典型消息或交待情况反映变化，或说明做法总结经验，或上升理论引出规律，材料都比简讯丰富。

（三）综合消息

这种文体是将若干地区、若干部门、若干单位有关旅游工作的同类情况进行综合报道，分为“一地多事”和“多地一事”两种情况，以“多地一事”为主。

（四）评述消息

评述消息针对国内外的旅游事件或是某一地区、某一部门旅游工作的某些倾向性问题进行的报道和评述。报道是缘由，是引子；评述是重点，是核心，“述”是为了“评”。

写作提示

撰写此旅游消息，一定要注意做到“简、快、新、实”。

任务实施

旅游消息常用“倒金字塔”结构，即把最重要的事实放在前面，然后再写重要的，次要的，形成像倒金字塔那样头重脚轻的结构形式。

旅游消息由标题、消息头、导语、主体、结尾、背景组成。

一、标题

消息的标题是文章的眉眼，给读者以第一印象，要求做到醒目、新颖、简洁、准确。消息的标题有单行、双行和三行等类型。

（一）单行标题

单行标题只有一行正题，要求把报道的核心事实、主要内容或中心思想说出来。

（二）双行标题

在正题上面加上引题或正题下面加上副题。正题字号大一些，引题或副题字号小一些。引题也称眉题（横排）或肩题（竖排），作用是交待背景、说明缘由、烘托气氛、揭示意义等。副题主要是对正题的补充。

（三）三行标题

三行标题由引题、正题、副题组成。在撰写三行标题时，一定注意弄清三类题目的作用，千万不可颠倒互换。关键是正题必须揭示消息的主要内容。

二、消息头

报纸发表的消息，正文前面常冠以“本报讯”、“新华社某月某日北京电”等短语，这就是“消息头”。消息头也叫“电头”，因为消息的传递主要靠电子手段，以前电报、电话，现在是图文传真、卫星电子网络。

消息头是消息特有的结构部件，它成了消息体裁的一个重要标志。但消息头一般是由报社、通讯社加上去的，作者（记者、通讯员）写稿、投稿时可以不写。

消息的作者署名位置不像一般文章那样在标题下面、正文之前，而是在消息头之后、正文之前，或文末（多加括号）。

三、导语

导语是消息的开头，一般是文章的第一段。有时导语由两段组成，则称之为复合式导语。

导语将最重要最基本的新闻事实告诉读者，并统领全篇。在导语中应当把何时、何地、何人、何事、何因、何果六个要素交待清楚，即所谓的5“W”1“H”：When（什么时间）、Where（什么地点）、Who（谁）、What（什么事）、Why（什么原因）和How（结果如何）。

导语可用叙述式、描写式、提问式、议论式等表现，但最常用的是叙述式。

（一）叙述式

就是把消息中最重要、最新鲜、最能吸引人的事实首先写出来，开门见山，干净利落。

（二）描写式

描写式是用描写的手法，用生动的形象把消息的主要内容表现出来，以吸引读者。

（三）提问式

就是在导语中，先把事实和矛盾尖锐地提出来，然后用提问的方式引起人们的关注并引出主体。这种方式既可用于典型性消息，也可用于评述性消息。

对导语的要求是：选好新闻缘由，抓住新闻核心，写出实质内容。

四、主体

主体紧承导语，用更具体的事实把导语的内容充分地展开。主体不是导语的重复，而是深化、细化和补充。主体内容的结构方式有纵式和横式两种。

（一）纵式结构

就是按事件发生的时间顺序安排材料，这种结构的优点是层次分明，脉络清晰，把事件的原委讲得有头有尾。

（二）横式结构

就是按逻辑顺序组织材料，即不受时间限制，根据因果关系、主次关系、并列关系来安排结构。

无论使用何种结构形式，主体中表现的内容要比较具体，不能泛泛而谈。

五、结尾

重要的新闻材料和事件的结果在导语中都介绍清楚了，所以大多数消息没有结尾，主体写完，文章就戛然止住。有的消息也有结尾，或号召式，或总结式，或预示式，或启迪式。无论怎样结尾，都要与全文融为一体，要自然生动，不可狗尾续貂。

六、背景

消息背景是对消息所报道的新闻事实的历史条件、现实环境以及科技信息的补充和解释。背景材料可以说明消息事实产生的具体环境、条件、独特原因，帮助读者更好地理解所报道的事实；可以解释读者不熟悉的事物或术语，可以通过对比衬托新闻事实的意义，也可以增加与消息有关的知识性、趣味性材料。

背景按内容可分为历史背景、地理背景、人物背景、科技背景等。按作用又可分为说明性背景、对比性背景、注释性背景。

有的消息有背景，有的消息无背景，要以是否需要而定，不做统一要求。

背景在消息结构中没有规定的位置，作者可视表达的需要，把它安排在导语之后、主体之前，也可以分多处插入。

写作提示

撰写此旅游消息，一般要采用“倒金字塔”结构，标题要新颖、醒目，要交待清楚六要素，主体部分可采用纵横结合的结构，将新闻事件快速及时地报道出来。

任务评估

写作旅游消息，应做到以下要求。

1．善于发现有价值的新闻线索

所谓有价值，就是要通过旅游消息，宣传党和政府关于发展旅游事业的方针政策，报道旅游战线的新成绩、新经验、新气象、新面貌，揭露旅游工作中带典型意义的错误思想、错误决策和错误做法。

要做到这些要求，除了思想敏锐，勤于思考，有一双慧眼之外，还有一个重要条件，就是必须到火热的生活中去观察体验，到第一线去了解社会，绝对不能坐在办公室里闭门造车，凭道听途说写文章。

2．交待清楚六要素

消息的六要素就是“5W＋1H”。这六个要素是消息必须具备的基本构成，只有要素完备，才能内容确实，才有强大的说服力。

要交待清楚六要素，一是提高责任心，把事情弄清楚再下笔。二是增强责任感，对好人好事、好做法要大力宣扬，号召大家学习，对不良倾向要敢于作斗争。隔靴搔痒是不能解决任何问题的。

3．强调内容的真实性

真实是新闻的生命，新闻必须真实是新闻工作者的第一信条。在写旅游消息时，要杜绝以下几种情况的发生：凭空捏造，无中生有；添枝加叶，故意拔高；偷梁换柱，移花接木；道听途说，以讹传讹；强扭角度，因果不符；主观片面，歪曲事实。

4．语言准确具体，简练和生动

所谓准确具体，就是要做到字斟句酌，遣词用字必须符合实际。如用数字量词应该经过核对，用形容词、副词不能无限夸大。文章中要避免“许多”、“不胜枚举”、“难以数计”之类笼统含混的词句。

所谓简练，就是要讲究文约而事丰，言简而意赅，语句要干净利索，不拖泥带水，多用短句少用长句，使文章读起来顺口流畅。

所谓生动，就是表现手法要新颖多样，可以适当地运用白描手法以及比喻、排比、反复、递进等修辞格，使文章不是那么干巴巴的枯燥乏味。

例文评析

例文 1

世博团队票销量6强产生

本报讯（驻上海记者　丁宁）5月至7月，全国31个省区市世博指定接待社的团队票总共销售了1194.9万张，销售6强分别为上海、江苏、浙江、新疆、湖南和山东。

记者从上海世博局票务中心提供的全国世博指定旅行社的组团销售统计表看到，7月份销售了10万张以上门票的地区分别是上海215.7万张、浙江48.4万张、江苏38.4万张、新疆15.7万张、湖南15万张、山东13.7万张、甘肃10.5万张。

从这三个月的销售态势来看，长三角地区的门票销售依然占到团队票总销量的73.3%，达到874.9万张，特别是上海一地占到649.6万张，占到总量的54.3%，说明全国各地非指定旅行社往上海的送客量非常之大，而江浙两地的门票累计销售量也都已经超过了100万张。

（《中国旅游报》2010年8月16日）

评析：这则消息简明扼要，抓住何时、何地、何事等新闻要素。导语把所要报道的事实进行了简洁、精辟的概括。消息的主体用简单明了的文字介绍了7月份世博团队票销量6强的产生，并自然结尾。

例文 2

美国少林拳法会员赴嵩山朝圣　跪拜少林寺学功夫

7月4日是美国国庆日，177名美国少林拳法联合武馆的会员，冒着酷暑来到禅宗祖庭少林寺朝圣，学习少林功夫，感受少林文化。

7月4日上午9时，几辆豪华大巴驶入嵩山少林寺景区。乘客一下车，立即吸引了众人的目光。蓝眼睛，高鼻梁，卷头发……身穿黑色练功服，上衣前胸右侧印有“少林拳法”4个汉字，而后背则印着少林寺、长城、兵马俑等3个图案。这177名乘客中既有头发斑白的六旬老人，也有稚气未脱的孩子，他们都是美国少林拳法联合武馆的会员。

一道红地毯从少林寺山门前广场边缘一直铺到了广场正中，少林和尚手持法器，打着仪仗，欢迎美国弟子的到来。177名美国弟子全部聚到广场后整齐站立，面向少林寺抱拳行礼。尽管天气炎热，但这些美国弟子依然一脸凝重，排队走向少林寺山门。此时，美国少林拳法联合武馆馆长释延灯（俗名为查尔斯·麦克尔·麦特拉），在少林寺有关僧人的陪同下，踏上鲜艳的红地毯，走进山门。释延灯在诵佛声中，穿过几座大殿，来到方丈室。看到方丈释永信，他立即跪在地上磕头。他起立之后，身披红色袈裟的释永信跟随这位洋弟子来到山门前，接见等候在此的176名洋弟子。

山门前，摆放着巨大的案台和雕满飞龙的椅子，释永信坐到椅子上，一名僧人打着华盖在旁边站定。眼看师父坐定，释延灯立即率领所有弟子下跪朝拜。“佛光普照禅宗祖庭。

1997 年，延灯来到少林寺认祖归宗，今天，他又率领众弟子来到少林寺归山朝圣，这是中美两国文化交流的一件大事。功夫是少林文化的结晶，少林是心灵的家园，希望你们把少林寺当成自己的家，希望你们将来为少林文化、中国传统文化和美国文化的交流与结合作出自己的贡献。”释永信方丈的讲话，通过翻译传到洋弟子耳中，立即引来阵阵掌声。

简单的致辞后，几位洋弟子表演了他们在美国学到的少林功夫，而多名少林寺武僧表演的童子功、猴拳等功夫让洋弟子们看花了眼，掌声经久不息。“1992 年起，每年都组织学员到少林寺拜谒，我们称之为‘归山朝圣’。无论在哪个国家，人们都要寻根，而少林文化是我们共同追求的东西，所以，今天来到少林寺，这里就是我们的根。”释延灯说，中、美是两个伟大的国家，按照他的理解，这两个国家代表着阴和阳、东方和西方、多数和少数，双方把分歧抛开，这才是共同的进步。“我们国家经历‘9·11’事件以后，我才开始认为这个世界是个多极的世界。在我们的国庆日，来到中国嵩山少林寺，我希望通过这样的活动，增进两国的和谐，增进世界的和谐。”最后，释延灯还用汉语说了“阿弥陀佛”，并请中国的“佛”保佑他们的国家。

（《东方今报》2009 年 7 月 6 日，记者梁新慧）

评析：这则消息的消息头介绍了 7 月 4 日这个时间的特殊性，并将所要报道的事实进行了简明的概括。在消息正文中，把时间、地点、事件、原因、结果都讲得很清楚。语言准确、生动。

文体实训

1．为下面一篇消息加上标题：

本报讯（谢在国 驻厦门记者 史蔓蓉）9 月 2 日，强热带风暴“狮子山”在闽南漳浦登陆。记者从相关部门了解到，为确保游客安全，厦门市启动 I 级应急响应，厦门旅游景区全部关闭。

日前，热带风暴“南川”已经造成厦金航线、海上观光旅游、大嶝至小嶝等航线停航。

为应对“狮子山”，厦门启动了 I 级应急响应，9 月 1 日 18:00，厦门海滨浴场、旅游景区全部关闭。鼓浪屿风景区按照应急方案积极疏导游客出岛，对未能及时离岛的游客，妥善安排食宿，并给予安全照顾。厦门旅游客运码头发往漳州港（厦大漳州校区）、鼓浪别墅、浮宫下坞航线、环鼓航线、厦鼓轮渡等旅游线路全面停航。受“狮子山”影响，9 月 2 日，厦门高崎国际机场的航班进行了较大调整，部分航班被取消。

2．采访本地旅游市场，写一篇 500 字的动态消息或 1000 字的典型消息。

任务 6　撰写通讯

旅游通讯是比旅游消息更详细、更具体、更生动地报道旅游战线出现的有价值的人物、事件、企业风貌、工作经验的新闻体裁。通讯与消息一样以真实为生命线，带有鲜明的倾向性和时效性，但相比起来，通讯内容更详细，思想更深入，描写更细致，表达方式更丰富，因而更感人。对同一件新闻事件的报道，一般先有消息后有通讯。

写作任务

郑永，男，1978年11月出生，四海旅行社有限公司中级导游。1999年从事导游工作。曾获省“十佳文明导游员”等荣誉。才华横溢，具有较强的英语口语表达能力和丰富的知识基础，多次担任全国导游资格考试现场口试的评委；文明规范、真诚待人，从业至今，未发生过一起责任投诉，游客满意率一直保持在100%；同时，以丰富的知识内涵、幽默的讲解风格、热情的服务态度做好各级、各部门领导、专家、学者的接待工作，获得了一致好评。

请结合有关优秀导游的先进事迹，为郑永写一篇人物通讯。

通过完成写作任务，要求学生达到以下目标：

1. 掌握通讯的组成要素和写作方法；
2. 能够在现实社会中，根据工作需要，撰写通讯。

相关知识

一、旅游通讯的特点

（一）新闻性

旅游通讯是一种新闻报道形式，一方面它所报道的内容受到客观事实的制约；另一方面，它所报道的人和事要具有典型性和指导性。旅游通讯的新闻性表现在三个方面：一是针对性，旅游通讯所报道的人物必须是新闻人物，所报道的事件必须是新闻事件，必须具有较大的新闻价值；二是真实性，旅游通讯所报道的内容必须是真人真事，不允许有半点的夸大和虚构；三是及时性，旅游通讯必须迅速、及时、敏锐地反映现实，具有时代气息。

（二）形象性

旅游通讯不仅要以事实说话，而且要以形象说话。旅游通讯虽然不是文学作品，但是可以运用多种多样的形象化表述手法，以增强作品的感染力。出色的通讯之所以感人，主要不是靠作者的议论和说教，而是要靠作品的细节、情节描绘。旅游通讯的形象性主要表现在通讯作者在叙述真人真事的过程中，要善于形象地刻画人物的思想活动和行为特征；要描写生动的生活场景，渲染独特的环境气氛。

（三）论理性

为突出人和事的典型性和指导性，旅游通讯常常要适当引入一些说理和议论，表明作者的见解和态度，这就是旅游通讯的论理性。旅游通讯中的说理和议论是在叙述和描写的基础上穿插进行的。深刻、精彩、实在的说理和议论可以使通讯报道的事实得以升华。旅游通讯的论理性越强，感染力也就越强。

二、旅游通讯的类型

根据旅游通讯的内容和写法，一般将通讯分为人物通讯、事件通讯、工作通讯和风貌通讯等。

（一）人物通讯

旅游人物通讯是以旅游战线出现的新闻人物为报道对象的通讯。它通过记述模范人物的活动，颂扬旅游战线上的英雄个人或群体，使他们的先进思想和感人事迹发扬光大，以鼓舞和激动人们更好地为发展我国旅游事业而努力。人物通讯可以写人物一生，也可以写某一阶段或某一侧面；可以写一个人物；也可以写一个集体或一个集体中的几个人。

（二）事件通讯

这类通讯是报道有深刻社会意义的典型事件，或赞扬新思想新风尚，或批评旧理念揭露旅游工作中的问题的通讯。事件通讯要求情节完整，曲折动人。人物通讯的中心是“人”，事件通讯的核心是“事”。

（三）工作通讯

这类通讯是分析当前旅游工作中的经验或问题，总结出某些规律性的东西以指导实际工作的通讯。这类文章，既要有情况描述，又要有精辟议论，在夹叙夹议中总结经验，推动工作。

（四）风貌通讯

风貌通讯以旅游行业中一个地区、一个部门、一个单位或一个景点的发展变化过程为报道对象，有的以社会风貌为主，有的以自然风貌为主，有的则把两者结合起来，把人、景、事融为一体，使文章更有深度、更有立体感，因而更感人。

（五）新闻小故事

这类通讯是以故事形式进行新闻报道的小通讯，它注重故事的情节性，往往把镜头对准旅游生活中的某个精彩片断和场面，篇幅短小，报道快速。

写作提示

撰写此通讯，首先要注意人物通讯和其他类型通讯的不同之处，突出“人”，注重通讯的新闻性和形象性。

任务实施

旅游通讯的结构由标题、开头、主体和结尾构成。

一、标题

通讯的标题有单行标题和双行标题，多数为单行式，有的有副标题，也只是交待报道的对象和新闻的来源。

（一）单行标题

即只有正题，直接把通讯的主要内容点出来。

（二）双行标题

也称复合标题，即由正副题构成。第一行是正题，第二行是副题，副题前加上一个破折号。一般正题虚写，副题实写。

无论是单行标题还是复合标题，一个最基本的要求是标题要能涵盖文章内容，也就是文题相符。

二、开头

通讯的开头有多种形式，常见的写法有：揭示矛盾、引起注意；故设悬念，抓住读者；抒情描写，烘托气氛；提出问题，引起思考；引经据典，提请注意等等。无论用什么方法开头，都要符合紧扣主题、生动精彩、把握基调三个要求。

三、主体

通讯的主体是文章的躯干，要求布局合理，层次安排有当。主体写作的具体要求，一是要突出中心，二是要波澜起伏，三要巧妙过渡。主体的结构形式主要有以下几种。

（一）纵式结构

就是按时间顺序安排层次。

（二）横式结构

就是按事物的不同类别，不同侧面，或按照空间变换顺序来安排层次组织材料。

（三）混合式结构

这种结构是在大层次与小层次两个不同的体系中，分别采取纵式、横式两种不同的结构方式，把时间与空间交叉起来安排材料，也就是以时间顺序为经，以空间变换为纬；或者以空间变换为经，以时间顺序为纬。不论怎样，两种方式不能交叉混合而造成逻辑混乱。

四、结尾

与旅游消息一样，有的有结尾，有的没有结尾。一些通讯的最后一个自然段是最后一个层次的最后一段，而不是全文的结尾。尤其是按时间线索安排材料的纵式结构，事件描述完了，文章也结束了。但是也有不少通讯是有结尾的，结尾写好了可以总结全文，展望未来或画龙点睛，深化主题。

写作提示

撰写此人物通讯，可采用双行标题，虚实结合，主体部分可采用纵横结合式的结构，突出刻画人物的典型性。

任务评估

一篇好的通讯，应做到以下几点。

1. 选好典型，确立主题

确立主题，首先要考虑的是旅游通讯的主题是否体现了时代精神，其次要考虑反映人们的愿望和要求，还要从所报道对象的客观事实出发，符合生活实际。

2. 描绘细节，铺陈情节

旅游通讯报道的细节描写必须符合生活真实，绝对不允许虚构。细节描写要精练，贵在传神，求精不求多。而旅游通讯情节的展开应该为主题服务。写作时要选出那些典型、生动、富有说服力、足以表现主题的材料来铺陈情节。

3. 刻画人物，塑造形象

刻画人物形象，必须注意展示人物的精神风貌。刻画人物的性格特点，要善于将人物放在矛盾冲突中刻画，因为人物的思想品质和性格特点在矛盾中更能清晰地表露出来。

例文评析

例文 1

澳门：成功申遗五周年世遗保护再上台阶

“澳门历史城区”已成功列入《世界遗产名录》五周年，澳门特区政府及民间团体日前举办系列庆祝活动，宣传世遗文化。

5 年来，特区政府制定长远规划，采取周密措施，文化遗产保护工作取得良好成效。展望未来，特区政府官员及有关文化遗产保护专家表示，将进一步加大世遗保护的宣传，同时将文化保护工作延伸到更广泛领域。

2005 年 7 月 15 日联合国教科文组织第 29 届世界遗产委员会会议一致同意，将“澳门历史城区”作为世界文化遗产列入《世界遗产名录》。“澳门历史城区”以澳门旧城为中心，通过相邻的广场和街道，串连起逾 20 个历史建筑，包括妈阁庙、港务局大楼、郑家大屋、岗顶剧院、民政总署大楼、卢家大屋、玫瑰堂、大三巴牌坊和大炮台等，以及包括同分散建筑紧密相连的妈阁庙前地、亚婆井前地、岗顶前地、议事亭前地、板樟堂前地、耶稣会纪念广场、白鸽巢前地7个广场空间。这一历史城区是中国境内现存最古老、规模最大、保存最完整、最集中的中西特色建筑共存的历史城区。

回顾成功申遗5年来的文化遗产保护工作，特区政府文化局副局长陈泽成日前接受媒体采访时表示，特区政府制定了长远保护规划，采取系列细致、周密的措施，对历史城区进行全方位保护。

修缮方面，文化局按照《保护世界文化和自然遗产公约》精神，5年来已完成郑家大屋、玫瑰堂、大三巴牌坊等三十多处修复工程，维护了文物建筑的真实和完整。世遗专家去年访问澳门时，充分肯定了当局世界文化遗产的保养工作。

景观整治上，当局注意保留贯穿于文物建筑与周边环境的文化脉络，对文物建筑范围内的建筑计划通常会发出意见书，以维持文物景点、景观乃至景区的有机一体。

除硬件修复外，当局近年为文物建筑建立测绘记录。相关测绘与评估作为文物建筑保护的根据，相关记录则为文物保护的具体实施奠定了科学基础。

随着文化遗产保护工作的逐年推进，澳门不少未被列入受保护清单的旧建筑也进入了保护视野。陈泽成表示，以“澳门历史城区”为重心的文保工作，已拓展到世遗以外具历史文化价值的文物。

以“德成按”为例，其原有建筑是澳门现存结构较完整的当铺。文化局当年组织人力考察，投入资金维修整理，基本维护了当铺原貌，后设立典当业展示馆，向公众展示澳门昔日“当铺”的风情。如今，“德成按”建筑凭借其“被活化的历史”而成功入选上海世博会最佳实践区。

近年来，文化局还收到不少团体提出增加受保护文物清单的建议。陈泽成表示，虽然正在修订中的《世界遗产保护法》没有调整原有清单的数量，但当局会保留并妥善修复一切具价值的建筑。

澳门文物大使协会会长谭志广表示，成功申遗后，澳门居民的文保知识有所提升。该协会未来将加强社会调查研究，定期举行研讨会或讲座，进一步促进各界重视文化遗产保护政策。

此外，特区政府也表示，未来5年将制订校园世遗教育推广计划，资助文物大使协会等团体到学校开展世遗推广与教育。

评析：这是一则事件通讯，这则通讯情节完整，围绕澳门申遗这一主题展开情节，详细叙述了澳门成功申遗5周年的历程，层次分明，条理清晰。

例文2

乱针绣是我一生的事业
——记常州工艺美术大师狄静

著名香港实业家李兆基先生在偶然参观了常州刘海粟美术馆内的乱针绣馆后，就被其神奇魅力所吸引。此后，他曾两次到访为自己定做大幅肖像绣。被名人看中，被各级政府部门将乱针绣品作为国际交往的礼品，是乱针绣馆的创始人狄静的自豪。前不久记者慕名来到常州，走进了狄静乱针绣工作室。

有悟性，更要坚持

乱针绣源于苏绣，又自成一格。乱针绣独特的精神和价值就在一个“乱”字。由于突破了传统的平面绣法，运用了纵横交错、疏密相间、反复重叠、灵活多变的针法，更易表达绣者的内在情感。

今年已五十多岁的狄静是上世纪70年代进入常州工艺美术研究所的，有幸得到了乱针绣的创始人杨守玉手把手的教授。狄静笑言，当年美术专业出身的她，从未想过会从事刺绣工艺，甚至拖延了近一年才到单位报到，这在当时是很严重的事情。她回忆说，刚开始就“享受”到了“特殊待遇”。第一幅测试作品是长40厘米、宽30厘米的多元素风景画，这与让别人绣的一根葱、一个苹果相比，简直就是“难上加难”。“也正因为如此，我有了努力的方向。我学过美术，在空间、色彩、层次感上比其他学员有优势，我一定能绣好！”怀着这样的信念，狄静如饥似渴地开始学习和创作。“记得1982年，上海展出法国文艺复兴时期的部分作品，我前一天就赶到现场排队买票，一天一夜都没有合眼。”就这样，狄静凭着一分倔强和坚持，很快由普通学员成长为出色的高级工艺美术师，而这一干就是三十多年。

市场化，跌宕起伏

乱针绣起源于上世纪20年代，有很长一段时间，是“藏在深闺人不识”。上世纪80年代因遭遇工业化大生产的浪潮，很多绣女都上了生产线，常州工艺美术研究所一度濒临关门。到了上世纪90年代，国内的刺绣市场日渐繁荣，政府支持力度不断加大，但国际一体化进程的加快，使得乱针绣受到外来产品的冲击，生产停滞不前。如何将乱针锈发扬光大，让这朵奇葩走向世界成了常州刺绣艺人肩上的重任。时任常州市工艺品美术研究所所长的狄静毅然辞职。1999年，狄静拿出家中所有的积蓄，以个人名义创办了全国第一家乱针绣工作室，开始了她毕生的创业生涯。

狄静将目标定位在开发新品上，研究和探索如何把绘画和刺绣艺术结合起来，产生新的艺术效果。她创造的“劈丝”技法，就是将一根丝线“劈”成几根丝、几十根丝，看似简单的一“劈”，却让绣品的色彩更加丰富，立体感更强，这也成为狄静工作室的人物肖像独领风骚的秘诀。如今，她的工作室已从起初的3个人发展到六十多人。

走向世界，一路掌声

2008年1月，泰国公主代表国王欣然接受了由国民敬献的乱针绣品，狄静作为绣品的指导老师应邀入宫，受到王室礼遇。这件事在工艺美术界成为一段佳话。不仅如此，狄静还迎来了德国、捷克、斯洛伐克、韩国等国慕名求教的学员。北京奥运会上，狄静工作室创作的三百多幅作品，作为国家礼品赠送给各国体育代表团；同年11月，在堪称工艺美术行业奥运会的世界手工艺大会上，狄静乱针绣新作《花落知多少》荣获金奖，让世界级专家刮目相看；今年，她的这幅作品再次被江苏省政府看中，亮相于上海世博会。

成功让狄静看到了希望，她说，随着社会文明程度的提高，人们的文化意识和艺术修养不断提升，乱针绣除了扮演对外交流品的角色，也越来越受到国内外旅游者的青睐。当记者问道：“您的作品能不能按照旅游商品的特点去生产？”狄静说：“与旅游嫁接，不仅能够创造价值，更能广泛传播乱针绣的艺术魅力。”

如今，乱针绣已被列入国家非物质文化遗产，作为传人的狄静，始终没有忘记自己的责任，她不断从艺术院校的大学生里、从热爱刺绣工艺的人群中，挑选好苗子。她还在常州市文化馆办培训班，免费向市民传授技艺。“杨守玉老师一生用针线打开了刺绣艺园的新天地，我们后辈一定要很好的传承下去。”狄静说。

评析：这是一则人物通讯，以常州工艺美术大师狄静为报道对象，采用混合式结构，从“有悟性，更要坚持”、“市场化，跌宕起伏”、“走向世界，一路掌声”三个方面展现了主人公高贵的品质和情操。人物形象鲜明传神。

文体实训

1．试比较通讯与消息的相同点与不同点。
2．以《乱针绣是我一生的事业》为例，分析旅游通讯中可以运用哪些表达方式？
3．在当地旅行社采访一位导游员，写一篇人物通讯，字数为1000～1200字。
4．观察调查校园生活，写一篇通讯，500字以上。

任务7　撰写旅游宣传片解说词

旅游宣传片解说词，即口头解释说明旅游宣传片的词。它通过对景区风景的准确描述、词语的渲染，来感染观众，使其了解景区的风景内容和特点，收到宣传的效果。旅游宣传片解说词可帮助观众在观看实物和形象的过程中，在发挥视觉作用的同时，也发挥听觉的作用。

写作任务

假设黄山风景区管理委员会近期计划加大对外宣传力度，拍摄制作一部宣传片。请为该宣传片撰写解说词。

通过完成写作任务，要求学生达到以下目标：
1．掌握解说词的组成要素和写作方法；
2．能够在现实社会中，根据工作需要，撰写解说词。

相关知识

旅游宣传片解说词的特点包括以下几点。

一、说明性

旅游宣传片解说词是配合宣传片的文字说明，既要便于讲解，又要便于观众一目了然。一般用不多的文字把景区的景点介绍给观众，使观众借助简明的文字介绍，对景点获得深刻认识。

二、顺序性

旅游宣传片解说词是按照景区风景的顺序或画面推移的顺序编写的。景区的风景或各画面有相对的独立性，反映在解说词里，应该节段分明，每一处景点或一个画面有一节或一段文字说明。在书面形式上，或用标题标明，或用空行表示。

写作提示

撰写旅游宣传片解说词，首先要注意解说词的基本特性——说明性，特别要注意解说词是配合宣传片的，一定要按照宣传片的播放顺序来解说。

任务实施

解说词写作的形式多样，方法灵活，可用平实的语言，也可用文学的语言；可用散文形式，也可用韵文形式。

一、抓住特征，给人实感

要抓住被介绍对象的主要特征，注意运用典型及对比的手法，给人以实感。要突出典型，运用对比，点面结合，由表及里地揭示事物的本质特征。

二、眉目清楚，深入浅出

解说词多是向不了解某一事物的人进行解说的，因此，必须眉目清楚。先说什么，后说什么，怎样说才便于理解，要通盘考虑。一般有由总到分、由上而下、由下而上、由远及近、由浅入深、由表及里等安排方法。在具体说明某一事物时，又可以按对象、概念、分类比较、分析、小结等步骤进行。即首先说明要介绍的事物是什么（概念、定义、范畴、领属关系、分类状况、固有特征等），然后再说明需要怎样、应该怎样的问题。

三、感情充沛，语言形象

解说词不仅有介绍、说明作用，还要有一定的感染力，要引起强烈的共鸣。解说词要表达强烈的感情，除了形象的语言外，还可以运用排比、对偶、反复等修辞手段，并注意语言的音韵与节奏。

写作提示

撰写此宣传片解说词，首先要有一个总体的概述，让观众对景区有一个总体的了解，然后再按照一定的顺序进行解说，解说语言简明扼要，同时注意其形象性和口语化。

任务评估

撰写旅游宣传片解说词，一般要做到以下几点。

1．通俗化，口语化

旅游宣传片解说词的接受对象很广泛，年龄、职业、文化程度都很不相同，因此要求写得通俗易懂；又因为解说词是要“说”的，所以还要尽量做到口语化。这就要求：

（1）尽量用规范的语言写，一般不要用方言土语。

（2）选词造句要大众化，尽量少用冷僻的、专门的词语；要口语化，尽量不用文言文。

（3）避免使用容易引起歧义的词语和生造的词语。解说词主要是讲、念给人听的，有些音同或音近而义不同的词语，如不注意便会使听者发生误解。例如“全不”与“全部”，等，听上去差不多，而意思大不一样，在使用这些词时就应慎重，尽可能换一个说法，如把“全部”改成“全都”，这样效果就更好一些。

2．及物扣题

旅游宣传片解说词是配合旅游宣传片写的说明文字，因此，文字必须与宣传片一致。如介绍石林、溶洞时，就要紧扣石林、溶洞的形状、规模、特点、成因等，为了增加知识性和趣味性，也可以讲一些有关的传说和科学道理；但不要离开主题，去讲无关的内容。

3．简明扼要

旅游宣传片解说词，是对宣传片加以解说，所以，一般人看了宣传片能够理解的东西就不要多讲，而只要把观众不容易懂或可能产生疑问的地方以及需要引起观众特别注意的地方写出来就可以了。因此，文字要简明扼要，适可而止。

例文评析

例文 1

湘江在湘北的最大支流——汨罗江

（节选）

这里是一片美丽而神奇的热土，这里是“蓝墨水的上游”，文化人的圣地，这里是求索精神的载体，这里是世界龙舟竞渡运动和龙舟文化的发祥地。因为屈原和汨罗江，汨罗得以蜚声于海内外。汨罗市地处长沙、岳阳两个城市交通线的中点，总面积1562平方公里，辖35个乡镇场，总人口65万。她集名人、名江、名祠、名山于一体，有着深厚的湘楚文化底蕴和独特的文化魅力。春秋时期境内就有罗子国，秦置罗县，唐省罗并入湘阴，1966年置汨罗县，1987年撤县设市汨罗。汨罗像一颗璀璨耀眼的明珠，镶嵌在洞庭湖畔，放射出越来越夺目的光彩。

一、蓝墨水的上游是汨罗江

汨罗是中国诗歌的源头。战国时期，伟大的爱国诗人屈原流放汨罗，吟诗作赋，写下了《离骚》等光争日月的瑰丽诗篇。境内的汨罗江，有幸收留了伟大的诗宗屈原和诗圣杜甫的灵魂，留下了宋玉、贾谊、司马迁、韩愈、苏轼等历代文化名人问祖寻根的足迹，哺育了彭家煌、杨沫、康濯等当代文学名家。汨罗江因屈原和杜甫等旷世之才而成为湖湘文化和浩瀚诗海的源头，被著名诗人余光中誉为“蓝墨水的上游”。

2284年前的农历五月初五，正被流放在汨罗的楚国三闾大夫屈原，惊闻郢都失陷，在汨罗江畔悲壮一跃，慷慨殉国！深爱着三闾大夫的汨罗百姓纷纷驾舟相救，千百条小舟焦急地穿梭于江面，汨罗江波翻浪涌，喊声震天。从此，“奋勇争先、团结拼搏”的龙舟精神，牢牢地铸进龙的传人骠悍的臂膀上、沸腾的血液中、粗犷的吼声内、激越的鼓点中……此后每年的端午节，当地群众都要在汨罗江举行这样的活动，表达对屈原无限崇敬和怀念之情。两千多年来，这个习俗世代相传，演变为“龙舟竞渡”，并逐渐扩展到世界上一些国家和地区，孕育成深厚的龙舟文化，成为湘楚文化中独具特色的文化体系。汨罗江畔端午习俗被公示为国家非物质文化遗产。

汨罗江是一条历史悠久、文化积淀深厚的世界历史文化名江。她由汨水、昌水、罗水三大支流汇合而成。汨水发源于江西修水县的黄龙山，汨水流至平江县城鹤岭与昌江合流会师，又抖擞精神冲出峡谷浩浩荡荡直奔汨罗市境，在汨罗山侧的油步滩与罗水亲密相拥，流经汨罗这片性灵的热土，再经磊石山北汇入八百里浩瀚洞庭。这条充满灵气的秀水，如一位天生丽质的婀娜少女，刚出闺门就心驰神往、千回百转地朝着八百里洞庭飘逸而来。她先在平江县龙门的层峦叠嶂中迂回奔波，用清澈的江水和婉转的歌声把万种风情写进百里连云山的奇峰峡谷之中。汨罗江用她甜美的乳汁，哺育了开国元勋任弼时，哺育了以张震、苏振华、吴咏湘为代表的60名共和国的上将、中将和少将。她那低回的吟哦咏叹，祭奠着长眠在江畔的“诗宗”屈原和“诗圣”杜甫。

据《拾遗记》载，屈子投江后，“楚人为之立祠，汉末犹存”。唐天宝七年，玄宗下敕重建，名汨罗庙。其后曾更名昭灵侯庙、忠洁侯庙、清烈公庙。明嘉靖年间迁至玉笥山，其后多次修葺。现存屈子祠建于清乾隆十九年，距汨罗市城区10公里。自汉代长沙太傅贾谊凭吊屈原和司马迁在《史记》中撰写《屈原列传》之后，屈原便受到历朝皇帝的追封，屈子祠便成为历代名人向往、凭吊的圣地。特别是1953年，屈原被尊为世界四大文化名人，更是声名远播。

屈子祠汨罗江风景名胜区是国家级风景名胜区，岳阳楼洞庭湖风景名胜区的重要组成部分，是湘楚文化旅游线上的重要景点，是“新潇湘八景”之一。屈子祠是全国青少年爱国主义教育基地，2001年被列为全国重点文物保护单位。屈子祠现保留景点有独醒亭、骚坛、濯缨桥、招屈亭、桃花洞等，还有屈原故宅、饮马塘、寿星台、藏骚阁、望爷墩、绣花墩、剪刀池、女媭祠、河泊潭、晒尸墩、凤凰山屈原庙等遗址。

1996年竣工的屈原碑林，建有离骚阁、天问坛、九歌台、九章馆、招魂堂、独独亭、思贤楼及门楼等仿古建筑，用300米走廊连接，嵌有书法碑刻356块，均为启功、沈鹏、赵朴初等国内著名书法家的墨迹。走进这古朴、隽永的碑林殿堂，你不得不被三闾大夫那光争日月的人格魅力而折服，不得不被眼前凝重、肃穆的书法碑刻而深深着迷。

十二座屈原疑冢分布在汨罗江畔的汨罗山两平方公里范围内的绿树林中，封土堆高约6.5米，底径40余米，分别立有清同治六年（1867）和清光绪二十八年（1902）花岗石墓碑，碑文分别为“楚三闾大夫之墓”和“三闾大夫墓”。相传屈原投江后十日方捞起，一边脸被鱼鳖吞蚀，其女女媭为之配成金脸，为防盗墓，筑十二疑冢汨罗。山上还有屈原塔、烈女桥屈子祠和屈原墓，还有江潭、贾谊和司马迁凭吊屈原处、南阳寺、罗渊、罗子国故城等遗址。

屈子祠就像一位相约千年的古典美女，等待着人们去揭开她那神秘的面纱。

与屈原十二疑冢紧密相连的是一座远近闻名的道观——普德观。普德观始建于公元1667年，距今已有三百多年历史。观内有万佛塔、辖神殿、放生池、三祖殿等。近年来，在普德观旁边兴建了普济寺和宝缘寺，这里，道教、佛教、儒教融为一体，交相辉映，是善男信女超凡脱俗、祈福消灾的福地。

在汨罗江畔有一座如大鹏展翅状的建筑物，那便是汨罗江国际龙舟竞渡中心，竞渡中心主席台为框架结构，构图恰似屈原作品中描绘的凤鸟伏于山顶，又如一艘乘风破浪的航船，整个中心可容纳观众近30万人。

近三年来，在这里已连续三届成功举办了汨罗江国际龙舟节，汨罗江畔神秘莫测的祭龙仪式，撼人心魄的龙舟竞渡，热闹非凡的玩龙舞狮，异彩纷呈的长乐故事会，展示了汨罗独特的地方民俗风情。至今余光中吟诵的《汨罗江神》还流淌在波光粼粼的江水中，汤灿倾情演绎的《世界有条汨罗江》和张明敏演唱的《龙的故乡》还回荡在亿万人的心坎里，超女快男的劲歌热舞还铭刻在无数少男少女的记忆中。

饮誉中外的著名诗人余光中对汨罗江心驰神往，正是他用浪漫隽永的诗句“蓝墨水的上游是汨罗江”，为这条世界名江插上了翅膀，为中国诗河铸塑了灵魂，为汨罗江是浩瀚诗海之源头作了最精彩的诠释。

二、红色圣地育英豪（略）

三、白鹭高飞任逍游（略）

（资料来源：中国配音网）

评析：这篇解说词能够紧扣宣传片内容，从蓝墨水的上游是汨罗江、红色圣地育英豪、白鹭高飞任逍游三个方面介绍了汨罗的风景名胜。三个方面，三种角度，内容详尽。语言形象生动，富有激情。

例文2

皇城相府旅游宣传片解说词

（节选）

巍巍太行山腹地，幽幽沁河水岸边，有一座历史文化名城山西阳城，这里人杰地灵，明清年代，这里才子辈出，商贾云集，官宦世家林立，高墙深宅遍布。阳城以东，樊山脚下，有一处气势雄伟的神秘堡寨，这里就是曾被誉为“中国北方第一文化巨族”的陈氏家族所在地。就在这座城里出生了一位博学多才声名显赫的人物，他就是清康熙年间著名政治家、理学家和诗人，一代名相陈廷敬，因此这座历经三百多年仍保存完好的古城被称为皇城相府。

皇城古堡始建于明朝，建成后的一百多年间，陈氏家族科甲鼎盛，人才辈出、著作繁盛、冠盖如林。共出现了41位贡生，33位诗人，19位举人，9个进士，6个翰林。乾隆皇帝亲书楹联“德积一门九进士，恩荣三代六翰林”以示褒奖。陈氏家族成为文化官宦巨族雄居北方，皇城相府更因陈廷敬而声名天下。

陈廷敬，字子端，号说岩，晚年号午亭山人。自幼才华横溢，聪颖过人，20岁中进士，入翰林，进京为官50年，先后升迁28次。他曾为8岁登基的康熙皇帝讲课，作为康熙大帝的老师，深得其敬重，文渊阁大学士陈廷敬在康熙王朝曾任礼、工、户、吏四部尚书加三级，官职一品光禄大夫，晚年奉旨负责编纂了鸿篇巨制《康熙字典》。《康熙字典》共分42卷，收入4.7万汉字，成为我国古代文化最重要的辞书之一。为了编写这部辞书，年近古稀的陈廷敬日夜伏案，困了用凉水洗脸。康熙看了大为感动，挥笔写下“春归乔木浓荫茂，秋到黄花分外香”赠与陈廷敬并口谕：朕自此不与人写字，此联成为康熙的绝笔。陈廷敬一世恩宠无与伦比。

来到皇城，睹物思人，回想当年的声名望族乃至显赫高官，不由得我们沿着足迹去追寻一下他们曾经居住过的豪宅。

皇城相府依山而建，高墙巍峨，气势磅礴，城内建筑依山就势，随形生变，层楼别院错落有致。在城内有640间房屋，与一般的三晋民宅相比气势非凡，有小故宫之称。古堡分内外两城池，分别为明清两代建成。

内城叫做“斗筑可居”，是明朝崇祯年间所建的，城内标志性建筑就是这座七层百尺楼——河山楼，在兵荒马乱的年代，作为防御工具和避难所，曾挽救了陈氏家族的性命。

明朝末年，周围土匪出没，频繁骚扰，当时的庄主陈廷敬的伯父和他的父亲，建了这个河山楼，楼建成的时候，土匪就来了，陈家八百多口人就都集中在这个楼里面。河山楼孤立无援，土匪把他团团围住昼夜攻打，楼外烽烟四起、杀声一片，无奈楼高墙厚久攻不下，于是土匪扎下营寨，在楼下燃起大火，想让楼里的人断水断粮而亡，但到了第六天楼上却突然泼下一股水来，大水浇灭了火焰，让土匪明白了楼内有水源，于是他们偃旗息鼓悄然离去。河山楼屹立370年，阅尽沧桑变迁雄姿依旧，成为古建筑史上的一大奇观。但它的生存之道却在地下，上面有七层，下面有一层地下室，这个地下室将近二十米深，这里有水有井有碾，地下室有一处地洞口，地道可通水井井底，从井中可提水也可运粮。地道很长，有出口通往城外。河山楼用水退敌兵之后，陈氏家族立刻修缮城墙，城墙顺山势而建，高达二十余米，城墙内侧建有4层共125间藏兵洞，这些窑洞平时可屯兵聚甲，用于防御，城墙本身也成了堡垒，城头最高处一角建有文昌阁，供奉着神话中的文昌帝君，另一头是春秋阁，供奉着手捧春秋的关云长，一文一武成为陈氏家族保佑平安祈求文运亨通的精神寄托。

内城有大小院落8座，具有典型的明代建筑特色，以树德院为例，它是三个并列的四合院，正房坐东朝西为三层，厢房和灶作楼为两层，院落四角为小天井，中间是大天井，是当地典型的四合五天井式民居，门窗一般为拱形，窗的图案也很简单，柱处的砧石很少雕刻，甚至墙上的影壁都为素雕，体现了明代简洁质朴的建筑风格。

这是内城的世德院，在这里诞生了陈氏家族最有影响的人物，清康熙年间著名政治家、理学家和诗人陈廷敬……

（资料来源：中国配音网）

评析：这篇旅游宣传片解说词介绍了皇城相府的来龙去脉，以说明性的语言为主，流畅自然。一些历史典故的引入，增强了解说词的趣味。

文体实训

1．通过网络搜集5篇旅游宣传片解说词，分析其结构和写作特点。

2．通过网络搜集一段旅游宣传片的视频，试着为宣传品撰写解说词。

3．深入一家宣传品制作公司，了解宣传片制作流程。

任务8 撰写旅游营销策划书

旅游营销策划书是旅游企业根据市场变化和企业自身实力，对自身产品、资源及产品所指向的市场进行整体规划的计划性书面材料。

写作任务

××景区去年开辟了一处山水景观，该景观山水相融，山以水奇，水以山秀，景色优美迷人，但自推出以来，游客甚少。为了改变这种状况，管理处决定制定详细的营销策划书，把该景观打造成热点景观。请代为起草这份策划书。

通过完成写作任务，要求学生达到以下目标：

1．掌握营销策划书的组成要素和写作方法；

2．能够在现实社会中，根据工作需要，撰写旅游营销策划书。

相关知识

为了提高策划书撰写的准确性与科学性，应把握旅游营销策划书编制的主要原则：

一、逻辑思维原则

策划的目的在于解决旅游企业营销中的问题，按照逻辑性思维的构思来编制策划书。首先，设定情况，交待策划背景，分析产品市场现状，再把策划中心目的全盘托出；其次，对具体策划内容详细阐述；最后，明确提出解决问题的对策。

二、简洁朴实原则

要注意突出重点，抓住企业营销中所要解决的核心问题，深入分析，提出可行性的相应对策，针对性强，具有实际操作指导意义。

三、可操作原则

编制的策划书是要用于指导营销活动，其指导性涉及营销活动中的每个人的工作及各环节关系的处理，因此其可操作性非常重要。不能操作的方案创意再好也无任何价值。不易于操作也必然要耗费大量人、财、物，管理复杂、显效低。

四、创意新颖原则

要求策划的“点子”（创意）新、内容新、表现手法也要新，给人以全新的感受。新颖的创意是策划书的核心内容。

写作提示

旅游营销策划书是营销策划书的一种，撰写时首先要注重创意新颖独特，同时要注意其可操作性。

任务实施

旅游营销策划书没有固定的格式，它依据产品或营销活动的不同要求，在策划的内容与编制格式上也有变化。但是，从营销策划活动一般规律来看，其中有些要素是共同的。旅游营销策划书的基本内容及编制格式如下所示。

一、封面

策划书的封面可提供以下信息：策划书的名称；被策划的客户；策划机构或策划人的名称；策划完成日期及本策划适用时间段。因为营销策划具有一定时间性，不同时间段上市场的状况不同，营销执行效果也不一样。

二、正文

策划书的正文部分主要包括以下几个方面。

（一）策划目的

要对本营销策划所要达到的目标、宗旨树立明确的观点，作为执行本策划的动力或强调其执行的意义所在，以要求全员统一思想，协调行动，共同努力保证策划高质量地完成。

旅游企业营销上存在的问题纷繁多样，但概而言之，主要有六个方面：

1．企业开张伊始，尚无一套系统营销方略，因而需要根据市场特点策划出一套行销计划；

2．企业发展壮大，原有的营销方案已不适应新的形势，因而需要重新设计新的营销方案；

3．企业改革经营方向，需要相应地调整行销策略；

4．企业原营销方案严重失误，不能再作为企业的行销计划；

5．市场行情发生变化，原经销方案已不适应变化后的市场；

6．企业在总的营销方案下，需在不同的时段，根据市场的特征和行情变化，设计新的阶段性方案。

（二）分析当前的营销环境状况

对同类旅游产品市场状况、竞争状况及宏观环境要有一个清醒的认识。它是为制定相应的营销策略、采取正确的营销手段提供依据的。“知己知彼，方能百战不殆”，因此这一部分需要策划者对市场比较了解，这部分主要分析以下两个方面。

1. 当前市场状况及市场前景分析。主要包括：

（1）产品的市场性、现实市场及潜在市场状况。

（2）市场成长状况，产品目前处于市场生命周期的哪一阶段上。对于不同市场阶段上的产品公司营销侧重点如何，相应营销策略效果怎样，需求变化对产品市场的影响。

（3）消费者的接受性，这一内容需要策划者凭借已掌握的资料分析产品市场发展前景。

2. 对产品市场影响因素进行分析。主要是对影响产品的不可控因素进行分析，如宏观环境、政治环境、居民经济条件，如消费者收入水平、消费结构的变化、消费心理等。

（三）市场机会与问题分析

营销方案，是对市场机会的把握和策略的运用，因此分析市场机会，就成了营销策划的关键。只要找准了市场机会，策划就成功了一半。

1. 针对产品目前营销现状进行问题分析。一般营销中存在的具体问题，表现为以下几个方面。

（1）企业知名度不高，形象不佳影响产品销售；

（2）产品质量不过关，功能不全，被消费者冷落；

（3）产品包装太差，提不起消费者的购买兴趣；

（4）产品价格定位不当；

（5）销售渠道不畅，或渠道选择有误，使销售受阻；

（6）促销方式不当，消费者不了解企业产品；

（7）服务质量太差，令消费者不满；

（8）缺乏保障机制，消费者顾虑多等都可以是营销中存在的问题。

2. 针对产品特点分析优、劣势。从问题中找劣势予以克服，从优势中找机会，发掘其市场潜力。分析各目标市场或消费群特点进行市场细分，对不同的消费需求尽量予以满足，抓住主要消费群作为营销重点，找出与竞争对手的差距，把握利用好市场机会。

（四）营销目标

营销目标是在分析目的任务基础上，企业所要实现的具体目标，即营销策划方案执行期间，经济效益达到多少，如门票收入达到××万元。

（五）营销战略

1. 营销宗旨。一般旅游企业可以注重以下几个方面：

（1）以强有力的广告宣传攻势顺利拓展市场，为产品准确定位，突出产品特色，采取差异化营销策略；

（2）以产品主要消费群体为产品的营销重点；

（3）建立起点广、面宽的销售渠道，不断拓宽销售区域等。

2．产品策略。通过产品市场机会与问题分析，提出合理的产品策略建议，形成有效的组合，达到最佳效果。

（1）产品定位。产品市场定位的关键主要是在顾客心目中寻找一个空位，使产品迅速启动市场。

（2）产品质量功能方案。产品质量就是产品的市场生命。企业对产品应有完善的质量保证体系。

（3）产品品牌。要形成一定知名度、美誉度，树立消费者心目中的知名品牌，必须有强烈的创牌意识。

（4）产品包装。包装作为产品给消费者的第一印象，需要能迎合消费者使其满意的包装策略。

（5）产品服务。策划中要注意产品服务方式、服务质量的改善和提高。

3．价格策略。这里只强调几个普遍性原则：

（1）拉大批零差价，调动中间商积极性；

（2）给予适当数量折扣，鼓励多购；

（3）以成本为基础，以同类产品价格为参考，使产品价格更具竞争力。

4．销售渠道。产品目前销售渠道状况如何，对销售渠道的拓展有何计划，采取一些实惠政策鼓励中间商、代理商的销售积极性或制定适当的奖励政策。

5．广告宣传。

（1）原则。

① 服从公司整体营销宣传策略，树立产品形象，同时注重树立公司形象。

② 长期化：广告宣传商品个性不宜变来变去，在一定时段上应推出一致的广告宣传。

③ 广泛化：选择广告宣传媒体多样化的同时，注重抓宣传效果好的方式。

④ 不定期的配合阶段性的促销活动，掌握适当时机，及时、灵活地进行，如重大节假日、公司有纪念意义的活动等。

（2）实施步骤可按以下方式进行：

① 策划期内前期推出产品形象广告；

② 销后适时推出诚征代理商广告；

③ 节假日、重大活动前推出促销广告；

④ 把握时机进行公关活动，接触消费者；

⑤ 积极利用新闻媒介，善于利用新闻事件提高企业产品知名度。

6．具体行动方案。根据策划期内各时间段特点，推出各项具体行动方案。行动方案要细致、周密，操作性强又不乏灵活性。还要考虑费用支出，一切量力而行，尽量以较低费用取得良好效果为原则。尤其应该注意季节性产品淡、旺季营销侧重点，抓住旺季营销优势。

（六）策划方案各项费用预算

这一部分记载的是整个营销方案推进过程中的费用投入，包括营销过程中的总费用、阶段费用、项目费用等，其原则是以较少投入获得最优效果。

（七）方案调整

这一部分是作为策划方案的补充部分。在方案执行中都可能出现与现实情况不相适应的地方，因此方案贯彻必须随时根据市场的反馈及时对方案进行调整。

旅游营销策划书的编制一般由以上几项内容构成。旅游企业产品不同，营销目标不同，则所侧重的各项内容在编制上也可有详略取舍。

写作提示

撰写此旅游营销策划书，首先要目的明确，对市场现状及问题要进行调查和分析，然后确定营销的目标和具体方案。具体的行销方案一定要明确营销宗旨，确定产品策略、价格策略、销售渠道，注重广告宣传及具体行动方案的可操作性。同时要根据现实情况的变化及时对方案进行调整。

任务评估

写作营销策划书时，应做到：

1. 寻找一定的理论依据；
2. 适当举例；
3. 利用数字说明问题；
4. 运用图表帮助理解；
5. 合理利用版面安排；
6. 注意细节，消灭差错；
7. 认真评估，预见变化。

在营销策划书中，应对方案执行过程中所需的人力、物力、财力以及可能产生的有形和无形成本负担进行评估。同时对方案何时产生收益、产生多少收益以及方案有效收益期的长短等也必须进行评估。另外，内外环境的变化，不可避免地会给方案的执行带来一些不确定性，也就是“风险”，因此，当环境变化时，是否有应变措施，失败的概率有多少，造成的损失是否会危及企业的生存等也要在策划书中加以说明。

例文评析

例文 1

××旅行社营销策划书

（节选）

近年来的旅游营销证明，必须摆脱以往那种打价格战、打线路战、拉客户、从购物回扣中谋取利益的成本导向营销方式，重新进行营销战略定位、采取新型的营销方式、突破瓶颈、提高整个行业的利润水平……

现今阶段，旅游业竞争日益激烈，消费者也变得越来越成熟，这就对我们旅游提出了更高的要求。在2007年来临之际，我计划对联营体经营管理作出一系列的调整，在加强自身建设的同时，必须加大营销工作的力度，以促进我社的发展，开拓更大的旅游市场，提高经营效益。首先对该行业的环境进行分析，在此基础上利用经营战略分析的科学方法，确定我社的营销计划。

一、市场分析

1. 市场营销环境分析。随着丰城市经济的迅速发展，人民生活水平的不断提高，现代交通工具的越来越普遍，加上丰城和省会南昌的区位优势，旅游业的发展可谓是得天独厚。

2. 市场潜在力分析。除了以上条件以外，由于丰城市是刚刚发展起来的城市，人们的生活水平一下子提高起来，旅游业的发展使旅游这一概念深入人心，人们已不再满足于现在的生活方式，很想走出丰城，去外面的世界看一看，走一走。

3. 竞争对手分析。省会南昌、周边城市樟树离我市距离仅一小时车程，其中南昌有许多大型旅行社经营时间长、服务质量好、人员综合素质高，掌握了铁路、民航等交通优势，对我市客源有一定影响作用。

4. 服务分析。（略）

5. 优势。（略）

二、目标市场分析（略）

三、市场营销总策略

1. 战略思路：不打价格战，采取包装的手法吸引旅客，改变单一的老线路销售，在编制旅游线路上创新，给旅客提供更多的价值。同时要与其他的旅游公司发展战略合作，使资源达到最优化的配置。

2. 战略步骤：（略）

3. 战略部署：（略）

4. 消费人群定位：（略）

四、营销策略

（一）营销理念

1. 品牌理念：提供安全、热情、舒适的服务，同时为您省钱。

2. 营销理念：以现代的旅游市场营销理论为基础，结合公司的实际情况，制订一套可行的营销方案。

（二）营销组合（略）

五、要达到的营销目标

通过我们一系列的营销策略和措施，使旅游联营体的市场得到进一步的拓展，赢得广大市民的肯定，树立良好的品牌形象。

六、营销预算

1. 预算能从公司得到的预算分配。

2. 确定市场营销目标。

3. 预算每个促销组合所需的费用以及其他的管理费用支出。

4. 预算能取得的效果。

（资料来源：http://www.jidiao.net/space-251-do-blog-id-6807）

评析：这份营销策划书格式规范，内容完整，主要从市场分析、目标市场分析、市场营销总策略、营销目标、营销预算等几个方面进行策划。层次清晰，言之有物。

例文 2

××旅游景点市场营销策划书

（节选）

一、销售目标

信息传播最大化。媒体覆盖最大化。经济效益最大化。

二、销售策略

我们把目标市场定为珠江三角洲地区，深圳本地和港澳地区为第二市场，而外省游客主要在春节期间出现，靠本地宣传提高来访量。

我们应当采取以下策略进行销售：

1. 确定目标市场并划分主要的区域，根据不同的时期、不同的人群对兵马俑产生吸引的不同角度，采用平面宣传、文化挖掘、巡回展示等方式，进行市场营销。

2. 借助兵马俑对香港市场的特殊吸引（特别是香港人、学生对中国古文化的向往），选择一至两家旅行社，通过合适的合作方式（让对方进行宣传和推广），打开香港市场。或采用合适的宣传方式（和媒体合作），打开香港市场。

3. 细分市场，根据每块市场的特点和不同节令特点，区分营销、宣传受众的不同需求，采用不同的方法、相应的宣传策略，进行宣传和营销。

4. 在价格方面，提高价格虽然能提高利润，但也可能因此减少客流，我们可以在稳定原价格的基础上，采用提高入园人数来提高收入，同时可通过让利等方式借助中间商的宣传拉动，达到市场覆盖最大化。

三、市场分析

1. 市场选定：珠江三角洲、广州、深圳、香港。

2. 市场评估：珠江三角洲：营业额 546 万。广州：营业额 1049 万。深圳：营业额 664 万。香港：未知。

3. 现状分析：

（1）广州：

◆ 客源总量：人口 810 万人，港澳侨胞 135 万人。

◆ 人均收入：1.6 万元。年人均消费 1.14 万元。

◆ 市场特点：团队组团分为散客、企业团体、地接团三大块。散客出游多以旅行社组织出游为主要形式。时间上为一日游或二日游。企业团体出游形式上有旅行社和自行出游两种方式。时间上也以一、二日为主。地接团队市场，广州市内地接外省团队、境外团队深珠游。今年地接内地港澳游团队出团量明显上升。

◆ 旅行社：共计 126 家。广州本地旅行社以往每年组织深圳游旅客，大约 30 万—40 万人次。散客组团社实行零团费的组团方式。旅行社团费和利润来源于景点门票团散差价和购物回扣。旅行社组织企业团体出游多有事先计划和安排，主导权在企业自身。以地接团队为主的旅行社，线路安排事先已定，导游现场推荐是否有效是加点能否成功的关键。

◆ 社团：各省驻广州办事处共有 160 家。除企业自身组织的活动外，各类中介机构也会组织各种活动。

（2）深圳：（略）

（3）珠三角：（略）

四、解决办法

◆　广州：

旅行社：价格政策灵活。运用多样的销售方式将明思克纳入旅行社旅游线路。采用其他方式给予导游利益保障，增加其加点的积极性。

社团：招聘广州当地业务员，主攻社团市场。

◆　深圳：

酒店：现付方式＋配套报务。

社团：对年接待量大的企业推广VIP服务，提高服务的附加值。对工厂团封闭局部市场，特价促销。增设参与性活动项目加大与其他景点的互动，吸引学校，联合促销。

◆　珠三角：（略）

◆　香港：（略）

五、战略确定

1. 宣传策略（略）
2. 营销策略（略）

六、工作计划预案

区域负责人：

1. 维持原有客源，巩固品牌形象。
2. 传达秦俑展信息，制定区域工作计划（含宣传和活动）。
3. 开展创新营销，针对所辖区域的特性进行推广宣传活动，提前报计划。
4. 开展适合本次秦俑展的促销活动，力争作到谋定而后动。
5. 开展客户回报、客户俱乐部等活动密切关系。
6. 与旅行社保持互动联系，共商秦俑展工作。
7. 灵活、适当利用价格变通，进行快速销售。

企划系统：

1. 强化品牌形象，巩固品牌忠诚度（各种宣传形式）。
2. 开展文化、知识营销，完成内部硬件设施，强调宣传导向的意义和重要性。
3. 围绕销售进行宣传，辅助宣传设置活动。
4. 以主题丰富的各种促销活动大量引入客源。
5. 提高获利率，提高活动质量。

（资料来源：我的范文网）

评析：这篇策划书从销售目标、销售策略、市场分析、解决办法、战略确定和工作计划预案等六个方面对景区营销市场进行了策划，条理清楚、措施具体、可操作性强。

文体实训

1. 旅游营销策划书的结构和主要内容是什么？
2. 请为你熟悉或喜爱的某个旅游产品拟写一份营销策划书。
3. 在本专业同学中，组织一次旅游营销策划书大赛。

模块六

旅游礼仪文书

任务1 撰写邀请信

邀请信又称邀请书或邀请函，是行政机关、企事业单位、社会团体或个人邀请有关人士前往某地参加某项活动或事宜的专用书信。它不仅表示礼貌庄重，也有凭证作用。

写作任务

大河旅行社要在2010年5月21日庆祝成立十周年，邀请有关人士参加，内容包括：庆祝会，会上领导讲话、做报告，会后有一天的旅行安排。请你替大河旅行社写一份邀请信。

通过完成写作任务，要求学生达到以下目标：

1. 掌握各类邀请信的组成要素和写作方法；
2. 能够在现实社会中，根据工作和生活需要，撰写邀请信。

相关知识

邀请信属于约请书信。约请书信是专门向对方表示邀请、商议办理某种事项的书面礼仪形式，这实际是一种复杂的请柬。

一、邀请信的特点

（一）类似于请柬的约请性

邀请信和请柬都具有约请性，但有很大不同，主要表现在以下三个方面。

1．请柬所涉及的活动，通常规模比较小，邀请人员相对比较固定。而邀请信所涉及的活动规模一般比较大，邀请人员比较多，且邀请对象不像请柬那样固定。

2．请柬突出的是礼仪，一般只要对方应邀出席，目的就达到了，不需要对方作出多少进一步的行动。而邀请信不仅努力要把对方邀请过来，还期待他们在会议或活动中有所行动，譬如在展销会上展销或订货、在讨论会上发表学术见解、在答辩会上主持答辩等。

3．请柬文字简约，邀请信内容复杂。请柬只须写明什么时间在什么地方开展什么活动，恭请哪些人参加就可以了。而邀请信要详细写明活动的内容和方式。

（二）类似于通知的告知性

邀请信的篇幅较长，除活动的举办者、活动的名称、举办活动的时间地点等要素之外，还要写明活动的具体内容和运作方式，类似于通知。但它跟通知也有一些不同。

1. 比通知的发送范围还要大。通知作为一种公文，通常是在本系统、本行业、本领域之内流通。而邀请信，特别是涉及经济活动的邀请信，往往是面向全社会公开发布。

2. 比通知有更强的礼仪性。通知大多涉及的是本系统、本行业的人，无需太多客气，所以没有邀请的姿态。而邀请信涉及的范围很大，许多被邀请者对于主办者来说是陌生的。而且邀请是有求于人的事情，自然要比通知客气得多。

二、邀请信的类型

（一）根据邀请对象分，可分为以下几类

1. 个人对组织的邀请；
2. 个人对个人的邀请；
3. 组织对组织的邀请；
4. 组织对个人的邀请。

（二）根据邀请内容，可分为以下几类

1. 邀请参加活动的邀请信。由于当代社会已经发展到以商品经济为中心的时代，各类经济活动极为频繁，此类邀请信就成为最主要的类型。除了博览会、展销会、物资交流会、洽谈会之外，各地还大量举办各种文化搭台、经贸唱戏的“××节”，如旅游节、武术节、牡丹节、服装节等等，这些活动都需要大量邀请有关单位参加。

2. 邀请参加会议的邀请信。这种会议通常是开放性的会议，广邀天下相关人士参加，所以发出的邀请信相当多，只求部分应邀请人士能够与会即可，不像通知那样有确定的对象。

3. 邀请学者主持答辩的邀请信。这种邀请信一般用于高等院校或学术机构。硕士研究生或博士研究生的论文答辩，要求必须有外单位的专家参与并主持。

写作提示

本任务是组织对组织的邀请信，涉及与该旅行社相关的各个方面。这不单纯是一个周年庆典，还是一个宣传自我形象的大好时机，所以写好这样的邀请信很重要。这也是组织工作和管理中经常遇到的礼仪文书。

任务实施

邀请信通常有标题、称谓、正文和落款四部分组成。

一、标题

邀请信的标题一般有两种写法：第一种写法只有“邀请信”三个字作标题；第二种写法则由活动名称加“邀请信”三字组成标题，如《关于出席上海世博会的邀请信》。

二、称谓

如果邀请信有相对明确的邀请对象，就要把邀请对象的名称或姓名标写出来，以示重视，如会议邀请信通常是需要写明称呼的。如果面向全社会发出邀请，没有明确的受文者，可以不写称呼这一项，各种经济活动邀请信有时就没有称呼。

三、正文

这是邀请信最为重要的一部分，主要包括开头、主体、结尾三部分。

（一）开头

活动的名称、主办人、举办时间地点等，这是正文的开头部分。

（二）主体

开展活动的背景、意义，活动主要项目及采取的主要方式，以及种种与参与者有关的事项。这是正文的主体部分。在这部分中，要写明交通路线以及来回接送的方式等。差旅费、活动经费的开销来源、被邀请人所应具备的材料文件、节目发言等也应在正文中交待清楚。

（三）结尾

热情发出邀请，如“敬请光临”、“诚请光临指导”等。这是主体的结尾部分。

四、落款

在正文之后署名，因公务的邀请主办单位还要加盖公章，再另起一行写明发信日期。

写作提示

本任务的写作中，需要注意的事项一是要写明庆祝会的时间、地点、活动安排及交通路线等，二是要注意用语客气真诚，不能有怠慢的地方。

任务评估

一份好的邀请信，一般要做到以下两个方面。

1．语言得体

邀请信用语一定要礼貌得体，突出“请”意，避免语言生硬。

2. 详细明确

要交待清楚参加活动的时间、地点及联系方式等内容；希望被邀请人给予答复的，要写明“请答复”等字样；要写明参加活动的具体要求，如带什么东西、穿什么服装等。

例文评析

例文 1

第三届中国北京国际文化创意产业博览会

The Third China Beijing International Cultural & Creative Industry Expo

2008 中国旅游产业文化创意推介会
邀请函

各省、地、市政府及文化旅游相关企业：

中国北京国际文化创意产业博览会（简称文博会）组委会办公室诚挚邀请您：出席于2008年12月17日—20日在北京隆重举行的第三届中国北京国际文化创意产业博览会·中国旅游产业文化创意推介会。

“文博会”是经国务院批准，文化部、国家广电总局、新闻出版总署和北京市政府共同主办的创意盛会。由文化部部长蔡武、国家广电总局局长王太华、新闻出版总署署长柳斌杰、北京市市长郭金龙担任组委会主席。“文博会”已在北京成功举办两届，数千位境外来宾与国内近50万客商参会。共签署合作协议404个，总金额75.9亿美元。

作为第三届“文博会”重要活动之一的中国旅游产业文化创意推介会，是在中国旅游经济持续快速增长，旅游产业向“智慧产业”转型；文化创意，为旅游业带来前所未有的广阔前景的背景下召开的。会议以“高端交流、宣传强劲、全球发布、定向推介”为特色。邀请政府部委产业主管官员、国际专业组织高层、世界著名文化创意企业、各国驻华使馆、国际文化创意产业界知名专家、学者、省市政府领导及旅游机构负责人、国际金融机构及全球PE/VC高层到会，与业界精英、海内外旅游界人士共同打造旅游文化国际交流的高端平台，中外数百家主流媒体将追踪报道。

参会的百余家投资机构，投资总额超过600亿美元。各省、市文化旅游城市及行业高成长企业200余家，携优秀融资项目超过千余个。会议选定既能为地方经济发展起到引擎作用，形成产业集群龙头，促进产业升级，又能给地方带来经济与社会效益的高端旅游文化创新项目专场推介发布，与国际资本直接对话，并为优秀推介项目安排专场路演。于11月30日前通过审核的推介项目，大会秘书处将发送参会通知，并对项目进行符合国际规范的包装及推介路演辅导。

CCTV 旅游卫视《旅游时空对话》，特别对会中“旅游城市市长访谈”、“文化旅游魅力推介城市”、“优秀文化创意项目”、“特色旅游精粹”进行追踪拍摄，系列展播。

在此，我们诚挚邀请您出席本届会议，面向国际舞台、吸引国际资本、展示文化商机。

第三届中国北京国际文化创意产业博览会组委会办公室

二〇〇八年十月

附件：

1. 2008中国旅游产业文化创意推介会简介（略）
2. 组织机构（略）
3. 会议日程（略）
4. 专项服务（略）
5. 会务费用（略）
6. 参会报名（略）
7. 2008中国旅游产业文化创意推介会参会回执（略）

评析：本邀请函分为三部分：邀请函、活动简介、参会回执。因为这是大型会议的邀请函，出席人员多，活动内容丰富，所以把它分为三部分来写。在邀请函中，写明此次会议的时间、地点及主办背景和意义等。活动简介中详细地介绍了会议内容、收费标准及参加办法等。回执是作为报名及凭证作用使用的。

例文2

大学生免费旅游邀请函

全国在校大学生同学们：

为贯彻落实国务院《关于加快旅游业发展的意见》文件精神，大力推动“实施乡村旅游富民工程”建设，全民动员参与迎接“2010中国世博旅游年”盛世的到来，贵州省荔波县联山湾乡村旅游专业合作社热烈欢迎你们走进世界自然遗产地、中国最美的地方——荔波，欢迎你们来到世界自然遗产、美丽的人居乡——联山湾，来这里体验乡村生活、品味乡土文化、拥抱山水田园，丰富大学生活阅历，完善大学在校人生。为此，荔波县联山湾乡村旅游专业合作社决定在2010年面向全国在校大学生实行免费游览，全国各类高校大学生凭有效学生证件即可免费进入联山湾游览（食宿费用自理）。全国在校大学生游客免费游览联山湾活动有效期为2010年全年，游览次数不限。

联山湾位于贵州省荔波县驾欧乡，是依山傍水式的布依族群居区，以山秀水美的乡村田园风光和布依族农耕文化为特色，风光秀丽，水洁风清，视野宽阔，两岸青山翠绿，村庄错落有致，仿佛是一首田园山水诗，曾被文化界人士誉为“一幅山水相依、山青水绿，人居和谐、男耕女织，悠然自在、生活富足，犹如世外桃源般的画卷”。热情好客的联山湾布依村民们主动邀请省内文艺界、摄影界、新闻界、旅游界专家领导前往考察采风，通过审视当地独特的山水文化和深入挖掘布依民族文化，创作出了脍炙人口、人人喜爱的荔波县第一首布依乡村民谣《联山湾》，之后又写出了优美的短篇散文《梦醒联山湾》及系列精美文章，逐渐形成联山湾的系列文化，引起外界的高度关注。中国散文学会副秘书长、

《散文选刊》杂志主编邵建国先生认为这是一个文化奇观，并对此作出了“一篇散文写活了一个乡村”的评价。

自2008年正式对外开放以来，由农民们组建联山湾乡村旅游专业合作社主导开发建设的联山湾景区，在资金投入十分紧缺的条件下，采取“旅游开发、文化先行、宣传出击”的办法，深入挖掘、丰富和发展地方民族文化资源，2009年先后荣获中华文化促进会、人民日报网络中心、凤凰卫视中文台共同授予“中华民族文化名牌景区”称号和中华文化促进会旅游文化研究中心、世界华侨华人社团联合总会旅游合作组织和国际休闲产业协会联合授予“中国最佳文化休闲旅游品牌景区”称号。

咨询电话：0854—357××××

手机：1388543××××（韦先生），1376575××××（莫先生），1398507××××（陈先生）

荔波县联山湾乡村旅游专业合作社

二〇一〇年一月二十日

评析：本文是面向全社会大学生的一封邀请函，通过媒体向全社会宣传。邀请函的正文分为三部分，第一部分写本次活动的背景、原因和目的；第二部分重点介绍免费旅游景区的发展情况、特色、地位及声誉；第三部分写联系方式。全文层次分明，目的明确，用语准确。

文体实训

1．假如你是李华，请写一封邀请信，邀请你的外国朋友 John 到中国旅游，并在你家过春节。要点如下：

（1）非常荣幸能邀请 John 来中国旅游，并到你家过春节。

（2）中国地大物博，风景秀丽，文化深厚，来中国旅游可以了解中国近几十年的变化。

（3）春节是中国最重要的传统节日，是家人团聚，人们相互表达美好祝愿的日子。

（4）在中国过春节可以帮助 John 加深对中国传统文化的了解。

（5）具体的乘车路线及联系方式。

（6）希望 John 能提前到你家里，以避开交通高峰期。

2．建发旅游集团计划邀请一批客户来参加2010年9月14日上午9:00—11:00在××宾馆国际会议室举行的中秋茶话会，请你替他们写一份邀请信。

任务2　撰写感谢信

感谢信又叫感谢函，是各级机关、企事业单位、社会团体和个人，对帮助、支持自己工作的单位或个人表示感谢的信函。感谢信体现了人们相互关心、感激之情。它可以直接给对方或对方所在单位，也可以张贴在对方单位内或所在地的公共场所，还可以交给报纸刊登、电台广播、电视台播映。

写作任务

张毅夫妇是从台湾到大陆探亲的，2010年夏他们随同中国妇女旅行社组团到四川武当山旅游，因水土不服，张毅妻子染病在身，一路上得到旅行社及导游小燕的细心照顾。回到台湾后，他们要给中国妇女旅游社写封感谢信。请替他们撰写这封感谢信。

通过完成写作任务，要求学生达到以下目标：

1. 掌握各类感谢信的组成要素和写作方法；
2. 能够在现实社会中，根据工作和生活需要，撰写感谢信。

相关知识

一、感谢信的特点

（一）真实性

这表现在：一是感谢的对象要真实，不能是虚构的对象；二是叙述的事情要真实准确，感谢的人物、时间、地点、原因、结果以及事情经过都是真实存在的。

（二）感激性

信中要洋溢着感激之情。在叙述事实的过程中，除了要突出对方的好思想和表示谢意外，行文要始终饱含着感情。感情要真挚、热烈，使所有看到信的人都受到感染。

（三）表扬性

感谢信还要有表扬的意思，把对方助人的精神和行为宣扬出来，以便发扬光大。

二、感谢信的类型

1. 根据感谢的对象不同分类，可分为两类：个人对个人或组织的感谢信，组织对个人或对组织的感谢信。

2. 根据发表形式，可分为四类：张贴式感谢信、书信式感谢信、广播式感谢信、登报式感谢信。

写作提示

日常生活中我们经常得到别人或组织的帮助，为了表示感谢要写一封热情洋溢的信。本任务属于个人写给组织的感谢信，这是一种很常用的感谢信。

任务实施

尽管感谢信的种类各异，但一般均由标题、称谓、正文、结语、落款五部分构成。

一、标题

感谢信的标题有三种写法：一是用文种名称作标题，即《感谢信》或《感谢函》；二是由感谢对象加文种名称，如《致爱之旅旅行社的一封感谢信》；三是由感谢双方加文种名称组成，如《中国国际徽商大会组委会办公室致省旅游局的感谢信》。

二、称谓

开头顶格写出感谢对象的单位名称或个人姓名。如“省旅游局”、“尊敬的×××先生”等。

三、正文

主要写三层意思，一是写感谢对方的理由，即为什么感谢；二是直接表达感谢之意；三是表明态度。

（一）感谢理由

首先准确、具体、生动地叙述对方的帮助，交待清楚人物、时间、地点、事迹、过程、结果等基本情况；然后在叙事基础上对对方的帮助做贴切、诚恳的评价，以揭示其精神实质、肯定对方的行为。在叙述和评价的字里行间要自然渗透感激之情。

（二）表达谢意

在陈述事实的基础上，指出对方的关心支持与帮助对自己的重要性，用饱含感情的语言对对方所做的事情给予评论，表达感谢者的心情。

（三）表明态度

对所感谢的人和事进行适当评论，并表达个人或单位向对方学习的态度和决心。

四、结语

结语一般写上致敬语，如“此致敬礼”，或“致以最诚挚的感谢”，或“特此鸣谢”等。

五、落款

按一般书信格式，签上感谢信单位名称或个人姓名、日期等。有的感谢信还加盖公章，以示确凿。

写作提示

本任务书写时除了要注意把具体的时间、地点及发生事件叙述清楚外，还要注重个人情感的表达，结尾最好还要用议论性的语句对导游小燕的行为进行概括升华一下，以期达到表扬的效果。

任务评估

一份好的感谢信，一般要做到：

1．内容真实，评誉恰当

感谢信的内容必须真实，确有其事，不可夸大溢美。感谢信以感谢为主，兼有表扬，所以表达谢意时要真诚，说到做到。评誉对方时要恰当，不能过于拔高，以免给人失真的印象。

2．用语适度，叙事精炼

感谢信的内容以主要事迹为主，详略得当，篇幅不能太长。感谢信的用语要求是精炼、简洁，遣词造句要把握好一个度，不可过分雕饰，否则会给人一种虚伪的感觉。

例文评析

例文1

感　谢　信

张家界旅游局：

我们随天津铁路旅游专列，于3月17日晚从天津出发19日晨到达张家界。早餐后我们随团来到旅游的第一个景区，并乘坐百龙天梯到达山上，我们一边观景游览张家界的美景，一边继续爬山拍照留影。就在还有一个景点就到山顶集体用餐时，不幸的事情发生了，我爱人突然感觉不舒服，并晕倒不省人事。当时牙关紧闭脸色苍白，满身虚汗舌头屈短。就在我们紧张无措时，好心的游客有拿出风油精来涂抹太阳穴位的，还有游客当医生进行把脉诊断，更使我们衷心感谢的是，在事发地点做生意的热心大婶多次拿来温开水来回跑了多次，此时我们的导游马丽和当地假日国际旅行社的郑安副总和山上的医生闻讯也赶来了。当时由几位抢救人员一起抬来担架，一路分秒必争地乘天梯直下，等120救护车的到来。我们到了武陵源区人民医院后，经王医生的正确诊治，病人的病情得到好转。

更值得我们钦佩的是，郑安副总经理及天津的导游马丽一直陪护在我们身边，给我们安慰。在发病期间，小导游马丽一直伤心地流泪呼喊着我爱人。在这期间当地假日旅行社的赵静董事长也在百忙中亲临医院看望，还在天津铁旅的陈惠芝副总也都赶来看望。我们这对老人深受感动，并体会到两地旅行社真的把游客当成自己的亲人。

在这里更值得赞扬和感谢的还有一位当地导游陈瑞华，他多次受到二号车全体游客的赞扬，他是位很出色的导游。我们深有体会的是华仔很懂事，很会关心照顾我们这两位老人。华仔19日完成导游任务后，立即驱车赶到医院看望我们，问我们需要他做什么他会尽力的协助我们。这简短的一句话让我们感到无比的温暖。在我爱人的病情得到缓解后，根据我们的意愿用车将我们送回宾馆，到了宾馆后他跑上跑下，将我们二人的行李箱及车上的衣服一并送到我们四楼的住房。在我们因病不能随团去海南旅游时，又是华仔全程陪伴我们帮我们买火车票，一直到我们上了回程的火车他才离开。我们由衷地感谢大家，我们也为贵社有这样好的导游而自豪。

回津后，我们到医院找专家医治现已无大碍，回家后我们向家人讲述了全部过程，我们全家人一致称赞贵社，我们还会再去张家界将我们没有去过的景点继续游览。

再次对贵社表示深深的感谢！

天津老年游客：王松龄、葛美夫妇

（资料来源：http://www.china-zhangjiajie.com/news/dq/2010/0424/5233.html）

评析：这封感谢信是个人对单位的感谢信，语言真挚动人，感情把握准确，通篇贯穿一个“情”字，关爱之情、感谢之意溢于言表。但在语言上，稍显生涩。

例文 2

感　谢　信

关心支持甘肃旅游宣传口号征集活动的社会各界朋友们：

自今年1月15日我局面向社会发布征集甘肃旅游宣传口号的消息以来，得到了大家的热切关注和大力支持，在社会上引起强烈反响。甘肃旅游宣传口号征集活动从2010年1月15日起至2月10日止，共收到来自全国各地的参赛电子邮件近5000封，书面信函2000余封，总投稿宣传口号达20000余条！活动取得了阶段性成果。

参与此次征集活动的，有年近八旬的离退休老同志，有十多岁的中学生；有知名的专家学者，也有普通的工人、农民朋友；有机关、事业单位干部，也有从事旅游、文化等行业的各界人士；有通过网络邮件投稿，也有来信来电投稿。投稿者遍布国内所有省、市、自治区和直辖市，充分体现出社会各界朋友对甘肃旅游业的关注和支持，也体现出大家对甘肃旅游产业发展美好明天的期望。

连日来，工作人员加班加点，认真细致地整理了每一件投稿和每一条口号，并通过评审活动主办方的认真筛选，初选出100条备选口号，将于2010年3月3日在甘肃旅游网、《兰州晨报》上公布，开始进行网络投票和报纸公开投票，作为最终确定获奖宣传口号的重要参考依据，确保此次活动的公开、公平、公正。

从大家的投稿中，我们深深地感觉到，每条宣传口号都凝聚着大家的智慧，也是您对甘肃旅游事业发展的关注！在此，我们衷心地感谢您对本项活动的热情参与！感谢各位热心人士对甘肃旅游工作的支持和帮助！殷切地期望大家一如既往地支持甘肃旅游工作！

此致

敬礼！

甘肃旅游局

二〇一〇年三月二日

（资料来源：甘肃旅游网）

评析：这封感谢信是单位对社会所写，写得情真意切，表达谢意符合语言实际，语言简洁精炼，较好地体现了感谢信的特点。

文体实训

1．××希望小学于2009年6月30日收到××旅行社送来的捐款20万元。这笔款是旅行社资助10万元，职工自愿捐资10万元。请以××希望小学名义，给××旅行社写一封感谢信。

2．2009年8月，受加拿大埃德蒙顿市市长蒂芬·曼戴尔先生的邀请，来自都江堰、彭州、崇州等地震灾区的18名地震孤儿起程前往加拿大，进行了为期9天的心灵疗养之旅。请你代这些孩子们写一封感谢信，寄给埃德蒙顿市市长及所有接待他们的人。

任务3　撰写贺信（电）

贺信是表示庆祝的书信的总称。它是从古代祝辞中演变而来的，是指党政机关、企事业单位、社会团体或个人向其他集体单位或个人表示祝贺的一种专用书信。它是日常应用写作的重要文体之一。

写作任务

铁道旅行社是某铁路局下属的单位，现在要庆祝成立五周年。假如你是某铁路局办公室秘书，请代表铁路局起草一份给铁道旅行社的贺信。

通过完成写作任务，要求学生达到以下目标：

1．掌握各类贺信的组成要素和写作方法；

2．能够在现实社会中，根据工作和生活需要，撰写贺信。

相关知识

一、贺信的特点

（一）及时性

对喜庆表达祝贺而写的贺信一定及时，一般应赶在事前或当日，不能事后。

（二）祝贺性

贺信的使用目的主要体现在“贺”字上，祝贺者通过这种形式表达对他人的祝贺和赞颂，这种由衷的祝愿可以增进了解、加深友谊、促进团结合作。

（三）信电性

贺信通过书信的投递和电文的拍发来达到祝贺目的，庆贺者无法当面宣读，而由受贺者收后阅读，这就要求语言热烈真挚，篇幅短小。

二、贺信的类型

（一）上级单位给下级单位的贺信

这类贺信可以是节日祝贺，也可以是对工作成绩表示祝贺等。这类贺词，最后都要提出希望和要求。

（二）下级单位给上级单位的贺信

这类贺词一般是对全局性的工作成绩表示的祝贺，此外还要表明下级对完成有关任务的信心和决心。

（三）平级单位之间的贺信

这类贺信一般是就对方单位所取得的工作成就表示祝贺，同时还可以表明向对方学习的谦虚态度，以及保持和发展双方关系的良好愿望。

（四）给著名人物的贺信

这类贺信是在行政机关、企事业单位、各种团体或领导人在本单位或社会上著名或重要的人，如科学家、艺术家、领导人寿辰时发去的贺信。这种贺信一般表示出发信人的真诚的祝愿、美好的祝福。

（五）个人之间的贺信

用于亲朋好友在重要节日、重大喜事中互相祝贺、慰勉、鼓励；或者祝贺某人在工作、学习中取得了好成绩，以分享快乐。

写作提示

本任务属于上级单位向下级单位祝贺的信件，这是工作中经常使用的一种应用文书。既有祝贺的一面，也有勉励和指导工作的层面。写作时要注意语气的把握，突出祝贺性，而不仅是指导工作。

任务实施

贺信一般由标题、称谓、正文和落款四部分构成。

一、标题

在信笺或纸张的上端居中书写“贺信”二字，也可在标题中写出祝贺者与受贺者，或者写明祝贺的事由等。个人之间的贺信可以不加标题。

二、称谓

在标题之下，顶格书写受贺单位的名称或受贺个人的姓名、称呼，并在后面加冒号。称谓要用全称，人名前后可加恰当的修饰语和称呼语以表示亲切，如“尊敬的×××经理”。

三、正文

正文另起一行空两格写。一般的写法是直接写明为了什么事情而表示祝贺之意。根据实际情况，正文也可以分以下几部分：

（一）开头

首先应简略交待当时的背景或其他有关情况，并表示祝贺，为颂扬成绩做铺垫。通常用“值此……之际，谨代表……向……表示热烈的祝贺！”

（二）主体

这部分是贺信的中心内容，应充分肯定和热情赞扬对方所取得的主要成就，以及取得成就的根本原因和重大意义，并作出肯定性评价。如果是祝贺寿辰，应简要说明被祝贺者的突出贡献和高贵品质。如果是祝贺会议，在主体里要侧重说明会议召开的重要意义和深远影响。如果是祝贺担任新的职务的领导人，主体就要侧重于提出祝愿，祝愿对方在任期内取得新的成就，并祝愿双方的友谊进一步加强。

（三）结尾

这部分一般应再次表示祝贺，也可以号召别人向受贺者学习，还可以提出希望和要求，以利其发扬成绩，戒骄戒躁，更上一层楼。如“祝争取更大胜利”、“祝您健康长寿”等。

四、落款

正文右下方分两行标出写贺词的个人或单位全称及时间。如果标题下已经写上姓名和时间，正文后的落款可不写。

贺电是用来表示祝贺的电文。它多是以政府部门、企事业单位或首脑人物、代表人物名义发给有关单位、集体、个人的。贺电可以直接发给对方，也可以通过登报或广播发布。贺电可以是对取得巨大成绩、作出卓越贡献的集体或个人表示祝贺；也可以是对重大喜事表示祝贺；对重要人物的寿辰等表示祝贺。

贺电的结构和贺信基本相同，它具有一定篇幅，但不宜过长，要求感情充沛、文字明快。

写作提示

撰写本任务，重点要说明祝贺事项的意义所在，语言上要热烈而不居高临下，勉励而不否定。

任务评估

一份好的贺信（电），一般要做到以下几点。

1．感情充沛饱满，表达手法多样

贺信的字里行间要洋溢着喜庆、热烈的气氛，给人以热情和鼓舞。

2．内容要真实具体，评价恰如其分

贺信对成绩和贡献的评价要恰如其分，表示决心要切实可行，不可空发议论，空喊口号。

3．语言精炼明快，篇幅短小精悍

贺信的用语要简练，避免累赘，切忌浮夸和老套，篇幅也不宜过长。

例文评析

例文 1

贺　信

厦门市导游协会:

欣闻厦门市导游协会成立，我谨代表福建省旅游局、福建省旅游协会表示热烈祝贺，并向为厦门市旅游经济发展作出贡献的广大导游员致以亲切的问候!

今年春节期间，胡锦涛总书记来闽考察指导工作，对我省旅游业的发展提出了殷切期望，希望福建省充分发挥区位优势，打造好“海峡旅游”品牌，努力建设国际知名的旅游目的地。总书记的重要讲话，不仅为厦门旅游业的发展增添了强大的动力，也为福建精心培育“海峡旅游”品牌指明了方向。

厦门是一座风景秀丽的现代化港口风景旅游城市，是首批中国优秀旅游城市，拥有宝贵的自然和人文旅游资源，在厦门市旅游业蓬勃发展的今天，建立导游队伍自己的协会组织，加强导游队伍建设，提高导游队伍素质，将对厦门旅游业的发展起到积极的推动作用。

厦门市导游协会的成立在全省具有很好的示范意义，希望贵会坚持以人为本，致力诚信建设，切实搞好自律、协调、培训、咨询等综合服务，积极代表和维护行业的共同利益和会员的合法权益，为会员服务、为旅游发展服务，成为导游员交流合作的平台，成为政府与导游员沟通的桥梁和纽带。

祝厦门市导游协会认真学习贯彻胡总书记来闽重要讲话精神，依据章程，围绕服务大局、服务会员、服务游客的办会宗旨，卓有成效开展工作，为厦门乃至全省旅游业的持续、健康、快速发展作出更大的贡献!

谨此祝贺!

福建省旅游局局长

福建省旅游协会会长　郭××

二〇一〇年四月八日

（资料来源：http://www.xmtravel.com.cn/html/ztbd/daoyouxh/20100418405.html）

评析：这篇贺信语言精炼、简洁明快，但又不乏祝贺的情意，内容表达恰如其分，充分表示出上级单位对下级单位成立的真诚慰问与祝福。

例文 2

贺 信

阿拉善盟右旗:

金秋时节，惠风和畅；戈壁荒漠，硕果盈枝。在全国人民喜迎新中国 60 华诞之际，欣闻贵旗举办沙漠文化节。在此，中国酒泉卫星发射中心全体官兵对贵旗文化节隆重开幕表示热烈的祝贺!

近年来，在旗委的正确领导下，全旗各项建设蒸蒸日上，面貌日新月异，呈现出经济发展、社会稳定、人民安居乐业的喜人局面。我们为贵旗经济社会快速协调发展感到由衷的敬佩和欣喜！阿拉善盟右旗有着爱国拥军的优良传统。多年来，贵旗各级党委、政府和人民群众积极关心支持中心的建设和发展，为我国航天事业作出了重大贡献，谱写了一曲曲军民同呼吸、共命运、心连心的胜利凯歌。借此机会，我们谨向阿拉善盟右旗各级党组织和广大人民群众表示衷心的感谢!

展望未来，中心将深入学习科学发展观，认真贯彻新时期军事战略方针，忠实履行我军新的历史使命，大力弘扬“两弹一星”精神、载人航天精神和东风精神，锐意进取，拼搏创新，再立新功，再创辉煌。

预祝文化节圆满成功!

中国酒泉卫星发射中心

二〇〇九年九月十六日

（资料来源：http://news.nmgnews.com.cn/alsm/article/20090922/221907_1.html）

评析：这篇贺信开篇先对文化节开幕表示祝贺，主体部分高度评价了阿拉善盟右旗在经济发展方面作出的卓越贡献及对酒泉卫星发射中心的支持，结尾再一次表示热烈祝贺。全文语言流畅、严谨朴实。

例文 3

贺 电

第八届中国武当国际旅游节组委会:

欣闻第八届中国武当国际旅游节在湖北省十堰市开幕，在此表示热烈祝贺!

湖北省十堰市是中国优秀旅游城市，武当山是世界文化遗产、著名的道教胜地和太极拳发祥地。以武当山为龙头的十堰旅游业在过去几年已取得了长足的进步。希望湖北省十堰市按照科学发展观的要求，继续依托本地丰富、独特的旅游资源，进一步培养壮大旅游产业，为推动经济社会又好又快发展和湖北省旅游业的繁荣作出更大的贡献。

预祝第八届中国武当国际旅游节取得圆满成功!

国家旅游局

二〇〇八年十月二十三日

评析：这篇例文符合贺电篇幅短小的要求，惜墨如金。既有祝贺之意，也有肯定成绩，还有希望和要求，内容全面。

文体实训

1. 阅读下面材料，请以个人名义向文花枝写封贺信，祝贺她获得“全国模范导游员”称号。

文花枝同志是湖南省湘潭新天地旅行社一位23岁的女导游员。2005年8月28日下午，她所带的旅游团一行28人赴延安旅游，当乘坐的旅游大巴车行驶到洛川县境内时，发生严重交通事故，造成6人死亡，14人重伤，8人轻伤。事故发生时，文花枝左腿严重受伤，九处骨折，胫骨断裂，腰部以下被卡在座位里，不能动弹。危急关头，文花枝从容镇定，一边大声呼救，一边安慰客人。身为导游，座位在车门旁，但她对最先到达并对她施救的人员说：“我是导游，后面都是我的游客，请你们先救游客。”就这样，文花枝强忍剧痛近两个小时，直到最后一名游客被送上救护车，她才接受救援。由于耽误了最佳救治时机，最终导致左腿高位截肢。

2006年3月27日，全国模范导游员文花枝命名表彰大会以及文花枝事迹报告会在长沙举行。国家旅游局局长邵琪伟等约200人出席了大会。国家旅游局副局长张希钦宣读了国家旅游局授予文花枝“全国模范导游员”的表彰决定，邵琪伟向大会宣读了吴仪副总理给文花枝的贺信。

2. 试分析李振声院士写给周村的一则贺信的结构形式和写作特点。

贺　信

尊敬的区委、区政府及周村广大父老乡亲：

金秋九月，物华情浓。欣悉第四届中国（周村）旱码头旅游文化节即将隆重开幕，全面展示家乡新时期发展的巨大成就和丰硕成果，特致函表示热烈的祝贺！

近年来，家乡的面貌日新月异，经济社会发展取得了重大成就，从来京领导同志的介绍中，我对家乡的发展和变化有了深切的了解和感受。周村作为一个老工业城市和百年商埠，近年来突出发展先进加工制造业和现代服务业，企业改革和产业调整步伐不断加快，已初步形成了纺织丝绸、精细化工、机械制造、金属制品等新的支柱产业；大力发展以周村古商城为龙头的文化旅游业，已经成为山东新的旅游热点；城乡面貌变化迅速，人民群众生活安康，并顺利跻身全省30强区县行列。作为离开故乡多年的学子，我倍感欣慰和自豪。

因为身体原因，我近期无法回到周村，与家乡人民共同感受节日的喜庆，感受家乡的巨大变化。我心中无时无刻不在惦记着家乡和各位父老乡亲，待身体状况允许时，将专程回家乡探望。

最后，祝我们的周村更加繁荣、更加富裕！祝各位父老乡亲幸福、安康！并预祝旱码头旅游文化节取得圆满成功！

李振声
二〇〇七年九月五日

任务4 撰写欢迎词

欢迎词是在来宾初到，设宴洗尘或在隆重典礼、喜庆仪式、公众集会上，欢迎来宾光临时，由主人出面，对来宾表示欢迎的正式讲话。有时欢迎词和祝酒词可以互用，因为它们仅多一个祝酒词令。

写作任务

刘齐是天下旅行社的一名导游，国庆节期间要带游客在郑州参观，请替他写一篇导游欢迎词。

通过完成写作任务，要求学生达到以下目标：

1. 掌握各类欢迎词的组成要素和写作方法；
2. 能够在现实社会中，根据工作和生活需要，撰写欢迎词。

相关知识

一、欢迎词的特点

（一）欢愉性

欢愉性主要体现在感情方面。致词者应当有一种愉快的心情，言词用语应富有激情，表现热烈欢迎的真诚态度。只有这样，才可给客人一种“宾至如归”的感觉，赢得客人的好感，为下一步活动的圆满举行打下良好的基础。

（二）口语性

口语性主要体现在语言方面。欢迎词多是现场当面向宾客口头表达的，这就要求欢迎词必须口语化，在遣词用语上运用生活化的语言，简洁又富有生活的情趣。口语化的语言能拉近宾主间的亲切感。

二、欢迎词的类别

（一）按表达方式的不同可分为两类

1. 现场讲演欢迎词。一般由欢迎人在被欢迎人到达时，在现场口头发表的欢迎稿。
2. 报刊发表欢迎词。是发表在报刊或公开发行刊物之上的欢迎稿，一般在客人到达前后发表。

（二）按社交的公关性质的不同可分为两类

1. 私人交往欢迎词。是在个人举行较大型的宴会、聚会、茶会、舞会和讨论会等非官方的场合下使用的欢迎稿，通常要在正式活动开始前进行，往往具有很大的即时性、现场性。

2．公事往来欢迎词。一般在较庄重的公共事务中使用，要有事先准备好的得体的书面稿，文字措词要求比较正式和严格。

写作提示

本任务属于现场讲演欢迎词，作为导游欢迎词，首先要表明对游客的真诚欢迎，还要适当介绍行程安排、注意事项、所游景点的特点等内容。

任务实施

欢迎词一般由标题、称谓、正文和落款四部分组成。

一、标题

欢迎词的标题要写明“欢迎词”三字，可以直接用文种命名，如《欢迎词》；也可以由欢迎会的名称和文种共同构成，如《在××旅游节上的欢迎词》；有时，也可以加上致词人的姓名，如《×××在××宴会上的欢迎词》。

二、称谓

称谓以泛称全体参加者比较常见，如“同志们、朋友们”、“女士们、先生们”、“各位同仁”。也可以尊称被欢迎者与泛称与会者相结合，如“尊敬的×××先生，朋友们、同志们”等，此种写法要先称被欢迎者。如果是外国贵宾，在其姓名后还可以加“阁下”、“夫人”等尊称。

称谓要求写在开头顶格处，后用冒号。

三、正文

欢迎词的正文一般可有开头、主体和结尾三部分构成。

（一）开头

开头通常应说明现场举行的是何种仪式，发言者代表什么人或组织向哪些来宾表示欢迎。如：“各位朋友，请允许我代表××旅游有限公司，并以我个人的名义，向远道而来的贵宾们表示热烈的欢迎。朋友们不顾路途遥远，专程前来贺喜并参加今天的晚宴，为我由衷地感到高兴，并对朋友们为增进双方友好关系作出努力的行动，表示诚挚的谢意！”

（二）主体

主体部分要表示热烈欢迎的情意，说明宾客来访的意义、作用或相互合作的成果，表达对友好交往的珍惜重视之意。也可以回顾宾主双方在共同的领域所持的共同的立场、观点、目标、原则等内容，较具体地介绍来宾在各方面的成就及在某些方面作出的突出贡献，同时要指出来宾本次到访或光临对增加宾主友谊及合作交流所具有的现实意义和历史意义。对初次来访者，可多介绍本组织的情况。

（三）结尾

通常在结尾处再次向来宾表示欢迎，并表达自己对今后合作的良好祝愿。最后，预祝会议或活动圆满成功。

四、落款

欢迎词的落款要署上致词单位名称、致词者的身份、姓名，并署上成文日期。用于讲话的欢迎词无须署名。若需刊载，则应在标题下面或文末署名。

写作提示

欢迎词的写作，需要区分不同场合，要根据场合的需要，有针对性地来写作。但总的来说，欢迎词的写作需要把握两个方面：

一是要写出个性。欢迎词是一种公关礼仪文书，对本部门、本单位起着宣传作用，要在有限的篇幅里打造好东道主的“形象名片”，树立自身的良好形象。因而要尽量写出本部门、本单位的鲜明特点和独特优势，展示自身特色。

二是要写出情来。“感人心者，莫先乎情”。要用热情友好吸引来宾，用真情实感赢得朋友。要礼貌、亲切，具有感情，这种感情应是内心情怀的自然流露。在具体写作时，要适当讲究文采，用文字创设一种良好氛围。

任务评估

欢迎词是对外（本组织以外的宾客）交往中，出于礼仪的需要而使用的，为了达到预期效果就要做到以下几点。

1. 看对象说话

在各社会组织的对外交往中，所迎接的宾客可能是多方面的，如上级领导、检查团、考察团等。来访目的不同，欢迎的情由也应不同。欢迎词要有针对性，看对象说话，表达不同的情意。

2. 看场合说话

欢迎的场合、仪式是多种多样的，有隆重的欢迎大会、酒会、宴会、记者招待会；有一般的座谈会、展销会、订货会等。欢迎词要看场合说话，选用或严肃或轻松的语体。

3. 热情而不失分寸

欢迎应出于真心实意，语言要精确、热情、友好、温和、礼貌，饱含真情。注意分寸，不卑不亢。措辞要慎重，勿信口开河，同时要注意尊重对方的风俗习惯，应避开对方的忌讳，以免发生误会。

4. 篇幅短小，言简意赅

一般的欢迎词都是一种礼节性的外交或公关辞令，宜短小精悍，不必长篇大论。

例文评析

例文 1

欢迎词

各位朋友：

大家好！欢迎来河南省会郑州市参观游览。我叫刘齐，是郑州天下旅行社的导游，这位是我们的司机邹师傅。大家在郑州旅游期间，将由我和邹师傅为大家提供服务。愿您在郑州度过一段美好而难忘的时光。

郑州是河南省会，河南的政治、经济、文化中心，地处中原腹地、九州之中，她北临滔滔黄河，西依巍巍嵩山，东、西接黄淮平原，素有“雄峰中枢，空域险要”之称。

郑州古属豫州。公元前1027年周武王灭殷后，将其北管叔鲜封于此地，成为管国。秦灭六国后这里设县属三川郡。东汉时为管城。隋文帝开皇三年称郑州，这是郑州称号的开始。清代，郑州升为直隶州。1923年京汉铁路工人大罢工。工人大罢工革命运动后，被称为“二七”名城。1948年10月22日郑州解放后，设置郑州市。1954年河南省会由开封迁至郑州，郑州成为省会城市。

全市辖区5区和郊区1区（上街区）、5市、1县，总面积7446.2平方公里，总人口约580万，其中市区城市面积约130平方公里，市区人口约190万。

郑州交通便利，是全国重要的交通枢纽，京广、陇海铁路在此交汇，郑州北站是亚洲最大、最现代的货运编组站；107和310国道在此交汇，由郑州通往全省各地的高速公路网正在形成，现在游客走高速可直达北京。1997年新建成通航的郑州新郑国际机场，是中国第21个国际机场和十大机场之一。郑州商贸发达，素有商城之称。早在1992年，这里就爆发了轰动全国的“商战”。今天的商战更是好戏连台。郑州地上地下资源丰富，农副产品繁多，工农业发达，是国务院批准的历史文化名城。

郑州环境优美，绿树成荫，素有绿城美誉。特别是近年来，郑州加大城市建设的力度，城市品位不断提高。郑州新建了滨河公园、紫荆广场等大型绿地和广场。郑州旅游资源丰富，有嵩山风景名胜区，那里有以少林功夫名扬天下的少林寺；有郑州黄河游览区，是领略母亲河神韵的好去处；有新郑轩辕帝故里，是炎黄子孙寻根祭祖的好地方，还有大河村遗址、郑韩故城、巩义宋陵、打虎亭汉墓、石窟寺、杜甫故里等名胜古迹。郑州旅游配套设施完善，各种星级饭店、各菜系餐厅、各种娱乐设施等等一应俱全，夜生活也丰富多彩。

您旅游期间，将会得到周全高档的服务、感受到中原人民的热情、淳朴，更会了解到中原文化的博大精深。

欢迎大家到郑州旅游观光游览！

（资料来源：河南中州导游培训学校网站）

评析：该导游词先对游客表示欢迎，接着介绍旅游目的地郑州的地理位置、历史、旅游景区等各面的特点，最后再次表示热烈欢迎。全文条理清晰，介绍郑州的特点部分内容详细，语言精炼。

例文 2

西海风景区党委书记李小林在庐山西海生态保护与旅游发展论坛上的欢迎词

尊敬的各位领导、各位专家、新闻界的各位朋友们:

大家下午好!

金秋九月，丹桂飘香，非常高兴与各位专家和朋友们相聚在美丽的庐山西海，共同探讨生态保护与旅游发展这一主题，共谋庐山西海风景区发展的美好未来。首先我谨代表这次活动的组委会——庐山西海风景区党委、管委会向各位领导、各位专家、各位朋友莅临庐山西海表示热烈的欢迎！向长期支持、关心庐山西海风景区旅游事业发展的各位领导和朋友们表示衷心的感谢。庐山西海是我们江西省最年轻的国家风景名胜区之一，是鄱阳湖生态景区的重要组成部分。当前，我们江西省全省上下正在开展建设鄱阳湖生态经济区，探索科学发展的新路子这一主题教育活动。今天我们在这里举办庐山西海生态保护与旅游发展论坛正当其时，这必将为我们风景区的旅游事业的发展起到加速推进的作用。

鄱阳湖生态经济区是一个千载难逢的发展机遇，在今天，我们风景区必须牢牢抓住机遇，积极跟进，主动对接，既要履行好“保护”这个首要任务，又要突出“发展”这个主题核心，落实好发展这个任务。但是如何把生态保护和旅游发展有效地协调和统一，如何发展西海在水上旅游产业、如何确立西海旅游未来发展的切入点和结合点，如何有效地发挥庐山西海旅游经济在鄱阳湖生态经济区建设中的地位和作用，这是摆在我们面前的现实问题。

今天我们非常有幸地邀请到了业内的众多的著名专家、学者，来帮我们解答这样一些疑惑，这样一些难题，来为我们传经送宝，我相信通过思想的交流、思维的碰撞，我们定会受益匪浅，为探索一条成功的西海发展之路指明方向。我们相信在各位领导和专家以及我们新闻媒体的关心支持下，庐山西海这张江西的旅游名片一定能够随着全省旅游事业的发展变得更加美丽。再一次对长期以来关心支持庐山西海事业发展的各位领导、各位专家、各位朋友表示衷心的感谢，庐山西海风景区热情欢迎大家多来指导工作、旅游观光、休闲度假，祝大家身体健康、工作顺利，谢谢大家!

（资料来源：环球网，2010 年 9 月 30 日）

评析：这是作为东道主的西海景区党委书记向参加论坛的来宾所致的欢迎词，先表明东道主的欢迎之意，然后详细说明举办此次论坛的意义，即解决旅游发展中的一系列问题。结尾再一次表示热烈欢迎之意。全文条理清晰，用语得当，感情真挚。

文体实训

1. 某学院将承办市××旅游文化节，小王作为志愿者，将负责拟写一段迎接各代表团的欢迎词。下面是小王完成的欢迎词，其中在书写、标点符号、表达等方面有多处错误，请你找出来，并改正。

××代表团的同志们、朋友们，大家好!

两千多年前的孔子在他的“论语”中就说过“有朋自远方来，不亦乐乎？”今天，我们热烈欢迎远方的朋友们莅临贵校，我校不止环境优美、历史悠久，而且热情好客。鄙人是旅游文化节的志愿者，在整个文化节期间，您们有什么困难我们都将倾力相助。衷心祝愿朋友们在文化节上功德圆满，光荣凯旋而归。

2. 某学院旅游系主任和几位老师送旅游专业部分学生到东方旅行社进行顶岗实习，受到了旅行社领导和员工的热烈欢迎和款待。请你替东方旅行社社长撰写一份招待会上的欢迎词。

3. 导游欢迎词，是旅游中经常使用的一种欢迎词，用于游客行程的开始。一般来说，导游欢迎词应包括五项内容：（1）表示欢迎，即代表接待社、组团社向客人表达欢迎之意；（2）介绍人员，即介绍自己，介绍参加接待的领导、司机和所有人员；（3）预告项目，即介绍一下城市的概况和在当地将游览的项目；（4）表示态度，即愿意为大家热情服务、努力工作，确保大家满意；（5）预祝成功，即希望得到游客支持与合作，努力使游览获得成功，祝大家愉快、健康。

下面是一篇导游欢迎词，分析其特点和内容。

各位团友：

大家好啊！很高兴见到各位，首先我代表我们公司青岛××旅行社对大家参加这次的旅游活动表示热烈的欢迎！本人托大家的鸿福，很幸运能够成为大家的导游。在这里要跟大家说声："谢谢大家！"先自我介绍吧，我呢是青岛××旅行社的经理（停顿一下）派来的导游，我姓黄，单名一个锋字，大家可以直接喊我的名字：黄锋。这个名字挺简单，对吗？又好记，呵呵，希望大家喜欢。在我身边这一位呢，是我们这次旅途中最为劳苦功高的一位，我们的司长陈师傅，开足两天车的时间，非常辛苦。在此，我们以热烈的掌声多谢我们的陈师傅。（略停）谢谢大家！在这两天里面呢，就将由我和陈师傅以及我们的地陪这三位工作人员为大家服务，我们务求使大家在旅途中的"食住行游购娱"都能够得到满意的服务。大家有什么需要帮忙的地方不妨尽管说，我们尽可能地去满足大家的要求。所以，我们也希望在座的每一位团友都能够配合我们的工作，爱护车厢里的清洁卫生。最后，请大家再次以热烈的掌声，来预祝我们度过一个轻松愉快的旅程！

任务5　撰写欢送词

和欢迎词一样，欢送词也是社交礼仪演讲词的一种，是代表所在组织或个人对宾客的离去表示欢送的文稿。

欢送词所欢送的对象有以下几种：访问成功将离去的来访宾客；学习或工作任务完成后将离去的学者、科研工作者；将去另一地方、另一单位工作而调离的同事；刚毕业将离校跨入社会的学生；出国留学、工作的亲人、朋友或同事等等。欢送对象不同，欢送词的用语和内容也有所不同。

欢送词有一定的应对性，一般来说，主人致欢送词后，被欢送者即致答词。

写作任务

李方是大地旅行社的导游，在带领大家进行为期一天的少林寺之游后，要欢送大家回程了，请你为他撰写一份欢送词。

通过撰写欢送词文稿，要求学生达到以下目标：

1. 了解欢送词的基本知识和一般写法；
2. 能够在日常工作、生活中，根据不同需要，撰写各种欢送词。

相关知识

一、欢送词的特点

（一）惜别性

中国人非常重视情意，送别历来被看做礼仪中的重要部分。欢送词要表达送别宾客、亲朋远行时的感受，所以依依惜别之情要溢于言表。当然格调也不可过于低沉。尤其是公共事务中的欢送词更应把握好言辞分寸。

（二）口语性

同欢迎词一样，口语性也是欢送词的一个显著特点。遣词造句要使用生活化的语言，使送别既富有情趣又自然得体。

二、欢送词的类型

欢送词和欢迎词在分类上大致一样，按表达方式，可分为现场讲演欢送词和报刊发表欢送词。按社交的公关性质，可分为私人交往欢送词和公事往来欢送词。

写作提示

本任务属于现场演讲的欢送词，撰写时要注意一是表达不舍的分别之情，二是总结这次旅游过程中的感人事情，三是对游客表示祝愿。

任务实施

欢送词一般由标题、称谓、正文和落款四部分组成。

一、标题

欢送词的标题格式和欢迎词一样，要写明“欢送词”三个字。正式发表的，标题可以由致词人姓名、欢送会名称、文种三部分组成。选用什么样的标题，有时还要根据具体场合来定。外交场合，特别是重要外事活动中的欢送词，一般均采用完整的标题。一般社交场合中的欢送词，标题可省去演讲者，只标明在什么会上的欢送词。

二、称谓

欢送词的称谓和欢迎词大致一致，以泛称全体参加欢迎者比较常见，如“女士们、先生们”、“同志们、朋友们”。也可以尊称被欢送者与返程与会者相结合，如“尊敬的×××先生，朋友们、同志们”等，此种写法要先称被欢送者。如果是外国贵宾，在其姓名后还可以加“阁下”、“夫人”等尊称。外交活动中的欢送词，对主宾的称呼用全称，即姓名后加职位、职称，以示尊重。社交场合中的欢送词，对主宾的称呼一般不提职位、职务，以示亲密友好。有时，在被欢送者的姓名前加上“亲爱的”、“尊敬的”等修饰语。

称谓要求写在开头顶格处，后用冒号。

三、正文

正文一般包括开头、主体和结尾三部分。

（一）开头

直接表达欢送的情意，有时也可对被欢送者表示祝福。

（二）主体

或对来宾访问成功和会谈成功表示祝贺与感谢，评价来宾访问与会谈的意义和影响；或回顾友好交往、合作的历史，评价被欢送者的工作、学习成绩和个人品格，表达惜别之情；或说明被欢送者所面临的新的工作和学习的意义等等。

（三）结尾

向被欢送者表示感谢或祝愿，如“祝×××身体健康、旅途愉快！”、“向×××再次表示诚挚的感谢！”等。这些祝愿或感谢语一般以宾客为致达对象，也有连及全体与会者的，如“谢谢大家！”、“让我们为共同事业的发展干杯！”、“祝大家一路顺风，万事如意！”等。

四、落款

欢送词的落款要署上致词单位名称，致词者的身份、姓名，并署上成文日期。在演说结束时，致词者不必念出落款署名，但在公开发表时，需要在标题下或落款处署上致词者的名称和日期。

写作提示

欢送词在当代社会随着经济交往的增多，使用越来越频繁。它往往显示出东道主对离去者的重视程度，致不致欢送词以及致欢送词者地位的高低，多表明东道主的一种态度。

要写好欢送词，本任务中，需要事先了解被欢送者在这次旅游中的情况，以便言之有物，给人一种亲切感，营造出依依惜别的情感氛围。

任务评估

欢送词因欢送场合不同，在写法上稍有差异，一般应遵照以下要求。

1．措词礼貌、委婉

致欢送词应该礼貌待人，营造友好、亲切的气氛，表达的感情要诚挚、真切，但又不能因为是友好往来，而放弃原则立场。要既坚持原则立场，又注意措词委婉。

2. 篇幅不宜过长

欢送词是一种宣读体的稿件，在特定的场合使用，因此，要受会议或特定时间的限制。在正式的欢送仪式上，欢送词可以相对较长一些，内容也比较丰富；在告别的宴会上，篇幅也可以长一些，内容更丰富一些，还可以适当加入祝酒的内容；在机场、车站、码头等宾客即将离别的场合，欢送词要简短。

3. 注重以情动人

欢迎词多采用带有感情色彩的词语。致词中，演讲者可根据自己与被欢送者的关系、自己的身份和地位，向被欢送者提出勉励之词或共勉之词。

例文评析

例文 1

内蒙古包头之旅导游欢送词

各位游客朋友们：

短暂的内蒙古包头之旅就要结束了！首先，想借此机会代表××旅行社并以我个人的名义向各位表示真诚的感谢！有你们一路的理解、支持与配合，才使我们的旅游行程顺利而愉快地完成。谢谢你们！

想说你们是幸运的，因为在这几天的旅游活动中，你们遇上了好天气、好司机、好旅行社和一个尽心尽力服务的导游，使大家的旅行充满阳光、和平和安全的气息，真是其乐融融啊！

如果给大家个机会，再回忆一下这趟旅游，不知你们会先从哪儿开头？是一望无际的大草原，还是草原上点缀的珍珠般的小白羊？是从包头南下在鄂尔多斯见到的浩瀚无垠的沙漠和沙漠之舟——骆驼，还是那里的沙子会唱歌的响沙湾？是一代天骄成吉思汗的陵园，还是蒙元盛世的歌舞与美食？是神秘的喇嘛禅宇——五当召，还是蜿蜒流淌的九曲黄河？是雄卧博托河畔的转龙藏，还是塞外西湖“南海乐园”？是森林浴中的瀑布，还是……我想，不管是哪个景点，哪段经历，都或多或少给我们留下了难忘的记忆，并将成为我们人生中宝贵的精神财富。

记得几天前我们初次相识还只是陌生人，但今天当要分手时我们已成为要好的朋友，成为一个“大家庭”中的成员。一路风尘中、一路搀扶中、一路旅途中难免有照顾不周之处，还望大家多多包涵并提宝贵意见。天下没有不散的筵席，送君千里，终有一别。在你们即将踏上返程的时刻，我不由得想说：一路保重！也不由得想唱“蓝色的蒙古高原……把我的爱献给你，把我的祝福留给你，祝福留给你”。朋友啊朋友，别忘了这里还有冬雪、还有夏凉、还有秋实、还有春暖，还有时时等待你们的各族人民！期待着再次见到你们！最后，让我再用蒙语说一声：他赛白呶（您好）、塔拉哈拉（谢谢）、巴雅尔呼日格呢（祝福你们）、百耶什太（再见）！

（资料来源：教育资源网）

评析：这篇欢送词语言优美，行文流畅，全文文学色彩浓厚，给人以美感。在内容上，先对游客几天的配合表示感谢，接着回顾了几天行程，最后对游客表示真诚的祝福。内容丰富，感情真挚。

例文 2

导游欢送词

各位游客朋友们：

虽然舍不得，但还是不得不说再见了，感谢大家几天来对我工作的配合和给予我的支持和帮助。在这次旅游过程中，还是有很多地方做得不到位，谢谢大家不但理解我而且还十分支持我的工作，这些点点滴滴的小事情使我很感动。也许我不是最好的导游，但是大家却是我遇见的最好客人，能和最好的客人一起度过这难忘的几天，这也是我导游生涯中最大的收获。作为一个导游，虽然走的都是一些自己已经熟得不能再熟的景点，不过每次带不同的客人却能让我有不同的感受。在和大家初次见面的时候我曾说，相识即是缘，我们能同车而行，即是修来的缘分；而现在我觉得不仅仅是所谓的缘了，而是一种幸运，能为最好的游客做导游是我的幸运。

我由衷地感谢大家对我的支持和配合。其实能和大家达成这种默契真的是很不容易。大家出来旅游，收获的是开心和快乐；而我作导游带团，收获的则是友情和经历。我想这次我们都可以说是收获颇丰吧。也许大家登上飞机后，我们以后很难会有再见面的机会，不过我希望大家回去以后和自己的亲朋好友回忆自己的哈尔滨之行的时候，除了描述太阳岛如何如诗如画时，不要忘了加上一句，在哈尔滨有一个导游小李，那是我的朋友！

最后，预祝大家旅途愉快，以后若有机会，再来哈尔滨会会您的朋友！

评析：这篇欢迎词语言简洁明快，口语化强，符合欢迎词的特点。内容上主要是惜别，用轻松幽默的语言表达感谢和祝福之情。

文体实训

1．某学院旅游系主任和几位老师送旅游专业部分学生到东方旅行社进行顶岗实习，实习结束时受到了热烈欢送。请你替东方旅行社社长撰写一份招待会上的欢送词。

2．导游欢送词归纳起来应有五项内容：表示惜别，感谢合作，小结旅游，征求意见，期盼重逢。简要分析下面这则导游欢送词的特点。

各位朋友：

我们的旅程马上要结束了，小王也要跟大家说再见了。临别之际没什么送大家的，就送大家四个字吧。首先第一个字是“缘”，缘分的缘，俗话说“百年修得同船渡，千年修得共枕眠”。那么和大家7天的共处，算算也有千年的缘分了！接下来这个字是原谅的“原”，在这几天中，小王有做得不好的地方，希望大家多多包涵，在这里说声对不起了！再一个字就是圆满的“圆”，此次行程圆满的结束多亏了大家对我工作的支持和配合，小王说声谢谢了！最后一个字还是“源”字，财源的源，祝大家的财源犹如滔滔江水连绵不绝，也祝大家工作好，身体好，今天好，明天好，现在好，将来好，不好也好，好上加好，给点掌声好不好！

模块七

旅游法律文书

任务1 撰写起诉状

起诉状又叫起诉书、诉状，是公民、法人或其他组织在其权益受到侵害或者与他人发生争议时，为了维护自身的合法权益，根据事实和法律，按照法定程序向人民法院提出或指控被告的书状。

写作任务

小王于2009年暑假参加了某旅行社组织的武夷山五日游，却不幸在前往景区的途中发生车祸，造成左腿骨折。由于旅行社拒绝赔偿伤残费，小王决定起诉该旅行社。请你代她撰写一份起诉状。

通过完成写作任务，要求学生达到以下目标：

1. 掌握各类起诉状的组成要素和写作方法；
2. 能够在现实社会中，根据工作和生活需要，撰写起诉状。

相关知识

根据我国《刑事诉讼法》和《民事诉讼法》的规定，任何国家机关、企事业单位、社会团体和公民个人，在认为自己或自己的合法权益受到侵害，或与他人发生纠纷时，都可以依法向人民法院提起诉讼，寻求法律上的保护。起诉状作为当事人为维护自身合法权益向人民法院提出的指控被告的文书，也是人民法院对案件进行审理和调查的依据。

一、起诉状的特点

（一）提起诉讼的直接性

任何国家机关、企事业单位、社会团体和公民在其权益受到侵犯或与他人发生纠纷时，当事人或法定代理人都可以直接向人民法院递交刑事起诉状和民事起诉状。

（二）处理案件的参证性

起诉状作为引起诉讼程序的第一步，既是原告维护自己合法权益的手段，也是法院立案、审理、裁决的依据和基础，对法院审理案件具有一定的制约作用。

（三）内容的法定性

起诉状应当记明包括双方当事人的基本情况、诉讼的事实、理由、请求和证据及其来源等事项。这是法庭审理案件时必须掌握的，缺一不可。

（四）格式的固定性

诉讼状的制作要严格按照1992年最高人民法院颁布《法院诉讼文书样式（试行）》中所规定的格式展开书写，不能相互混淆、前后颠倒、任意增删。

二、起诉状的类型

根据案件性质的不同，起诉状可以分为民事起诉状、行政起诉状和刑事自诉状三类。

（一）民事起诉状

指公民、法人或其他组织为维护自身合法权益，根据事实和法律，就有关民事权利和义务的争议，向人民法院提出要求公正裁判的书面请求。

（二）行政起诉状

指公民、法人或其他组织认为行政机关或部门的具体行政行为侵犯了其合法权益时，根据事实和法律，向人民法院提起诉讼的书面请求。

（三）刑事自诉状

指刑事案件的自诉人或法定代理人根据事实和法律向人民法院提起诉讼，控告被告人犯罪，侵犯了自身的利益，要求依法追究其刑事责任或附带民事责任的书面请求。

写作提示

本任务属于民事起诉状，这类起诉状有规范的固定的文本格式，可做参考。

近年来，随着外出旅游人员的增加，因各种意外事故导致的旅游纠纷也随之增多。原因在于，人们虽然具备了一定的法律意识，但在订立旅游合同的过程中，却容易忽视合同条款中的有关细节和模糊性措辞，这就为事后分歧埋下了伏笔。这时，旅客为了维护自身利益，需要起草起诉状，出示事实理由，提出诉讼请求，向法院提起诉讼。

任务实施

起诉状由首部、正文、尾部三个部分组成。

一、首部

首部主要包括以下各项。

（一）标题

标题是起诉状的名称，由内容加文种组成，写在首页上方正中位置。民事案件写明“民事起诉状”，行政案件写明“行政起诉状”，刑事案件写明“刑事自诉状”或“刑事附带民事诉讼状”。

（二）当事人情况

这是起诉状的开头，要求写明诉讼当事人的基本情况，按原告、被告、第三人的顺序分别列写。

1. 原告。原告指起诉的一方。如果原告是具有民事行为能力的公民，依次写明原告姓名、性别、出生时间、民族、籍贯、职业、工作单位和住址、邮政编码。原告是未成年人的，应在原告下一项写明法定代理人、姓名、性别、同原告的关系。如果原告有代理人，要写明是法定代理人、委托代理人还是指定代理人，并交待其姓名和基本情况。如果原告不止一人，一般按享受权利的大小依次排列，各代理人分别列写在各原告后面。

2. 被告。被告指被起诉的一方。如果被告是具有民事行为能力的公民，写法与原告相同。如果是法人或其他组织，则只列出单位名称、地址、电话和法定代表人的姓名、职务。被告不止一人的，则按其应尽义务的大小进行排列。

3. 如果有第三人，则列出第三人姓名（或单位名称）和基本情况，并说明与原告、被告的关系。

二、正文

正文是起诉状的主体，包括诉讼请求、事实和理由、证据、结论等几方面。

（一）诉讼请求

诉讼请求是原告向人民法院提起诉讼的目的和意图所在。起诉状要写明原告在民事权益争议中的要求，如赔偿损失、履行合同、清偿债务、归还产权等。写作时要注意：请求事项要明确具体、毫不含糊，提出要求要合法合理、切实可行，表述要明晰简练、言简意赅。

（二）事实和理由

这部分包括叙述事实和说明理由两方面的内容，是起诉状的核心内容，一般分开叙写。

1. 事实部分。事实部分是指原告提出诉讼请求的事实依据。起诉状一般以时间为顺序，叙述交待原告、被告双方权益争执的具体内容。包括发生纠纷的时间、地点、涉及的人物、事情起因、发展过程、结局以及双方的争执焦点、实质分歧、过失责任等。在叙述事实的同时或在叙述事实以后，还要提出人证、物证、书证等相应的证据供法院查证、了解事态真相，作出判决。

这部分注意叙写事实既要实事求是，又要突出主要情节和关键部分。

2. 理由部分。理由部分就是对事实的分析、看法和法律依据。说明理由时，先对被告犯罪或侵权事实进行概括归纳，再援引有关法律条文，依事论理，分析认定被告侵权行为的性质、所造成的后果以及应当承担的民事责任，最后依法论理，写明原告提起诉讼所依据的法律条款，证明请求事项的合理性。

这部分要注意两点：一是阐述理由要以事实为根据，有理有据、抓住重点、观点明确、措词得体；二是依法论理要准确地援引有关法律条款，不能自我转述或断章取义。

（三）证据及其来源

证据是指能够证明案件事实真实性、可靠性的依据和材料。列写证据应当注意：一是证据的名称要符合法律规范，二是必须标识出证据的来源，如果涉及证人证言，应当写明证人的姓名和住址。

（四）结论

结论是起诉状的落脚点。一般写法是“综上所述，被告……（指出侵权性质或责任），根据……（法律依据），特向你院提起诉讼，请依法明察，作出公正的判决。”

三、尾部

尾部包括落款和附件两部分。

（一）落款

写明本起诉状所提交的人民法院的名称，具状人的姓名、签字、盖章，注明具状的年、月、日。

（二）附件

写清起诉状副本的份数、提交证据的名称和数量等。一般分条写出“本状副本×份”、“物证×件”、“书证×件”。

写作提示

撰写起诉状，首先要了解、熟悉国家相关的法律条文，然后对起诉状的结构进行拟写。重点是撰写起诉状的主体部分，既要注意所包含的几项内容不能有缺项、颠倒现象，又要使语言准确、表意清晰，不能含糊其辞、产生歧义。

任务评估

一份好的起诉状，一般要做到以下四个方面。

1. 诉讼事实真实

法院进行案件审理工作的基本原则是“以事实为依据，以法律为准绳”。如果随意歪曲事实、弄虚作假，就会阻碍审判工作的正常进行，影响法律的公正性。

2. 列举证据确凿

无论是人证、物证和书证，都必须经过认真的审查、对照和核实。提供伪证者要负法律责任。

3. 起诉内容合法

诉讼理由必须符合法律和政策的有关规定。引用法律条款和政策条文时要具体准确，不能断章取义、任意增删。

4．语言表达得体

起诉状在语言上要注意：一要用词准确。无论是提出诉讼请求、叙述事实还是说明理由，都要选用恰当的语句准确地表情达意，做到表意清楚、明白晓畅。特别是那些专门的法律术语有固定的解释，一定要符合规范，不能自行处理；二是用词简洁。一句话能说清楚的，绝不用两句话，做到言约意丰、段无可删、句无可减；三要质朴庄重、言之有物。力避口语俗语，卖弄辞藻。

例文评析

例文 1

民事起诉状

原告：张亮，男，1958年9月2日出生，汉族，工人，住河南省郑州市文化路×号，电话：0371—6872××××。

原告：王英，女，1963年2月5日出生，汉族，工人，住河南省郑州市文化路×号，电话：0371—6872××××。

被告：北京×旅游文化有限公司。

诉讼请求：

1．判令被告赔偿原告各项损失共计302508元。

2．被告承担诉讼费用。

事实和理由：

2008年8月29日，原告之子张磊和女朋友一起到被告所属的后海游船码头，以80元价格租用被告游船一只，在后海游玩。张磊和女朋友于当日15点35分上船，16时许，张磊不慎落入水中。其女友因为无法解开船上的救生圈，遂大声呼救并且立即拨打电话报警，但是被告当时只有一名工作人员到场并且不能进行有效救护，直至15分钟后，110警察赶到，救生人员赶到，但是张磊已经溺水死亡。经法医鉴定，认为张磊系溺水死亡。

原告认为：被告有义务保证消费者的安全，应该具有完备的救生设施和遇到紧急情况的救援能力，但是却没有保证游客安全，对张磊的死亡，存在一定过错。故根据北京市死亡赔偿标准，要求被告赔偿死亡赔偿金的50%，共计247250元，被告支付丧葬费51258元，住宿、交通费用4000元，共计302508元。

此致

西城区人民法院

原告：张亮、王英

二〇〇八年九月十三日

附：本诉状副本3份

评析：这则起诉状要素齐全，格式规范，事实清楚，理由充分，语言简练，很好地体现了起诉状的文体特征。

例文 2

民事起诉状

原告：××装饰工程有限公司
法定代表人：张震　　　　职务：总经理
地址：郑州市二七路×号×座 3F　　　　电话：0371—6436××××

被告：××旅行社有限责任公司
法定代表人：李孟　　　　职务：总经理
地址：郑州市中原路×号　　　　电话：0371—6473××××

诉讼请求：

1. 判令被告向原告赔偿各种损失共计 30804.22 元；
2. 判令被告承担本案诉讼费。

事实及理由：

2008 年 7 月 20 日，原告与被告签订了 13 人单独组团赴××风景区二日游的旅游合同。其后，原告单位职工依约参加了该旅游行程，7 月 31 日上午在××风景区游玩时，由于索桥上游玩人员过多且严重超载，致使桥上 30 多人全部落水，原告单位有两名职工溺水昏迷，经抢救，两人得以生还。同时，这次落水也使得原告单位 13 名职工随身携带的大量财物全部被河水冲走。该次事故完全是由于被告派出的导游没有尽到责任所致，对原告单位职工的人身、财产造成了极大的损失。原告为此支付了医药费 1204.8 元、财产损失费 26510 元、误工费 2200 元、车辆使用费 1700 元，共计 31614.8 元。

根据《合同法》、《民事诉讼法》的相关规定，请求人民法院查清事实、判令被告赔偿原告的各种损失，保护原告的合法权益。

此致

郑州市××区人民法院

法定代表人：张震
二〇〇八年十一月六日

评析：这则起诉状开篇就明确提出诉讼请求，继而清楚地介绍了基本事实，指出事故责任完全在被告一方，最终得出要求赔偿的结论，条理清晰，语言简练。不足之处是少了附件部分，无法说明相关情况。

文体实训

1. 张政等北京某公司的职工和家属，在参加由单位组团、××旅行社组织的“长城一日游”过程中，由于旅游车司机超速驾驶致使团员乘坐的大客车侧翻，造成 1 名团员当场死亡、5 人受伤。请你代伤者草拟一份起诉状，向组织旅游的××旅行社和旅游车车主王某索赔医疗费、误工费、精神损害赔偿金等。

2．林立等五人于 2008 年春节期间参加了某旅行社有限公司组织的新马泰十日游旅行团，旅行团中有一人王某由于旅行期间身体劳累致使多年前的传染性黄疸型肝炎旧病复发，并因医治无效客死异乡。林立等人认为旅行社让患传染病的游客随团旅游，给自己精神造成了严重恐慌，要求旅行社赔偿精神损失。请你代写一份起诉状。

3．选择一起旅游合同纠纷，以旅客的名义撰写一份起诉状。

任务 2 撰写上诉状

上诉状是指诉讼当事人及其法定代理人不服地方人民法院第一审的判决或裁定，而在法定的上诉期限内向原审法院的上一级人民法院提出上诉，请求撤销、变更原审裁判或重新审理原审案件的诉讼文书。诉讼中的上诉制度既体现了人民法院对刑事、民事案件慎重处理的精神，也体现了法律上的平等和民主原则。

写作任务

陈安是挂靠在××旅游服务有限公司名下的一名导游，受该公司管理并向该公司缴纳管理费，该公司发放给她盖有本公司公章的导游上岗管理卡，陈安持该导游上岗管理卡开展导游业务。

2008 年 8 月，陈安受杭州某旅行社的委托，为其接待来自内蒙的一个旅游团队，并在提供导游服务的过程中，垫付了一行人的房费、餐费等旅游团费。之后她到杭州某旅行社财务部门进行报账核算，虽然财务部门也确认了这笔金钱的数额，却一直以各种原因拖延搪塞而不肯支付。于是，陈安只得向人民法院提出要求还款的诉讼请求。法院认为，鉴于陈安与杭州某旅行社之间的导游业务是以××旅游服务有限公司的名义进行的，所以，原告主体应是××旅游服务有限公司，陈安作为本案原告主体不适格，驳回了陈安的起诉。陈安不服原判，决定向市中级人民法院上诉，请你代她写一份上诉状。

通过完成写作任务，要求学生达到以下目标：

1．掌握上诉状的组成要素和写作方法；

2．根据生活、工作需要，撰写上诉状。

相关知识

根据《中华人民共和国民事诉讼法》第 147 条：“当事人不服地方人民法院第一审判决的，有权在判决书送达之日起十五日内向上一级人民法院提起上诉。当事人不服地方人民法院第一审裁定的，有权在裁定书送达之日起十日内向上一级人民法院提起上诉。”

上诉状的作用在于引起二审程序的发生，通过对案件的再次审理纠正一审法院的错误，维护当事人的合法权益，保障法律的正确实施。

一、上诉状的特点

（一）上诉性

这是上诉状最主要的特点。上诉状是不服法院一审判决或裁定而向上一级法院上诉，目的是纠正一审法院的不公正判决，维护上诉人的合法权益。

（二）针对性

上诉状是针对原审判决或裁定所认定事实的错误、适用法律的不当、诉讼程序的违法等而提出来的，并非针对当事人。它是引起二审的法律文书，对于推动二审法院坚持正确裁决或纠正错判有重要的意义。

（三）说理性

上诉状必须通过摆事实、讲道理的方法，把不服判决或裁定的理由讲得充分清楚、明白透彻，这样才能成为二审审判或裁定的有力依据。

（四）限制性

上诉的时间有严格限制。在民事诉讼中，对判决的上诉期限为 15 天，对裁定的上诉期限为 10 天。

二、上诉状的类型

根据上诉性质的不同，上诉状可分为以下三类。

（一）刑事上诉状

是指刑事诉讼的当事人及其法定代理人，不服地方各级人民法院的一审刑事判决或裁定，在法定的上诉期内依照法定程序，向原审法院的上一级法院提出的要求重审改判的法律文书。刑事附带民事案件的原告、被告就民事赔偿部分提起上诉时，也使用这种文书。

（二）民事上诉状

是指民事诉讼的当事人或其法定代理人，不服地方各级人民法院的一审判决或裁定，在法定的上诉期限内依照法定程序，请求上级人民法院撤销、变更原审裁判或重新审理原审案件的诉讼文书。

（三）行政上诉状

是指行政诉讼的当事人不服人民法院作出的未生效的第一审行政判决或裁定，在法定期限内依照法定程序向上一级人民法院提交的请求重新审理、撤销或变更原审裁判的法律文书。

写作提示

本任务属于生活中最为常见的民事上诉状，有固定规范的文本格式，写作时可作为参考。近年来，随着法律意识的逐步提高，人们越来越认可通过正规的法律渠道维护自身权益，使自己免受侵害。上诉状可以针对自己存在异议的法院一审判决提出质疑和反驳，通过摆事实、讲道理，成为法院二审审判的有力依据，从而有效地维护自己的权益。

任务实施

从结构上看，上诉状由首部、正文和尾部三部分构成。

一、首部

首部包括下面两项。

（一）标题

写法与起诉状相同。在状纸顶端居中写明“刑事上诉状”、“民事上诉状”或“行政上诉状”。

（二）当事人情况

分别写明上诉人和被上诉人的姓名、性别、年龄、民族、职业、工作单位、住址等内容，其写法与起诉状中当事人基本情况的要求相同。另外，还须分别注明上诉人和被上诉人在一审中的诉讼地位。如上诉人（一审原告）×××，被上诉人（一审被告）×××。

二、正文

包括上诉案由、上诉请求和上诉理由、结论四部分。

（一）上诉案由

案由指不服一审判决或裁定的事由。这一段主要叙述上诉原因，表述上有固定的格式，需简要叙说上诉人因对原审何案由一案，不服何原审人民法院的何时间、何案号的判决或裁定，认为有何错误而提出上诉。具体表述为：“上诉人因×××（案由）一案，不服××人民法院于×年×月×日×字第×号的刑（民）事判决（或裁定），现提出上诉。上诉的请求和理由如下”。

（二）上诉请求

上诉请求是上诉人请求上一级人民法院解决的具体问题，主要写明上诉人不服原审判决，要求第二审人民法院撤销、变更原审裁判，或重新审理原审案件，体现了上诉人的愿望。这部分要明确具体，讲清楚不服原判认定事实、适用法律、诉讼程序的哪方面，不能简单以“请上级法院给我做主”、“请上级法院依法作出公正判决”等笼统含糊的空话带过。同时，要清楚地把请求目的一一列出，不要遗漏。如：“请求撤销××人民法院×年×月×日〔2009〕×字第×号×民事判决，宣告上诉人无罪，并由被上诉人承担本案一切诉讼费用。”

（三）上诉理由

上诉理由是上诉人根据事实和法律，针对原审裁判中的不当之处进行驳论，针对上诉人的请求进行论证，是诉状的关键。一般来说，虽案情各异，但对一审判决的异议不外乎从三方面入手：一是针对原审认定事实的错误进行论证；二是针对原审适用法律的错误进行论证；三是针对原审违反法定诉讼程序进行论证。

上诉理由一般都是先用概括的语言指出一审裁判的错误，然后再进行反驳。原审裁判有数项错误的，可以先总体指出错误，然后逐项予以反驳；也可以在指出一项错误后即给予反驳。但无论是哪种情况，都要以确凿的事实和充分的证据反驳原裁判的不实之词，援引法律、政策或通过事理指明原裁判的谬误。

这部分在写作时要注意两点：一是驳论要有理有据、措辞要恰当得体；二是无需重复叙述对原审判决没有异议的部分，以免文字过长。

（四）结论

一般写法为“综上所述，××人民法院×字×号民事判决××××（指出实质性错误），为此，特向你院提出上诉，请求你院澄清事实，依法撤销（或变更）原判（或某部分），给予改判（或重新处理），以维护法律的尊严。”

三、尾部

尾部包括落款和附件两项内容。

（一）落款

在结论之下分两行写明“此致××人民法院”。在其右下方写“上诉人：×××”，并注明年、月、日。

（二）附件

写明：本上诉状副本×份，物证××（名称）×件，书证××（名称）×件。

写作提示

撰写这份上诉状，首先要了解与本案有关的法律条文，然后按照上诉状的结构进行拟写。重点是在撰写上诉理由部分时，要针对法院一审判决中的不实、不当之处进行针锋相对、有理有据的批驳。另外，还要注意把握语言分寸，既要表意清晰准确，又要适可而止，不能盛气凌人。

任务评估

写作上诉状时，要做到以下几点。

1. 有的放矢，表述具体

上诉状针对原审认定事实的不实、不准、不清、不当之处有的放矢、进行反驳，要清楚表述是部分否定还是全盘否定原审判决，明确提出自己的主张和要求，不能模棱两可、含糊其辞。

2. 引用法律要正确

针对原审运用法律上的漏洞，上诉状要认真对照法律原文，恰当援引相关的法律条文，以便二审人民法院作出正确判断。

3. 有理有据，以理服人

我国实行两审终审制，上诉状意义重大。必须摆事实、讲道理，抓住重点、材料翔实、说理充分，力求达到上诉目的。

例文评析

例文 1

上 诉 状

上诉人（一审原告）：佟×　女　香港居民，住深圳市深南东路深圳发展银行大厦××层

上诉人（一审原告）：陈××　男（佟×丈夫）　香港居民，住址同上

上诉人（一审原告）：陈××　男（佟×之子）　香港居民，住址同上

委托代理人：甄灵宇　创远律师事务所律师

联系地址：浦东南路×××号世界广场 13A　邮编：200120

电话：1391640××××

被上诉人（一审被告）：上海××国际旅行社有限公司

法定代表人：王××　董事长

地址：上海市长宁区定西路×××号　邮编 200050

电话：021—6252××××

上诉人因与被上诉人旅游合同纠纷一案，不服长宁区人民法院〔2008〕长民一（民）初字第 231 号判决书，提出上诉如下：

上诉请求：

1. 撤销〔2008〕长民一（民）初字第 231 号判决书第一、二、三项判决；
2. 判决被上诉人赔偿上诉人因旅游发生的费用人民币 81805 元；
3. 一、二审诉讼费由被上诉人承担。

事实与理由：

上诉人全家三口报名参加由被上诉人组织的“哥诗达邮轮”日韩六日游活动，支付被上诉人团费 25575 元。

后在办理出游手续时被上诉人工作人员一直明确告知上诉人到韩国不需办理签证，并且被上诉人在交给上诉人的签证须知中也写明外籍客人（含港澳台）办理日本签证请自理，

而没有写须办理韩国签证。因此佟×的证件一直未办理韩国入境签证。

2007 年 7 月 19 日上诉人在上海国际港客运码头（出发地点）登船时，由于佟×的证件未经韩国入境签证而被阻止登船，最终导致全家三口都不得不放弃出游。后经韩国驻香港领事馆书面证实，佟×所持香港签证身份书（DI）赴韩国需办理签证。上诉人为本次出游共支付团费、机票费、住宿费、餐费共计人民币 81805 元。

上诉人认为，被上诉人应承担上诉人因出游而支付的全部费用，一审判决未支持上诉人全部诉请，存在错误。

一、办理签证是被上诉人的法定义务（略）

二、被上诉人错误告知是出游失败的直接原因（略）

三、上诉人对出游失败没有过错，不应承担责任（略）

四、被上诉人赔偿损失应包括交通、住宿等费用

被上诉人赔偿的损失应包括上诉人为旅游支付的交通住宿等费用总额，因为：

（一）从因果关系上来讲，上诉人从香港往返上海及期间住宿等费用，都是为了“日韩六日游”的目的而发生的，如果不去旅游就没有这些费用的支出。并且这是为了旅游而必然会发生的费用。因此与旅游存在直接的因果关系。其性质跟旅游团费是没有区别的。

（二）从损失的定义上来讲，损失是因违约行为造成受害方的利益减损。即在已发生违约行为时受害方的利益状态与假如没有违约行为时的利益状态的差距就是损失。所以，交通费、住宿费、团费本身都不是上诉人的损失，因为不管出游成功与否，这些费用都是已经发生的。上诉人的损失实质上是旅游会带来的身心愉悦的落空。要赔偿上诉人的这个损失，就要衡量这个身心愉悦的价值。上诉人愿意承担上述交通费、住宿费、团费甚至误工损失等等来换取这个愉悦体验，说明它的价值至少不低于这些费用的总和。

（三）从损失的构成上来讲，违约应赔偿的损失包括返还利益、信赖利益和可得利益。从本案来看，团费是返还利益，支付给违约方的对价；交通费、住宿费则是信赖利益，信赖旅游能成功而支出的费用，因旅游失败该费用不能从旅游的愉悦中得到补偿，变得毫无价值。可得利益难以计算，只好不提。因此，所谓交通费、住宿费、团费，都只是合同法理论中赔偿损失的构成部分而已。

（四）从损害赔偿制度的目的看，赔偿的目的在于使受害人恢复到没有损失的状态，回复到假如没有违约的利益状态，而不是仅仅使施害人不能得到不当利益。就本案来说，赔偿的目的不是仅仅让被上诉人不能得到团费。

五、被上诉人赔偿的损失应包括三人费用总额

被上诉人应当赔偿上诉人三人的费用总额，因为：

（一）如前所述，旅行社违约行为造成的损失是出游会带来的身心愉悦的落空。那么其他两人放弃出游其费用是否应赔偿，就应考察：所谓的“身心愉悦”是不是可以分割，将全家三口出游带来的愉悦分割为平均的三份，三份汇总的价值就是一家为出游支出的总费用，当其中一人不能出游时，其余两人出游带来的愉悦仍然是没有减损的两份？很显然，这样理解是不可以的。因为全家出游的愉悦并不是简单的三个人分别出游的相加，事实上，出游的愉悦一方面来自湖光山色之类的外在情境，另一方面也来自家人之间的亲情。是否愉快，出去玩和到哪里去玩是一方面，跟谁去玩也是很重要的一方面。因此，不能认为旅行

社的过错致使一个人不能出行，只是造成一个人愉悦的落空。事实上，其他两个人放弃出行，即可以说明，其他两个人出行已经没有价值，对他们来讲，已经没有身心愉悦可言。所以不能只赔偿一个人的费用，其他两人的费用亦应赔偿。

（二）其他两个人的费用应该赔偿，可以从另一个方面来推断。损害赔偿的范围有一个“相当因果关系”的原则。所谓相当因果关系，简单说，就是，无A必无B，有A通常有B。可以判断，其他两个人的放弃出行与佟×无法出行是有相当的因果关系的，如果佟×能出行，则其他二人必定成行，而一家三口之一不能出行，通常情况下其余人也会放弃。因此，其他两人放弃出行的损失应由旅行社进行适当赔偿。

（三）本案不适用合同法中“一方违约，对方应采取措施防止损失的扩大，否则不能就扩大的损失获得赔偿”的规定。被上诉人关于“一人不能出行时，其余二人应当继续旅游，以防止损失的扩大”，这个讲法的错误在于将发生的费用当作损失，事实上不管是否成行，费用都将产生，因此发生的费用本身并不是损失，旅游会带来的愉悦的落空才是损失所在。一人不能出游时其他二人已无愉悦可言，因此损失已经事实上发生，而不是其他两人继续出游就会不受影响地获得其本来的愉悦体验。

综上所述，长宁区人民法院〔2008〕长民一（民）初字第231号判决书判定旅行社赔偿佟×一个人损失不当，为此，特向你院提出上诉，请求你院澄清事实，依法撤销原判第一、二、三项判决，给予改重新处理，以维护法律的尊严。

此致

上海市第二中级人民法院

上诉人：佟×

二〇〇八年七月四日

（资料来源：上海律师咨询服务网，略有改动）

评析：这则围绕旅游纠纷案所写的上诉状通过举证事实、援引多项法律条文，指出了法院一审判决中的语焉不详之处和适用法律上的不当，在此基础上提出撤销原判的请求。全文按照上诉案由、上诉请求、上诉理由、结论四部分组织材料，有的放矢，结构严谨，义正词严，语言雄辩，很好地体现了上诉状的文体特征。

例文2

民事上诉状

上诉人（原审原告）：程宝华，女，汉族，系隋永平之妻。

上诉人（原审原告）：隋宇，男，汉族，系隋永平之子。

被上诉人（原审被告）：××省华侨国际旅行社（下称：华侨国旅）。

法定代表人：刘克英，系董事长。

地址：长春市西安大路×号吉发广场A座×号，电话：8851××××。

被上诉人（原审被告）：吉林省××景区管理有限公司（下称：景区）。

法定代表人：侯振声，系总经理。 电话：0433—571×××× 0433—575××××

地址：长白山保护开发区池北，吉林省安图县二道×镇，邮编：133613。

上诉人因不服长春市南关区人民法院2008年12月23日〔2008〕南民初字第1677号民事判决书的判决（以下简称：南判）和2008年10月29日〔2008〕南民初字第1677号民事裁定书的裁定（以下简称：南裁），依法提起上诉。

请求事项：

本案审判程序严重违法，运用法律错误，判决不公，恳请贵院依法撤销“南判”和“南裁”，为维护上诉人的合法权利，为讨回法律面前人人平等的待遇，故恳请贵院查明事实依法改判。

事实及理由：

一、“南判”赔偿上诉人5万元数额太少，理应依法改判

“南判”根据《合同法》第61条判决被上诉人赔偿给上诉人可得利益5万元数额不足，应按照《合同法》第62条依据旅游保险行业有关法规确定赔偿数额，故恳请贵院依法改判。理由：

1.《旅行社投保旅行社责任保险规定》第10条规定，旅行社责任保险实际就是旅游业的“交强险”，由于被上诉人有悖《旅行社投保旅行社责任保险规定》第2条之规定，未给游客投保旅行社责任保险，最低损失可得利益8万元应由被上诉人承担。

2.《旅行社办理旅游意外险》第7条规定，被上诉人未给游客办理人身意外保险而截留了上诉人所交的10元保费，由于被上诉人的故意违约及过错，上诉人未得到保险公司的理赔。基于此，被上诉人就应按旅游保险标准赔偿给上诉人30万元可得利益的损失。

请贵院查明事实，按照有关规定重新改判赔偿上诉人可得利益数额。

二、上诉人与“景区”属于合同关系，应承担门票保险和违约赔偿责任

1. 上诉人提供了“景区”出售的吉林省文化体育业100元门票。（一审提供）

游客2007年7月29日购买门票进入了山门，双方即建立起了合同关系，上诉人与“景区”是旅游合同关系无疑。“景区”却未履行其职责，有悖《旅行社管理条例》第21条、《中华人民共和国消费者权益保护法》第8条之规定，“景区”未对游客的安全负责，未作出真实说明，故“景区”应当承担违约赔偿责任。

2. 门票背面是明信片，证明门票含最低5万元意外险。

（1）门票：××旅游保险：价格0.8元/张（新证据）。

（2）门票背面是明信片：中国邮政80分。（一审提供）

（3）门票搭保险，误会：明信片和意外险是景点单位“附赠”的……无需付出门票以外的费用即可得到……（新证据）

（4）门票含保险最高十万元：……持票获得保险赔付。（新证据）

（5）上诉人提供借鉴的《王林祥夫妇诉雄都旅行社》旅游赔偿38万元案例。（一审提供）

明信片式的门票显示含有意外险，上诉人得不到保险公司理赔，“景区”应给予赔偿。

因上诉人与“景区”合同关系成立，故应承担门票保险和违约赔偿责任。

三、“景区”没有任何救助措施，应承担救助不利的赔偿责任

1.“景区”没有救助站。“景区”提供的《关于××景区医疗救护站情况说明》中明确说明西景区未设救助站。从北景区下山坐车需大约2个多小时，到西景区再上山还得2

个多小时，那么救助站的人员到达隋永平摔倒的时间约需 7 个小时之久，120 的医护人员从山下到山上 2 个多小时到达的事实说明“景区”没有任何救助措施，没有医生。

2. “景区”提供的抚松县第二人民医院医生丁××证明：接到“景区”急救电话后速赶往现场急救，现场情况患者呼吸心跳停止……说明 120 医生到现场未救，游客已死亡，怎么能证明死因是心脏病？

3. “景区”未按照国家质量监督检验检疫总局《旅游区（点）质量等级的划分与评定》标准执行，没有任何救助措施，说明“景区”不具备 5A 级旅游景区管理标准。

由此不难看出：隋永平 8:20 分头晕摔倒至 10:50 分 120 急救人员赶到，失去了最佳抢救时间这是不争的事实，“景区”应承担救助不利的赔偿责任。

为保护上诉人的合法权益，彻底解决旅游者受到伤害赔偿难的问题，恳请贵院依法撤销“南判”和“南裁”，恳请贵院查明事实依法改判，给予公正的判决！

此致

长春市中级人民法院

上诉人：程宝华、隋宇

二〇〇九年一月二十日

附：

1. 上诉状 7 份；

2. 2008 年 10 月 29 日一审提供给法院的证据目录（证据内容详见一审卷）（4 页、隋永平照片证明“景区”当时没有警示牌）（新证据 1 页）；

3. 门票：××旅游保险，价格 0.8 元/张（新证据 1 页）；

4. 门票搭保险，误会（新证据 1 页）；

5. 门票含保险最高十万元（新证据 1 页）。

（资料来源：酷少网，略有改动）

评析：这份上诉状格式规范完整，针对“南判”和“南裁”中的不实之处，通过出示大量的相关材料、援引有关法规条例进行了有理有据的驳斥，证据确凿，有理有据。

文体实训

1. 根据下列材料，起草一份上诉状。

张亮于 2008 年春节期间随着旅行团印尼民丹岛游玩，2 月 8 日被安排住到了当地的一家酒店，同时被告知游客可以免费试用酒店的一切服务设施。第二天上午 10 点多，张亮来到该酒店免费开放的泳池游泳，下水几分钟后，发生溺水事故，后被一名澳大利亚籍客人救助上岸。原来，该泳池即便在正常开放的时间也既不配备任何救生人员，又无相应的抢救设施，同时，泳池周围也没有相应的说明和警示，而且泳池水深标注和实际不符。事发后酒店人员虽在第一时间赶到现场，但由于酒店内没有相应的急救设备，导致张亮不治身亡。民丹岛诊所在诊断书上记载该游客死亡原因为“疑似心脏病”。张亮家人遂以旅游公司未尽合同义务为由向其所在地杭州市上城区人民法院提起诉讼，要求退还旅游费用、赔偿死亡赔偿金、精神损害赔偿金。法院认为：一、鉴于当地医生诊断张亮死因为疑似心脏病，故无法确定张某是溺水死亡；二、酒店泳池没有配备救生人员，但由于该酒店是国外酒店，国内规范不能调整国外秩序。因此，无法认定被告提供的服务不符合规范。三、根据张亮与旅游公司双方签订的旅游服务合同，旅行社具有向旅游者介绍有关风俗人情、当地特色等义务。但该种告知内容并非包括任何旅游者未知的内容。而张某作为有完全民事行为能力的人，应具有判断自己是否适应游泳的能力。据此，一审法院驳回了原告的全部诉讼请求。张亮家人不服判决，决定向杭州中院提起上诉。

2．2008 年 8 月，广东省广州市 10 名驴友相邀去郊外峡谷旅游探险，不料在露宿时山洪突然暴发，致使一名女孩小王被洪水冲走身亡。事后，小王家人状告同行的 9 名驴友，要求支付死亡赔偿金和精神损害抚慰金 30 万元。法院认为，作为此次活动的提议者小梁缺乏对户外探险危险性的认识，在整个活动过程中组织不力、防范不够，应付主要责任；其他几名成员事发后只是完成了自救的义务，却没有完成救助他人的义务，也存在一定过错；死者小王既没有完成自救的义务，也没有完成救助他人的义务，本身亦有过错。鉴于死亡赔偿金和精神损害抚慰金双重赔偿不符合相关法律的规定，判决其他 9 人支付小王家人死亡赔偿金、丧葬费、误工费、交通费 15 万元，其中小梁支付 11 万元，其他人支付 4 万元。小梁与其他 8 人不服一审判决，决定向中层人民法院上诉。请你代他们写一份上诉状。

任务 3　撰写申诉状

申诉状又称再审申请书，是指诉讼案件当事人对已经发生法律效力的判决、裁定，认为有错误表示不服，按照审判监督程序提出申诉，要求人民法院或人民检察院（只有刑事申诉可以向人民检察院提出）重新处理予以复查纠正的诉讼文书。它是引起审判监督程序的依据。

写作任务

2008 年 7 月，刘娟所在的工作单位科研所与甲旅行社签订了《国内旅游组团合同》，约定由甲旅行社为包括刘娟在内的科研所 9 名员工提供到云南大理的组团旅游服务，旅行日期自 7 月 16 日至 7 月 20 日，应缴团费总额 18000 元，预付费用 12000 元。甲旅行社签订上述协议后，在未与刘娟等人协商、刘娟等人不知道的情况下又与乙旅行社签订《大理出团确认书》，约定由乙旅行社按原合同约定的服务内容为刘娟等人提供大理区域的旅游服务，结算价为每人 1760 元。2008 年 7 月 13 日，乙旅行社又与丙旅行社签订《大理出团确认书》，转由丙旅行社作为接地社仍按原约定的服务内容为刘娟等人提供旅游服务，结算价为每人 570 元。7 月 19 日下午，在丙旅行社组织刘娟等人乘坐客车前往旅游景点途中，与另一车相撞，导致刘娟及车上的其他乘客受伤，经当地公安局交通警察大队认定，刘娟等人乘坐的客车负事故的主要责任。刘娟伤愈后生活不能自理，遂辞掉了工作。于是要求甲旅行社赔偿医疗费、护理费、误工费等 10 万元，法院同意了她的请求。但甲旅行社不服判决，认为此次事故应由丙旅行社承担责任，准备提起申诉。请你代写一份申诉状。

通过完成写作任务，要求学生达到以下目标：

1. 掌握申诉状的组成要素和写作方法；

2. 能够根据现实需要，撰写申诉状。

相关知识

申诉状作为提起审判监督程序的材料来源中最经常和最主要的方面，是司法机关发现错误裁判的一个重要途径，能够促使司法机关坚持真理，修正错误，有效维护申诉人的合法权益，减少冤假错案的发生。

一、申诉状的特点

1. 必须是与本身权益有关的公民（行政申诉和民事申诉，也可以是法人或其他组织）提出的。

2. 申诉是对已经发生法律效力的判决、裁定不服才提出的。

3. 申诉状的提出不受时间限制，申诉期间不停止原裁决的执行。

4. 申诉状是申诉人维护自己合法权益的一种补救性文书，不一定能引起审判监督程序的发生。

二、申诉状的类型

申诉状大致可分为以下三类。

（一）刑事申诉状

刑事申诉状是指刑事诉讼当事人及其法定代理人、被害人及其家属或其他公民，对已经发生法律效力的刑事判决、裁定认为确有错误，向人民法院或人民检察院提出申请复查纠正的诉讼文书。

（二）民事申诉状

民事申诉状是指民事诉讼当事人及其法定代理人，对已经发生法律效力的判决、裁定不服，依法向人民法院提出的要求变更或撤销原判决和裁定的一种法律文书。

（三）行政申诉状

行政申诉状是指行政诉讼当事人及其法定代理人，对已经发生法律效力的判决、裁定不服，向原审人民法院或其上一级人民法院提出申请复查纠正的诉讼文书。

三、申诉状和上诉状的区别

申诉状与上诉状虽然都是认为原判决或裁定有错误而要求依法重新处理的诉讼文书，性质、作用基本相同，但两者在使用程序上还是存在着一些差别，具体表现为以下几个方面。

1. 适用范围不同。上诉状只是针对尚未发生法律效力的一审判决和裁定提出的；而申诉状不仅针对已经发生法律效力的一审判决和裁定，还包括二审的终审判决、裁定，甚至是正在执行和已经执行完毕的判决或裁定。

2．受理期限不同。上诉状必须在规定的上诉期限内提交才具有法律效力，超过期限者不能上诉；而申诉状的撰写和提交则没有时间限制。

3．呈送机关不同。上诉状只能呈送给原审人民法院的上一级人民法院；而申诉状既可以呈送给原审人民法院或其上一级法院，也可以提交给人民检察院。

4．提起后果不同。上诉状必定会引起二审程序的发生；而申诉状只是提起审判监督程序的一种材料来源，未必会引起审判监督程序的发生，对原案进行再审。

写作提示

本任务属于民事申诉状，有相对规范固定的文本格式（与上诉状大致相同），写作时可做参考。从《中华人民共和国刑事诉讼法》的有关内容来看，申诉是法律赋予公民的权利。申诉人提起申诉，一旦引起审判监督程序的发生，就有可能作出部分或全部改判。既有利于纠正错判、维护法律的尊严，又切实保护了申诉人的合法权益。

任务实施

申诉状的写法与上诉状基本相同，一般由首部、正文、尾部三部分组成。

一、首部

首部主要包括以下两部分。

（一）标题

根据不同案件的性质，居中写出标题。如“民事申诉状”、“行政申诉状”等。

（二）申诉人情况

提出申诉的当事人称为“申诉人”，因为申诉是针对原审判决、裁定有误而要求复审改判的，所以没有“被申诉人”一项。申诉人或申请人是公民，写明姓名、性别、年龄、民族、籍贯、职业、单位、住址等；是法人或其他组织的，写明单位名称、所在地址、法定代表人或代表人的姓名、职务。

二、正文

是申诉状的重点，要写明申诉原由、请求事项、事实与理由等项。

（一）申诉原由

包括原来案件的案由、原处理机关名称、处理时间、处理文书的名称、编号，以及不服处理提出申诉的意愿。一般表述为：“申诉人因××一案，不服××人民法院于×年×月×日〔年度〕所做的×字第×号一审（或二审）判决（或裁定、决定），现提出申诉（或再审申请）”。

（二）请求事项

要明确、具体地写明申诉人请求人民法院或人民检察院解决什么问题，给予怎样的改变处理等问题。先说明原来受到的处理有何不当，再说明请求人民法院或检察院如何再审，最后指出要求达到什么样的目的，或者要求撤销或变更原判决、裁定，或者要求查处或再审，以纠正原判决或裁定的错误之处。

（三）事实与理由

是申诉状的核心部分，也是能否引起审判监督程序（或复查）的重要依据。行文上先概述案情事实、原来的处理经过和最终结果，再针对处理决定过程中的错误之处加以阐述，并列举证据和援引法律规定进行论证，最终自然引出申诉或申请再审的具体请求，使申诉请求显得合理合法。这部分一般从以下几方面入手。

1. 指出原审认定的事实有误。原判决在认定事实上存在问题，或者没有把事实搞清就匆忙下结论，或者所认定的事实与实际不符，或者所认定的事实缺乏证据等，都会导致判决错误。针对这种情况，申诉状不仅要全面准确地说明事实真相，而且要提供充分有力的证据，尤其是那些影响判决和裁定的关键事实或情节，更要条分缕析、有理有据，讲述清楚。

2. 提供新发现的事实和证据。申诉人如果在原判决、裁定生效以后，又发现了审判时没有掌握的、而又能够有效否定推翻原判决、裁定的新事实和证据，可以将其列出，作为要求纠正原判决、裁定的根据。

3. 提出原审裁决适用法律不当。法院进行一审判决、裁定时，虽然认定事实没有出入，但如果适用法律不当，也会造成量刑的畸重畸轻和裁定的偏差，导致在案件性质和确定罪名上发生错误。针对这种情况，申诉状需要表述清楚原审判决或裁定在什么地方适用法律错误，为什么会出现错误，以及应当怎样正确援引法律等。

4. 指出原审过程违反诉讼程序。如果原审违反诉讼程序，而且因此影响到了判决、裁定的结果，就需要在申诉状中明确指出其违反程序的具体事实，并援引法律详细阐明如何正确执行诉讼程序的理由。

三、尾部

尾部包括落款和附件两项内容。

（一）落款

在正文下行的空两格处写“此致”，再另起一行顶格写明“××人民法院（人民检察院）”。在其右下方写“申诉人：×××”，并注明年、月、日。

（二）附件

需写明申诉状副本×份，物证、书证的名称、件数，并附上已经发生法律效力的原判决书或裁定书原件或复印件，以便人民法院审查。

写作提示

撰写申诉状，首先要了解国家相关的法律条文，然后对申诉状结构进行拟写。重点是撰写申诉状的正文部分，既要注意事实理由的重点突出、有理有据，又要做到语言准确、分寸适度。

任务评估

申诉状在写作上，要做到以下几点。

1．挖掘、搜集新的材料和证据

鉴于新证可能会部分或全部推翻、改变原有的判决和裁定，在申请再审的过程中，申诉人要尤其注意提供新的事实和证据，使诉讼请求显得合理合法、水到渠成。

2．驳证结合，有理有据

要以事实为依据，以法律为准绳，抓住原审判决、裁定中的关键性错误，如认定事实的主要证据不足、使用法律不当、违反法定程序、审判人员有贪污受贿、徇私舞弊行为等问题，进行有理有据的批驳申辩，从而满足请求事项、保障自身的合法权益。

例文评析

例文 1

民事申诉状

申诉人：吴为，男，1976 年 4 月 23 日生，汉族，导游，住北京市朝阳区花家地西里×号

被申诉人：北京市×旅行社　　地址：北京市前门大街×号

法定代表：张强　　职务：总经理

申诉缘由：申诉人因旅游团款纠纷一案，不服北京市朝阳区人民法院于 2008 年 6 月 14 日〔2008〕所做的×字第×号一审判决，现提出申诉。

请求事项：撤销一审判决，依法改判×旅行社立即偿还人民币 2 万元。

事实与理由：

一、申诉人作为债权人向作为债务人的被申诉人提起诉讼，作为原告的主体完全适格。

申诉人向一审法院提供了被申诉人交给申诉人的证据材料《欠条单》，足以证明申诉人是债权人，被申诉人是债务人。《欠条单》具体载明了被申诉人尚欠申诉人款项金额的具体数额。经被申诉人的核算人核算后在《欠条单》上签名，并在《欠条单》上盖上被申诉人的印章。该证据充分证明，申诉人作为索还欠款的原告，其诉讼主体完全适格。申诉

人作为原告，在一审《民事起诉状》中具体说明《欠条单》事实形成的过程和原因，说明申诉人受被申诉人的委托（实际上是聘用）在为被申诉人接待旅游团队提供导游服务的过程中，为被申诉人垫付了应由被申诉人交付的房费、餐费等旅游团费。申诉人受托完成每次接待旅游团任务后，经被申诉人的财务部门进行报账核算，确认被申诉人尚欠上诉人金额的数额。这就是申诉人与被申诉人之间债权债务形成的过程和原因。证明申诉人作为索要欠款的原告，其主体是适格的。

二、本案是债权债务纠纷，而不是旅游团款纠纷，一审裁定本案的案由为“原告与被告旅游团款纠纷”是错误的。本案不是旅游团费纠纷，因为申诉人不是旅游团成员，不需要提供旅游团费。旅游团费是由旅游团成员即旅游者交付的。被申诉人作为旅游接待社，在收到旅游组团社交付的旅游团费后，应当为接待的旅游团队，向旅游接待的住宿、餐饮单位付给旅游费用，但这些旅游费用却由申诉人垫付。申诉人垫付后，向被申诉人财务部门报账，经被申诉人核算后将尚欠申诉人的款项，形成《欠条单》交给申诉人保存。因此，本案的案由并非旅游团费纠纷，而是垫付旅游团费纠纷，或是垫付旅游团费后形成的欠款纠纷，因此本案的案由应是债权债务纠纷，而不是旅游团费纠纷。由于一审裁定对旅游团费定义产生误解，造成裁定原告主体不适格的错误，因此应对本案案由作出纠正。

以上所述，原审法院在未查清事实的情况下，误解了旅游团费的内涵，否定了申诉人作为原告主体的资格，在法律上是站不住脚的。请求再审法院查明事实，依法改判北京市×旅行社立即偿还拖欠的人民币2万元，以维护申诉人的合法权益。

此致

××人民法院

申诉人：吴为

二〇〇八年 十一月十五日

附：生效判决书、裁定书及相关证据材料。

评析：这是一份民事申诉状，申诉原由清楚、请求事项明确、事实理由充分、论证有理有据，结构清晰完整，很好地体现了申诉状的写作规范和要求。

例文2

申 诉 状

再审申请人（一审第一被告、二审上诉人）：广州广旅国际旅行社股份有限公司（下简称广州广旅）

法定代表人：郑××，总经理

委托代理人：郭××、江××，均系广东国智律师事务所律师

被申请人（一审原告、二审被上诉人）：T国际电工（惠州）有限公司（下简称T公司）

法定代表人：Gilles Schnepp，董事长

委托代理人：曹××、周××，均系广东伟伦律师事务所律师

被申请人（一审第二被告）：惠州广旅旅行社有限公司（下简称惠州广旅）

再审申请人广州广旅与被申请人T公司、惠州广旅因旅游合同纠纷一案不服惠州市中级人民法院于二〇〇五年九月九日作出〔2005〕惠中法民一终字第387号民事判决，现提出申诉。

请求事项：请求再审驳回T公司的诉讼请求，改判我公司不承担还款及连带责任。

事实与理由：

我公司与T公司于2002年6月4日签订欧洲商务考察团服务《合同书》，约定由我公司办理欧洲七日商务接待安排事宜，预计参团人数35人，出团日期为2002年7月份（具体日期另定），团费总额46.9万+单人房价差+护照办理费，为操作方便，我公司征得T公司同意，委托惠州广旅代收团费并负责日常联络事宜。但合同始终未对保证金问题作出任何约定。后来由于T公司组织的客人来自全国各地，目的国（意大利、希腊、法国等）驻广州领事馆只受理广东、广西、海南、福建等省区户籍人员签证，故此考察团成行可能性不大，此情况下，我公司于2002年8月份明确指示惠州广旅尽快与T公司解除合同。惠州广旅经与T公司协商，于2002年8月底达成了解除合同的口头协议，并于2002年9月初签订了解除合同的《协议书》。该协议书在一审和二审期间因经办人员不慎跟与案件无关的其他材料混杂，加上人员变动和其他原因无法找到而未能提交法院，致使这一解除合同的关键事实未被法院认定。近期我公司派人清理惠州广旅时，才从文件档案中发现了这份解除合同协议书，该协议书充分证明了双方同意解除2002年6月4日签订的合同书的事实。合同因无法签证而解除，但T公司考察团成员仍强烈要求出国考察，T公司也强烈要求惠州广旅另想方设法组织出团。惠州广旅通过多方途径联系到自称能办妥签证出团手续的中国海洋豪华邮轮有限公司（下称邮轮公司）。2002年11月9日，惠州广旅与邮轮公司协商达成旅游组团合同，订立合同主体甲方是惠州广旅而非我公司，乙方是邮轮公司。这正是为满足T公司客人强烈要求，惠州广旅以独立主体身份与邮轮公司联合为T公司组团的客观事实。邮轮公司虽办妥了签证手续，但出行前提出每人必须交5或8万元保证金才能出团。惠州广旅因担心保证金安全问题而决定取消旅行，但在T公司客人的强烈要求下，由客人私自交保证金，由惠州广旅代收后交邮轮公司。其中有一位客人还直接将保证金交到邮轮公司负责人的招商银行卡上。考察团返回后，邮轮公司负责人携巨额保证金不知逃往何处。惠州广旅因没有组织出国考察团的资格擅自为T公司组织此考察团，受到惠州市旅游局的行政处罚。此为本案基本过程。

原审判决认定事实不清，判决不公。表现在：

1. 我公司根本不是本案适格被告，不应承担本案法律责任。我公司虽与T公司签订商务考察合同书，但该合同书因签证受阻而未履行，双方也于2002年9月8日签订协议书解除了合同，双方权利义务随之终结。后出国组团是惠州广旅和T公司、邮轮公司之间形成的，与我公司根本无关。

2. 惠州广旅开始是代表我公司与T公司进行日常事宜的联络工作，双方合同明确规定，惠州广旅的代理权限是“代收甲方团费并负责日常联络事宜”，授权权限十分明确。而我公司与T公司解除合同后，惠州广旅是以独立主体身份为T公司组织考察团的。故出国考察合同关系实质是在T公司与惠州广旅、邮轮公司三方之间形成的，与我公司没有关系。T公司因履行此合同发生纠纷，依法应向惠州广旅和邮轮公司主张权利。

3. 惠州广旅以独立主体身份为T公司组织出国考察团，并以独立主体身份与邮轮公司订立《旅游组团合同》。在邮轮公司办妥签证后，提出要考察人员每人交5万或8万元保证金，否则不能出团的无理主张后，惠州广旅与T公司开始是不同意的，后经不起参团人员强烈要求才最终勉强出团。保证金也是惠州广旅代邮轮公司的每个参团人员收取的，惠州广旅收取团费后也是全部交给邮轮公司。

但原审判决无视这一事实，以《合同法》第49条规定，认定惠州广旅是代理我公司收取保证金错误。

第一，我公司与T公司的合同明确规定，惠州广旅的代理权限是代收团费和日常联络事宜，根本不包括代收保证金。

第二，因出国受阻，合同于2002年9月依约解除。虽原审时惠州广旅负责该业务人员因主观过错暂时找不到解除合同协议书，但解除合同的客观事实是存在的。

第三，考察团最后成行，是在我公司退出后由惠州广旅独立与邮轮公司共同完成，因此引起的法律后果与我公司无关。

第四，最为关键的是我公司未委托惠州广旅收取保证金，更没有取得该保证金分毫。

第五，从实际案情看，惠州广旅也是在违背真实意思情况下，为促成考察团成行，违心代邮轮公司向考察团每个成员收取保证金后全部直接交给邮轮公司。即使惠州广旅有一定责任，但最大责任者都是邮轮公司。T公司也有一定过错，明知惠州广旅代邮轮公司收保证金风险巨大仍积极促成事件形成。

4. 原审认定惠州广旅是代理我公司进行出境游业务更是无稽之谈。（略）

5. 原一、二审认定法律关系混乱不清。（略）

6. 本案T公司不具适格原告主体资格。（略）

7. 按原审法院逻辑，我公司与T公司之间的纠纷是旅游合同纠纷，惠州广旅是我公司的代理人，本案合同履行地是欧洲，被告住所地在广州，按民诉法第24条，惠州法院对本案没有管辖权。

综上所述，原一、二审认定事实严重不清，适用法律错误，判令我公司承担不应承担的法律责任缺乏事实依据，请求再审撤销原一、二审判决，驳回T公司对我公司的诉讼请求，维护我公司合法权益。

评析：这是针对已经发生法律效力的二审判决而写的请求再审的起诉状，介绍案件过程重点突出、有条不紊，驳斥原审判决不公观点明确、材料翔实。美中不足的是少了落款和附项两项内容。

文体实训

1. 根据下列材料，撰写申诉状。

杨娜于2009年6月到北京旅游时，参加了某旅行社的长城、十三陵一日游。在乘坐大巴由十三陵返回城里的路上，导游小胡以汽车需要加油、旅客也可以趁机休息喝茶为由，将她们带到一处紧挨着玉器店的乘凉处，同时介绍说，此家玉器店历史悠久、信誉极好，所卖玉器皆为真品，喜欢玉器的旅客不妨挑选一两件。于是，杨娜就在该店花了 1.2 万购买了一块缅甸玉，回家后发现是以次充好的劣质品。她认为导游小胡对此事负有引诱、暗示消费者的责任，遂向法院提起诉讼，要求赔偿损失 4000 元，被法院认为证据不足驳回。杨娜不服原审判决，申请改判，请你帮她写一份申诉状。

2．小林夫妇在 2003 年 3 月与某旅行社签署了一份“五一”新马泰 10 日游的协议，并交付了 4500 元的订金。之后，随着“非典”疫情的逐步加剧，小林夫妇决定取消这次旅行并请旅行社退回全部订金，被旅行社拒绝。于是他们向法院起诉，法院判定旅行社退回部分订金。小林夫妇不服判决，认为取消旅行乃是由于客观环境所致，自己不应担负主管责任，申请改判，请你帮他们写一份申诉状。

任务 4　撰写答辩状

答辩状是指民事诉讼的被告或被上诉人根据民事起诉或民事上诉状的内容，针对原告提出的事实理由、诉讼请求或上诉人提出的事实理由和上诉请求作出答复、进行辩驳的法律文书。

写作任务

为了适应景区发展的需要，某景区管理处于 2009 年 12 月向市城建规划局提出申请报告，要求拓宽管理处前面场地 150 平方米。市城建局于 12 月 25 日以市城建字〔2009〕71 号批文同意该项工程。同年在拓宽场地过程中，需要拆迁租住户张××一户约 18 平方米的住房，但张××提出的要求过于苛刻。几经协商，不能解决。答辩人不得已于 2010 年 1 月×日投诉于××市××区人民法院。××市××区人民法院于 2010 年 2 月以〔2010〕民字第 19 号判决书判处张××必须于 2010 年 3 月底前搬迁该屋，并由景区管理处提供不少于原居住面积的房屋租给张××居住，但张××仍无理取闹。请代替景区管理处起草一份答辩状。

通过完成写作任务，要求学生达到以下目标：

1．掌握答辩状的特点和写法；
2．能够根据现实需要，撰写答辩状。

相关知识

《中华人民共和国民事诉讼法》第 113 条规定：“人民法院应当在立案之日起五日内将起诉状副本发送被告，被告在收到之日起十五日内提出答辩状。”第 150 条规定：“原审人民法院收到上诉状，应当在五日内将上诉状副本送达对方当事人，对方当事人在收到之日起十五日内提出答辩状。”

答辩状的主要作用是：一、有利于维护被告人或被上诉人的合法权益，他们可以针对起诉状或上诉状中的不实之词和无理要求，有的放矢地陈述自己掌握的相关事实、证据，明确阐述自己的观点、主张和理由，力求在诉讼中获胜。二、有利于审判机关全面了解情况，保障司法公正。兼听则明，人民法院可以通过起诉状和答辩状了解诉讼双方当事人的意见和要求，从而查明事实真相，作出正确的裁判。

一、答辩状的特点

（一）答复性

答辩状是与起诉状、上诉状相对应的法律文书。针对原告或上诉人在起诉状或上诉状中对被告人进行的指控，为维护自身权益，被告或被上诉人需要对这种指控进行回答，因此，答辩状具有明显的答复性。

（二）论辩性

起诉状或上诉状往往通过摆事实、讲道理的方式证明原告或上诉人诉讼请求的合理性和合法性。当起诉状和上诉状提出的诉讼请求与被告人或被上诉人的切身利益相抵触时，就需要运用答辩状批驳对方，陈述自己的理由，证明对方的荒谬性。所以说，答辩状具有鲜明的论辩色彩。

二、答辩状的类型

（一）按形式不同分类

两审终审制是我国的基本审级制度，据此，答辩状在形式上可分为两类

1. 一审程序中的答辩状，是指被告收到人民法院送达的起诉状副本后，针对原告起诉状的内容提出答复和辩驳的书状；

2. 二审程序中的答辩状，即被上诉人收到人民法院送达的起诉状副本后，针对上诉人上诉的内容提出答复和辩驳的书状。

（二）按案件的性质不同分类

1. 民事答辩状，是民事被告、被上诉人针对原告或上诉人的起诉或上诉，阐述自己认定的事实和理由，予以答复和辩驳的一种书状。

2. 刑事答辩状。刑事答辩状是相对于刑事自诉状而言的。对于刑事案件中被害人提起自诉的案件（如侮辱、诽谤、虐待、遗弃家庭成员等），被告人可以“针锋相对”地进行反驳，从而表明自己没有犯罪或情节轻微，这在法律上叫做刑事答辩，刑事答辩状就是被告人进行答辩的书面依据。

3. 行政答辩状，是行政诉讼中的被告或被上诉人在收到人民法院送达的起诉状副本后，在法定期限内，针对原告在起诉状中提出的诉讼请求和事实根据，举出证据，说明作出具体行政行为的依据，进行回答和辩解的书状。

写作提示

本任务属于一审程序中的民事答辩状。被告人或被上诉人可以通过答辩状状，针对起诉状或上诉状中的不实之词和无理要求陈述相关事实，出示相关证据，阐述自己的观点、主张，从而规避侵害，赢得胜利。

任务实施

答辩状一般由首部、正文和尾部三部分组成。

一、首部

首部包括标题、答辩人基本情况两部分。

（一）标题

一般写明文种，如“民事答辩状”、“刑事（或民事）被上诉答辩状”。

（二）答辩人基本情况

写法与起诉状中的当事人基本情况的要求相同。答辩人是公民的，就列写其姓名、性别、年龄、民族、籍贯、职业和住址。有代理人的需另起一行列写代理人，并标明是法定代理人、指定代理人、还是委托代理人，并写出其姓名、性别、年龄、民族、籍贯、职业和住址。如果是法定代理人，还需写明其与答辩人的关系。如委托律师代理，只写明其姓名和职务。如果被告人是法人或其他组织，需列写单位全称、所在地及法定代表人的姓名、职务。

二、正文

正文是答辩状的核心内容，包括答辩案由、答辩理由和答辩意见三部分。

（一）答辩案由

是正文的前言部分，要简明扼要地交待答辩人具状的原委。如“因××（案由）一案，现提出答辩如下”；或“答辩人于×年×月×日收到×××人民法院送来原告人（或上诉人）×××因××一案的诉状（或上诉状）副本，现答辩如下”。

（二）答辩理由

是答辩状最主要的部分，是针对原告或上诉人的诉讼请求及其所依据的事实与理由进行的反驳与辩解。答辩人必须在针对原告或上诉人的指控，就事实、证据、理由、请求的某一方面或多方面作出明确答复和辩驳的同时，阐明自己对案件的主张和理由，反驳原告或上诉人的诉词。

一般来说，叙写答辩理由可从下面几方面提出。

1. 就事实方面进行答辩。对起诉状、上诉状叙述的事实是否符合实际情况表达意见。如果对方所诉事实全部都是虚假的，就全部否定；如果对方所诉事实部分虚假，就予以部分否定，并提出证据加以证明。

2. 就适用法律方面进行答辩。针对司法活动中适用法律的不当（一是对方所诉事实与实际有出入导致适用法律不当，二是由于对法律条文理解不当导致提出不合理的要求）或违反法定程序之处进行反驳。

3. 就情理方面进行答辩。有些案件情况特殊，不能直接套用某一法律、法规处理解决，只能依照人之常情来判断是非曲直。针对这种情况，答辩状要注意通过以情动人、以理服人，增强其说服力。

（三）答辩意见

在事实清楚、理由充分、法理明确的前提下，答辩人可以向法院提出自己的意见和要求。意见要中肯可行，要合理合法，一般分条列出。

三、尾部

包括落款和附件两部分。

（一）落款

先写明例行致送用语，“此致”及人民法院的名称，再有答辩人签名或盖章，并注明文书制作的年、月、日。

（二）附件

附件即辅助性的说明材料，写明答辩状副本的份数及有关证据的情况。

写作提示

撰写答辩状，首先要了解国家相关的法律条款，然后按照答辩状的常规结构进行拟写。重点是撰写答辩状的正文部分，要抓住诉讼中的关键部分，质疑、反驳诉状或上诉状中破绽漏洞、语焉不详、违背情理之处，做到语言雄辩，表意清晰。

任务评估

一份有说服力的答辩状，一般要做到以下几点。

1. 针对性强

答辩状一定要针对起诉状或上诉状中的破绽漏洞、回避不谈、违背情理之处进行辨析和反驳，不能抛开对方提出的问题另作文章。

2. 尊重事实

答辩状最有力的反驳，就是通过列举有力证据揭示出事实真相，突出不利于对方的事实部分。当然，这种反驳要尊重事实、有理有据，切不可歪曲事实、强词夺理。

3. 熟悉法律

答辩状要熟悉相关的法律条文，善于发现、揭露起诉状或上诉状中援引法律的谬误之处，指出其行为的不合法性，并把答辩的理由和意见建立在合法的基础上，促使法院作出正确的判决。

4. 抓住关键

一个案件无论涉及多少人、事，时间跨度多长，总有一个或几个关键部分。答辩状要分清主次、避开枝节，抓住案件中双方争执的焦点，在关系到胜诉和败诉的关键问题上下功夫，摆证据、讲道理，争取主动。

5．言辞雄辩

要打赢官司，除了有理合法外，还要注意语言的尖锐雄辩。既要一针见血地揭露对方的谬误，又要理直气壮地陈述自己的主张，语言精当简洁、有理有节，富有说服力。

例文评析

例文 1

答　辩　状

答辩人：蓝宇装饰工程有限责任公司

代理人：杨林律师

就贵院受理的蓝宇装饰工程有限公司诉××旅行社有限责任公司赔偿损失一案，答辩人现依据本案的有关事实、相关法律规定提出如下答辩意见：

一、从原告提出的诉讼请求和事实理由来看，蓝宇装饰工程有限公司不是本案的适格原告，其作为原告与其诉讼请求及所依据的事实理由之间存在冲突和矛盾，就其诉讼请求而言，该公司不应作为本案原告，而适格的原告应当是接收被告提供旅游服务的 13 名游客。

（一）旅游合同是指旅行社为旅客提供安排旅程及提供交通、食宿、导游或其他有关服务，而旅客支付旅游费用的合同。

根据这一法律概念，旅游活动作为一项服务，接受其服务的人只能是自然人，被告依据旅游合同所提供的旅游服务，企业法人是无法接受的。企业法人没有意识、没有感知，没腿、没眼，其法律属性决定了企业法人无法成为游客而享受旅游服务。

从本案实际情况来看，原告与被告签订了旅游合同，该合同约定由原告支付旅游费用，然后由被告向原告指定的 13 名游客提供旅游服务。因此，该合同呈现出了“原告为他人利益而与被告订立合同”的属性和客观事实。

正因为该合同所具备的“原告为他人利益而与被告订立合同”的性质，因此合同的实际履行过程为：首先，原告为 13 名游客的利益与被告签订旅游合同；其次，原告履行了合同约定的支付款项的义务；最后，被告依据与原告的约定，向原告指定的 13 名游客提供旅游服务。

（二）原告作为旅游合同的一方当事人，这一点是没有任何异议的。但由于该旅游合同具备特定的性质，该旅游合同履行过程中所出现的问题和争议，应当分别情况来确定原告。

原告在此次诉讼中提出的诉讼请求为：要求被告向原告赔偿各种损失，并且在诉状事实和理由中称：被告由于未尽到责任，对原告的人身、财产造成了极大的损失等。

通过上述内容，我们可以十分明确地看出，其实原告旅游过程中并未受到任何损害，因为原告是企业法人，它不可能成为游客。而原告诉称的损害，完全是本案案外人（游客）产生的损失。

被告认为：尽管原告是订立旅游合同的一方当事人，但就本案诉讼请求来看，原告以他人在旅游过程产生损失主张原告自己享有债权，并以此主张被告进行清偿，这是没有法律依据和事实依据的。原告的这种主张毫无道理地否定了受伤游客依法应享有的债权，损害了这些游客的合法权益和诉讼权利。本案由蓝宇装饰工程有限公司作为原告属于典型的“越俎代庖”。

关于原告主体适格与否的问题，简单的讲就是——既然诉讼请求是主张赔偿受伤游客在旅游过程中遭受的损失，而不是原告这个企业法人在旅游过程中产生的损失，则该项诉讼请求只能由游客提起。

二、被告旅行社不应承担赔偿责任。

（一）根据旅游合同约定，旅行社提供了相应的住宿、导游服务就应视为履行了合同约定的义务。在旅游过程中发生景区索桥断裂的意外事故，一方面对于旅行社而言是不能预见、不能避免、不能克服的客观情况；另一方面，发生索桥断裂事故并非被告未尽合同义务所致，不在被告应承担的人身和财产安全保障义务范围之内。因此，由于索桥断裂所产生的损害不构成合同违约，不应由旅行社承担违约责任。

（二）原被告签订的旅游合同不是常规的全包价旅游合同，是属于半自由人性质的自驾车旅游。方式是旅行社安排住宿、导游，代买门票，游客自己开车，自己安排旅游行程、吃饭等等。这种旅游方式自由灵活，游客可以自行安排。在该旅游合同实际履行过程中，游客自行开车在旅游景点进行游览，旅游想快想慢，如何控制均由游客掌握，旅游团队不可能像平时全包价旅游中在一辆旅游大巴之上，导游可以随时照顾到全部游客。此种新兴的旅游形式在事实上是被告旅行社仅仅是为13名游客提供了大量代办的服务工作，属于委托代理性质的旅游代办合同。就该事实而言，索桥断裂及其发生的损害与被告是没有任何事实上和法律上的关系的。

（三）当发生意外时，索桥边马路上停着多辆巴士和汽车，本旅游团队的多辆自驾车分别停在路边，部分游客登上索桥，桥上有其他旅行社多个旅游团队40多人（原告方诉状中也有相关叙述），许多人图好玩摇晃索桥，致使索桥垮塌多人落水。作为具有完全民事行为能力的成年人，应该知道在旅游景区搭建的仅仅做通行之用的索桥，在剧烈的人为晃动的情况下具有相当的不安全性，可能会导致断裂、垮塌，部分游客看到索桥上已经拥挤了几十个人还要上桥游览，此行为对于此次意外事故的发生也有一定的责任。

综上所述，就本案的诉讼请求而言，原告不具备诉讼主体资格，应依法驳回起诉，被告方不应该承担赔偿责任。请求法院依据事实和相关法律规定，依法裁判。

此致

××市人民法院

答辩人：蓝宇装饰工程有限责任公司

二〇〇八年十一月十五日

代　书：××律师事务所杨林律师

附：答辩状副本3份。

评析：本文是一份民事答辩状。该答辩状首先援引、解释旅游合同这一法律概念的具体含义，否定了起诉方蓝宇装饰工程有限的原告资格，继而根据旅游合同的内容和事发当时的有关事实认定被告旅行社不应当进行赔偿，驳回了对方的诉讼请求。该答辩状针对性强，说理透彻，语言精炼规范，符合写作规范。

例文 2

答 辩 状

答辩人：三山旅行社有限公司

法定代表人：李烈　　　　职务：总经理

被申诉人：杜宇　　　　被答辩人：××国际旅行社有限责任公司

因被答辩人不服××市中级人民法院〔2008〕×民终字第 489 号民事判决书，向贵院申请再审，现就被答辩人的申诉理由提出如下答辩意见：

一、被答辩人口口声声要求人民法院查清案件基本事实的要求，却忽视了民事诉讼中“谁主张，谁举证”基本原则。

（一）被答辩人诉称遵循所谓的“行业惯例”与答辩人及杜宇签订了口头的旅游合作协议。那么什么是行业惯例呢？按照现在通俗的解释，行业惯例是经济领域中的经营主体在长期经营活动中形成的一些经营规则和习惯，这一习惯在行业内被普遍接受和认可。那么是不是旅游行业内的合作都是采用口头形式呢？显然是不可能的。被答辩人正是苦于没有双方合作的书面证据，而用“行业惯例”这一时髦名词来掩盖，显然不会得到法院的认可。

（二）众所周知，空白合同会对一个企业产生怎样严重的法律后果。答辩人作为一家国内知名的旅游连锁企业，各项规章制度应当相当严格。按照被答辩人的说法，基于对答辩人及杜宇的信任，将空白的旅游合同交给了杜宇，并未要求其出具任何手续。而事实上答辩人与被答辩人从来没有过业务联系，也未在一起合作过任何业务，被答辩人也没有任何证据证明双方有经常的业务联系，建立起比较信任的关系，那么被答辩人凭什么敢把关系自身重大利益的空白合同交于别人呢？按照被答辩人的说法，其财务人员在给杜宇发票的时候，出于安全考虑，要求其交纳了 1000 元的发票押金，那么在交给杜宇空白合同的时候为什么不要求其出具书面凭证呢？显然被答辩人“基于信任”这一说法不能令人信服。

（三）被申诉人在申诉中举出了本案利害关系人郑州国谊住宅集团有限公司的一些证明材料来证明其主张。那么按照被答辩人的说法：先是答辩人与国谊公司谈的出境旅游业务，由于答辩人没有出境旅游的业务资格，才找到被答辩人的，那么答辩人充其量也就是个介绍作用，其权利义务主体应当由被答辩人来承担。否则国谊公司在起诉的时候为什么只起诉被答辩人一家，而不把答辩人和杜宇作为共同被告来起诉呢？这就更加说明答辩人在此次纠纷中没有任何过错，也就无需承担任何责任。

（四）答辩人注意到国谊与被答辩人的合同纠纷案件是调解结案的，国谊公司在此次纠纷中并没有受到损失，这不排除国谊公司为了不造成损失，与被答辩人答成了某种心理默契：即由被答辩人赔偿国谊公司损失后，国谊公司帮助被答辩人向第三人追要，为了胜诉，国谊公司根据被答辩人的要求，出具对被答辩人有利的任何证据。因此本案利害关系人出具的对被答辩人有利的证据不能采用。

人民法院审理案件根据的是"谁主张，谁举证"基本原则，被答辩人没有证据证明自己的主张，人民法院只能作出证据不足不予支持的判决。

二、答辩人根本就没有参与此次所谓的出境游业务，也未收到任何相关款项，被答辩人要求答辩人承担责任没有事实和法律依据。

杜宇并非答辩人的正式员工，答辩人既未委托也未授权杜宇以答辩人名义对外开展业务活动，更不知道所谓的国谊公司出境游业务一事。即便是有，也是杜宇与被答辩人之间的个人行为，与答辩人没有任何关系，整个案件中被答辩人没有拿出任何可以证明答辩人参与此次业务活动的书面证据，仅凭自己的主观臆断和杜宇的个人辩解就要求答辩人为此承担责任没有事实和法律依据。

从被答辩人陈述的整个事情经过上看：是杜宇来和其商谈的旅游合作事宜，是杜宇拿走的空白合同，是杜宇从他们单位财务拿走的发票，是杜宇从国谊公司领走了55000元钱。这一切都是杜宇经手的，那就应该直接找杜宇，跟答辩人没有什么关系。被答辩人告错了对象，无怪乎法院要驳回其诉讼请求了。

综上所述，一审和二审法院认定事实清楚，适用法律及实体处理正确，被答辩人的申诉理由不能成立，请贵院依法维护人民法院裁判文书的严肃性、合法性，依法驳回被答辩人的申诉请求。

此致

××市人民检察院

答辩人：三山旅行社有限公司

二〇〇九年十月十五日

（资料来源：中顾行政诉讼网，略有改动）

评析：本文是三山旅行社的民事再审答辩状。该答辩状从分析事实和常规情理方面入手批驳、质疑了对方的申诉请求，语言也比较精炼，符合写作规范。

文体实训

1．针对一起旅游纠纷的上诉状，撰写一份答辩状。

2．王倩夫妇于2009年国庆期间到旅行社报团出去旅游，游玩过程中一人晕倒，经检查为传染性特别强的黄疸型肝炎，之后在整个的旅游过程中，大家还在一块吃饭，乘一辆中巴车，此事搞得王倩夫妇非常不快，于是向法院提起诉讼，要求旅游公司给予赔偿。旅游公司认为自己并没有违背旅游合同，因此不应承担赔偿责任。请你代旅游公司写一份答辩状。

模块八

职场文书

任务1　撰写个人简历

简历是用于应聘的书面交流材料，它是求职者在求职应聘时向用人单位提供的关于个人学历、经历、特长、爱好及其他有关情况的简洁概述。作为个人形象的概括和缩影，简历是求职者与用人单位的人事部门领导甚至高级领导进行沟通的一种有效手段，在日常工作、生活中发挥着重要的作用。

写作任务

黄爽是某校旅游管理系2010届毕业生，在毕业求职过程中，需要向用人单位递交简历，请你帮她制作一份简历。

通过完成写作任务，要求学生达到以下目标：

1. 掌握个人简历的写作方法和技巧；
2. 能够根据现实需要，撰写个性化的个人简历。

相关知识

简历又称资历、个人履历等，是求职者针对所申请职位，向用人单位推介自己，并将个人信息经过分析整理并清晰简要地表述出来的一种自我推荐材料。

个人简历可以采用第一人称，自己写自己；也可以采用第三人称，为他人而写。在实际生活工作中，个人简历所占的比重明显大一些。

一、简历的特点

（一）真实性

真实性是指写简历时一定要客观、理性地总结自己的经历，做到真实、准确、不夸大、不缩小、不编造，以真实、坦诚取信于人。

（二）正面性

为达到求职的最终目标，求职简历的内容应当是正面性的、富有积极意义的材料。负面的、消极材料要远离简历。

（三）精炼性

精炼性是指个人简历要简洁。求职者在制作简历时要尽量求简，在求简的同时提升简历的含金量。

二、简历的类型

制作个人简历，一般常用以下几种方式。

（一）时间型个人简历

这是最普通也是最直接的简历类型，又分以下两种。

一种是循序法，即按照时间的先后，列举自己的学习、工作、培训等方面的经历。一般适用于以下两种情况：一是工作经历能很好地反映出求职者相关工作技能不断提高，二是求职者有一段可靠的工作记录表明自己在得到不断的调动与提升。

另外一种是倒序法，把最新最近的经历写在简历前面，逆着时间顺序逐条列举个人信息。这种简历清晰、简洁，便于读者阅读，因此，越来越受到人力资源工作者的青睐。但比较适合有工作经历，而且最近所担任的职务足以体现求职者优势的情况。一份按时间顺序排列的简历应包括目的、摘要、经历和学历等。

（二）功能型个人简历

这是一种不太常用但往往很有效的简历。它强调求职者的资历与能力，并对求职者的专长和优势加以分析和说明。核心内容是工作技能与专长。一份功能型简历一般包括目的、成绩、能力、工作经历以及学历等几部分。它一般适用的情况是：求职者的工作经历与求职目的无关或工作经历因特殊情况有所中断。

（三）综合型个人简历

这种类型的简历同时借鉴和综合了时间型和功能型个人简历的优点，是一种强有力的写作格式。求职者可以按时间顺序列举个人信息，同时刻意突出成绩与优势。一份综合型简历一般包括目的、概况、成绩、经历和学历等部分。综合型简历能最直接地体现求职目的。它一般适用于应届毕业生或者个人经历丰富而且成就与能力突出的求职者。

（四）业绩型个人简历

业绩型简历以突出成绩为主。一份业绩型简历一般包括：目的、成绩、资历、技能、工作经历以及学历等。

（五）目的型个人简历

目的型简历是完全根据求职目的来写作。只要适应于具体情况，目的型简历可以是上述类型中任意一种（一般多为综合型）。目的型简历一般适用于特定职业的求职，对工作在特定领域的求职者较为有用，如教师、电脑工程师、律师等。

（六）创意型简历

这种类型的简历强调的是与众不同的个性和标新立异，目的是表现求职者的创造力和想象力。这种类型的简历不是每个人都适用，它适合于广告策划、文案、美术设计、从事方向性研究的研发人员等职位。

（七）表格型简历

这种类型的简历有特制的表格，列出自己的姓名、性别、所学专业、工作和学习情况、工作经历，一目了然。只需按要求填写即可。

在实际工作中，采用何种简历，应视个人的需要和目标，看哪种形式最能表现个人的优点和长处。

写作提示

本任务采用第一人称写作，可采用几种简历类型中的任何一种形式进行写作。任务中的简历与大学生联系比较密切。近年来，随着就业难度的增加，简历作为求职的敲门砖，在求职应聘过程中发挥着重要作用。一份好的简历，可以在众多求职简历中脱颖而出，能够给招聘人员留下深刻的印象。因此，写好个人求职简历非常重要。

任务实施

一般来讲，个人简历不管采用何种形式，其内容一般包括以下几部分。

一、标题

在首页或首行直接写上“简历”或“个人简历”几个字。

二、个人基本情况

对个人的基本情况进行简要介绍，包括姓名、年龄（出生年月）、性别、籍贯、民族、学历、学位、毕业学校、所学专业、毕业时间、政治面貌、身体状况、身高、担任职务等。这部分放在前面，既要完整清晰，又不必事无巨细，每项内容要素用一两个关键词概括说明即可。

三、个人履历

一般主要介绍个人从大学阶段开始到就业前所获最高学历阶段之间的经历。这部分要注意两个问题：一是前后阶段之间应该在时间上相互衔接；二是内容安排上由现在回溯过往，由近及远。内容上包括以下两部分。

（一）学习经历

学习经历是介绍个人的受教育程度，如毕业院校、所学专业和时间。可按时间顺序罗列出大学阶段的主修、辅修及选修课科目和成绩，要体现出与所谋求的职位有关的教育科目、专业知识，也可提供全面的成绩单。不必面面俱到，突出重点即可。

（二）实践经历

实践经历主要指参加过哪些社会实践工作，取得了什么样的成绩和收获。如在学校、班级担任的职务，参加过的校园、课外活动及团体组织，还可以涉及兼职工作、实习经历、专业认证等方面。已有工作经历的求职者， 要突出自己在原先岗位上的业绩。

四、求职意向

求职意向主要表明本人对哪些岗位、行业感兴趣，有什么相关要求。要表明自己应聘的职位，说明自己具备哪些资格和技能，想找什么样的工作，注意个人学历、知识结构与用人单位招聘条件的吻合度。

五、所获荣誉

所获荣誉主要指所获得的各种奖励和荣誉。如优秀团员、优秀学生干部、专项奖学金、优秀毕业生、论文获奖情况、获得专利等。

六、联系方式

这部分内容包括电话区号及号码、手机号、E-mail 地址、详细通讯地址、邮政编码等。

七、证明材料

简历的最后一部分一般是列举相关的证明人及有关附加性参考材料。附加性材料包括学历证明、个人获奖证书、专业技术职务证书、英语四六级证书、专家教授的推荐信、发表的论文著作等。证明人最好选择在校期间、以前工作单位或所参加社团中比较熟悉、知名度较高的人，并详细说明其姓名、职务、工作单位及联系方式。最后附上成绩单、实践成果、证书复印件、论文复印件。

总之，个人简历的写法比较灵活，采用哪种形式要突出个性、富有创意，向用人单位展示自己、达到成功推介自己的目的。

写作提示

制作简历，首先要对自己的主要经历、获奖荣誉进行回顾和筛选，然后按照简历的基本结构内容进行拟写。个人履历部分既要大致清楚，又要突出重点，求职意向要注意和个人学历、专业、知识结构相吻合。

任务评估

一份好的简历，除了内容的真实外，一般要做到以下三点。

1．突出关键信息和自身优势

用人单位总是关注与招聘职位相关的知识背景和实践经历，要想在极短的时间内引起招聘者的注意，最好是在简历中设计出一个重点阅读部分，列出关键信息，有选择性地通过事实和数字说明自己的特长与技能，凸显自身优势，提供给招聘人员一些他想要阅读的、感兴趣的重要信息，这样才有说服力并更够给人留下深刻的印象，从而为确保赢得面试机会打下基础。

2．形式精美，与众不同

要想在成百上千份简历中脱颖而出，必须对其进行精心包装。包装是成功销售成品的关键因素，纸张质量、图标、打印的效果、字体的变化、富有创意的设计都是包装的一部分。突出个性、与众不同是设计个人简历成功的法宝，切忌千篇一律、雷同复制。

3．篇幅短小，用词准确

制作简历要注意在“简”字上下功夫，要从应聘的职务和工作出发，有针对性地组织材料，用最简洁的方式直截了当地把个人资料介绍出来，证明自己有胜任此项工作所必需的知识和技能。阐述技巧、能力、经验时要尽可能地做到用词准确，恰如其分地表达出个人的实际能力及工作水平。为了能让用人单位在最短的时间内获得求职者最多的信息，简历最好能一语中的，做到句无可减、词无可删，切忌拖泥带水、出现错别字。

例文评析

例文 1

个 人 简 历

姓名：张勇　性别：男　民族：汉　籍贯：河南省郑州市　身高：172cm　出生年月：1984 年 9 月　政治面貌：党员

学　历：硕士　专业方向：旅游规划与企业战略管理

联系电话：0371－840××××/ 1364380××××

电子邮箱：zhangyong××××@126.com

通讯地址：××大学商学院旅游管理硕士 03 级　　邮政编码：450000

求职意向

旅游项目策划与运营管理；旅游企业战略规划与经营策略管理。

教育背景

2006.9—现在，××大学旅游管理系旅游管理专业硕士研究生

2002.9—2006.7，××大学旅游管理系旅游管理专业本科

能力优势

语言能力：通过国家英语六级，听说能力强，取得全国英文导游资格证；

动手能力、文字功底：参编多项规划、撰写多篇文章；

电脑技术：熟练掌握 Word、Excel、Powerpoint、Photoshop、Mapinfo 等软件的操作；

学习能力：硕士阶段经过严格的训练，了解接触了大量的战略规划、企业管理知识，参与了大量的项目规划实践工作（见科研成果）；本科阶段成绩优异，积累了丰富的基础知识，奠定了良好的专业基础（见本科成绩）。

自我评价

诚实守信、温和谦虚、严谨自律、敢于创新、团队合作意识强。

学术成果

1. 发表论文（6 篇）

《旅游产业科学发展需处理好的十大关系》，《科技创业》，2008，09.

《中国会展业发展趋势及创新思考》，《郑州大学学报（专辑）》，2008，05.

《旅游三维营销概念模式的构建与实践价值评估》，《北京师范大学学报哲社版（核心期刊）》，2007，04.（人大复印《旅游管理》转载）。

《会展物流战略途径选择》，《中国会展》，2008，02.

《中外酒店投资盈利模式研究》，《饭店现代化》，2007，05.

《非典冲击与中国旅游业的可持续发展》，《中国旅游报》，2006，09.30.

2. 参编规划（8 个）

旅游发展总体规划：《×××旅游合作区域规划》、《×××省海滨带旅游发展总体规划》、《××旅游发展总体规划》、《大好河山生态休闲综合开发总体规划》；“十一五”旅游规划：《××省“十一五”旅游发展规划》、《××市“十一五”旅游发展规划》、控制性旅游详规《×××风景区控制性规划》、旅游项目建议书《××宾馆改造项目建议书》。

荣誉奖励

2007 年被评为××大学优秀研究生；2005 年获校二等优秀奖学金；2004 年获校二等优秀奖学金、校三好学生、商学院三好学生；2003 年获校一等优秀奖学金；2002 年获校三等优秀奖学金、三好学生。

证明材料

1. 英语六级证书；
2. 获奖证书复印件；
3. 论文复印件、课题立项、结项复印件；
4. 主修课程成绩单。

评析：该简历运用条文式的格式，清晰明确，一目了然。写作中分条说明了求职者的基本信息，内容详尽、信息量大，突出了制作者本人的专业优势和学术优势，结构安排独特新颖，容易给人留下深刻印象。

例文 2

个人简历

姓名	刘阳	性别	女
籍贯	河南省平顶山市郏县	出生年月	1990.1
民族	汉	政治面貌	团员
专业	旅游英语	毕业院校	郑州铁路职业技术学院
身高	163cm	体重	48kg
求职意向	导游、文员、旅行社和景区管理人员		
教育背景	2009—2012 年		郑州铁路职业技术学院
	2006—2009 年		郏县一高
奖惩情况	1.2009—2010 年，荣获学院二等奖学金 2.2009—2010 年，荣获优秀团员		
任职情况	1.2010—2011 年，担任团文宣 2.2009—2010 年，担任院女工干事，组织部干事		
标准测试	1.获得导游员证，公关证，二级计算机证，英语四、六级证书，普通话一级甲等证 2.学院二等奖学金证，三好学生证，优秀团员证		
主修课程	旅游英语、导游实务、旅行社经营与管理、旅游法规、旅游写作实务等		
特长	1.熟练掌握速记、速录 2.公关知识丰富 3.熟练掌握 Word、Excel 等自动化办公软件操作		
社会实践	1.2010 年 7～9 月，在中州旅行社做办公文员 2.2010 年 4 月份，参加校内财务办公室实训 3.2009 年 1～3 月，在汝州市“大海洋”玩具店做营销员		
自我评价	热情，活泼开朗，学习认真仔细，态度端正，热爱劳动，团结同学，尊敬师长，严于律己，团队能力强，良好的沟通能力，敏锐的思考能力和洞察能力		
联系电话：1503825××××		电子邮箱：liuyang@yahoo.cn	
通讯地址：河南省郑州市永安街 36 号			

评析：该简历采用的是表格式，大致交待清楚了本人的基本经历、特长和求职意向，项目齐全，表格设计合理。

文体实训

1．修改下面这则简历。

个 人 简 历

姓 名：陈×× 联系地址：广州市中山三路×××号 联系电话：××××

求职目标：经营部、营销部、广告部、管理部资格能力：2005—2009 年就读于广州市××工商学院，主修旅游管理、酒店管理、人力资源管理等课程；在校期间学习成绩一直优秀，撰写的毕业论文曾受到奖励，并在全国多家报刊上发表。

工作经历：2008 年 6 月至现在深圳市××国际酒店人力资源部 担任人事助理。

社会活动：求学期间曾担任××协会主席，曾在××市旅游管理论坛上代表协会发表演讲，并在该论坛 2008 年 5 月举行的会议上当选为年度“明日之星”。

其他情况：1986 年出生，未婚，能熟练运用各种现代办公设备，英语会话能力强，书写能力略逊。爱好旅游、打网球、摄影。

2. 王山是××大学旅游英语专业一名即将毕业的大学生，想毕业后到旅行社担任英语导游。请你帮他制作一份简历。

任务 2　撰写求职信

求职信是无业、待业或停薪留职者为了达到寻求工作目的而写给用人单位的书信，目的在于让对方了解自己、相信自己、录用自己，它是一种私人对公并有求于公的信函。

写作任务

李丽是旅游管理专业的应届高职毕业生。想申请到旅行社工作，请你帮她写一封求职信。

通过完成写作任务，要求学生达到以下目标：

1. 掌握写作求职信的格式和技巧；
2. 学会写作个性化的求职信。

相关知识

求职信是经济发展过程中，为适应日益增多的招聘活动而产生的一种新的书信形式。求职信能够使求职者展示自己的优势特长和个性魅力，被用人单位较快了解自己的基本情况。

一、求职信的特点

（一）针对性

求职信的针对性体现在三个方面：一是针对用人单位的实际情况，二是针对读信人的心理，三是针对自己的实际情况。

（二）自荐性

不论求职者与用人单位的人员是否认识，求职者在信中都必须毛遂自荐，恰当地介绍自己。

（三）竞争性

择人与择业的双向选择机制决定了求职行为本身就是一种竞争。自用人单位收到求职信起，竞争就展开了。

二、求职信的类型

根据有无具体目标，求职信的种类主要有以下两种。

（一）定向求职信

定向求职信是指毕业生在搜集到需求信息后，有目的地向某个用人单位做的自我介绍。这种求职信是在求职者已经知道了某单位用人的前提条件下写的，因此具有高度的针对性。适用于求职者已充分了解用人单位的各种情况，包括单位性质和名称、主要经营项目、人员需求概况、负责人姓名、阅读人心态等。

（二）非定向求职信

非定向求职信是指无具体的求职目标，不分职业、单位和对象。因为它不针对具体的求职目标，因此可适用于不同的对象。但是，正是由于这种做法带有一定的盲目性，所以命中率相对来说也比较小。在人才市场招聘会上，大学毕业生普遍使用的是这一种求职信。这种类型的求职信主题在于向用人单位介绍自己的概况，让对方对自己感兴趣。

当然，还有一种是以上两种形式的综合。信的主体部分固定不变，只是开头和结尾依据不同的单位而采用不同的内容和措辞。

写作提示

本任务是大学毕业生就业时用来向用人单位进行自我推荐而写的求职信。作为一种随着社会经济发展而产生的新的应用文体，求职信的应用范围非常广泛。大中专毕业生往往需要通过与用人单位“供需见面”等求职方式寻找到理想工作，实现自主择业、自谋职业。写求职信是求职的第一步，它可以拉近求职者与用人单位之间的距离，为取得面试增加几率。

任务实施

求职信作为一种书信文体，是针对特定岗位而写的，主要是表述求职者的主观愿望与特长。相对简历来说，求职信更要集中地突出个人的特征与求职意向，打动招聘单位，是对简历的简洁概述与补充。其格式与书信基本相同，一般包括以下几部分。

一、标题

标出文种，在第一行居中写“求职信”三字即可。

二、称谓

顶格写用人单位名称或领导、负责人的姓名与称谓。

求职信不同于私人书信，由于从未与受信人见过面，称谓一定要恰当，郑重其事。切忌“亲爱的”、“我最尊敬的”等字眼，单位名称后可加“负责同志”，个人姓名后可加“先生”、“女士”、“同志”等。

三、正文

正文是求职信写作的重点，应另起一行，开头空两格。主要是交待求职原因、应聘条件，这部分要注意表现求职者的个人优势。

（一）求职缘起与求职目标

这部分要交待个人情况、信息来源、求职原因和所求职务。求职者的自然情况包括姓名、年龄、性别、所学专业和毕业院校，语言要简明扼要；接着要说明获得招聘信息的渠道和来源，一句话带过即可；继而交待求职理由，用简洁的字句说明想到该单位工作的缘由，表述既要实事求是，又要机智灵活；最后点明所求职务，要态度明朗、坚定。

（二）求职条件

这部分是求职的关键。要求对谋求职务表明看法，并对自己的能力进行客观品评。要针对求职目标，着重介绍自己应聘的有利条件，表现主要业绩，突出自己的优势和“闪光点”，以使对方信服。写作时，态度要谦虚诚恳、不卑不亢，语言要中肯朴实、恰如其分，给收信者留下求职者有能力胜任此项工作的深刻印象。

（三）希望和要求

向对方提出诸如“希望您能为我安排一个与您见面的机会”、“期盼您的答复”或“敬候佳音”之类表示希望的语言。所提要求要适可而止，不要苛求对方。

四、结尾

另起一行，空两格，写表示敬祝或敬意的话。如：“此致敬礼”、“祝工作顺利、“事业发达”等语。不必过多寒暄，以免有画蛇添足之嫌。

五、落款

在正文的右下方标示出求职者的姓名和成文日期。

六、附件

附件是附在信末、对求职者起着证明或介绍作用的有关材料。它不仅可以使读信人对求职者有具体的了解，还可增强信任感。附件不需太多，但必须有分量，足以证明求职者的实力和能力。一般在信的结尾处注明。如：附件 1.××××；2.××××；3.××××。然后将复印件单独订在一起随信寄出。

写作提示

写作求职信，首先要了解用人单位的岗位职责和要求，然后结合自身情况进行拟写。重点是要突出个人优势，注意个人优势与求职目标之间的吻合度，做到有的放矢、语言准确、简明扼要。

任务评估

一封求职信要想给用人单位留下深刻的印象，必须做到既要按相关要求将要点表述完整，又要体现出自身特点和优势、展现出个人才情。一般要做到以下几点。

1. 针对性强

求职者要针对招聘单位的招聘职位，有针对性地提供出相关的背景材料，紧紧围绕“我符合要求、我定能胜任、我有诚意应聘”组织文章，凸显出自身的特点和优势。

2. 言简意赅

要尽可能简明扼要、直截了当，切忌长篇大论、面面俱到。篇幅一般控制在 600 字以内，最多不超过两页纸，否则会造成冗长、拖沓之感。

3. 分寸适度

恰如其分地展示自己的长处、突出自身亮点。介绍个人情况、叙述自己能力水平时，措辞要有分寸，尽量做到实事求是、客观公允，多用实例、数字等增强可信度，避免模糊、笼统的字句，给人诚恳可信、不卑不亢之感。

4. 写清联系方式

求职信一定要写清联系方式，包括电话、电子信箱、通讯地址、邮编等。

例文评析

例文 1

求　职　信

尊敬的××旅行社经理:

您好！感谢您在百忙之中阅读我这份求职信。我叫×××，福建××人，是××大学旅游文化学院导游服务专业 2009 年专科毕业生。作为一名即将毕业的大学生，我渴望能够在社会中找到自己的人生座标，拥有一片施展自己才华的天地。近日从《××日报》上获悉贵处将要招聘三名导游人员，带着年轻人的自信，冒昧地写信应聘。

本人对导游工作有着浓厚的兴趣，该工作要求从业人员具备多方面的素质：如高度的责任心，广博的知识面，良好的组织协调能力和语言表达能力。此外，要成为一名优秀的导游，还要善于与人沟通，思维活跃灵敏。在大学期间，我努力学习导游基础、导游实务、旅游历史文化、旅游美学、旅游地理等专业知识，认真学习大学英语、旅游应用写作、普通话等基础学科，并参加了计算机操作技能培训，三年脚踏实地的学习使我积累了坚实的专业基础，具备了良好的专业素养，完全有能力胜任贵单位的工作。此外，我还专门进行过口才艺术和创新学方面的训练，这将有利于使我与贵社的客户建立起融洽的业务关系，进行创造性的工作。导游这项工作对我来说既是一个极大的挑战，也是难得的机遇。它将磨砺我快速成长，对社会作出应有的贡献。

为了将校园里学到的知识与实践相结合，提高自己的能力，我于2008年底开始在××旅行社实习半年，并利用寒暑假进行社会实践。我是学校校园之声的主持人，采编了大批宣传稿件，利用业余时间做义务导游，曾在学院举行的导游词创作比赛中获得一等奖。其他关于该项工作的任职资格，请见随信附上的个人简历。

我知道自己年轻，缺少工作经验，不过，年轻本身也是财富，我有的是青春、朝气、热情。我爱导游工作，我有信心将导游工作做好。希望能够加入贵社来进一步提高自己。我热切期盼您的回音。

此致

敬礼!

求职人：×××

二〇〇九年四月十日

附：简历、资料（略）

评析：这是一位大学毕业生直接向自己希望前往谋职的旅行社推销自己、希望得到单位欣赏与信赖的求职信。整篇书信按照求职缘起、求职目标、求职条件、希望要求组织材料，条理清楚，行文规范，针对性也比较强。

例文2

求 职 信

敬爱的先生/女士：

您好！我叫×××，是浙江××旅游学校旅游管理系的一名学生，即将面临毕业。感谢您在百忙之中抽空阅读我的求职信，我希望在您公司谋求一份职业。

浙江××旅游学校是一所环境优美、师资力量雄厚的综合性大学，具有悠久的历史和优良的传统，在这个素以治学严谨、育人有方而著称的学校栽培下，无论是知识技能还是个人素质修养方面，我都受益匪浅。在校期间，我们开设了以下课程：旅游法规、旅游学概论、导游义务、导游基础知识等。此外，我们还进行了计算机和普通话培训。这些课程不但充实了自己，也培养了自己多方面的技能。更重要的是，严谨的学风和端正的学习态度塑造了我朴实稳重、勇于创新的性格特点。

此外，我还积极地参加各种社会活动，力求抓住每一个机会，锻炼、提高自己。大学三年，我深深地感受到，与优秀的同学共事，使我在竞争中获益；向实际困难挑战，让我在挫折中成长。我热爱贵单位所从事的事业，殷切地期望能够在您的领导下，为这一光荣的事业添砖加瓦。

收笔之际，郑重地提一个小小的要求：无论您是否选择我，尊敬的领导，希望您能够接受我诚恳的谢意！

祝您工作顺利！

此致

敬礼!

求职人：×××

二〇〇八年三月二日

评析：这篇求职信在结构上符合写作规范，缺点是针对性不强。由于写作者的求职目标不够明确，也就很难根据岗位的具体要求凸显个人亮点，对个人的特长优势介绍也就流于笼统、空泛了。

文体实训

1．某宾馆因工作需要，需招聘公关助理、餐饮、客房部领班和前厅服务员数名。有一位 35 岁的下岗女工前往应聘。她认为自己有如下优势：在原单位食堂从事过服务行业，熟悉服务工作的规律与特点；女性善于察言观色，非常细心；受过专门训练，体格健壮等。请据以上材料代她写一份求职信。

2．某旅游文化发展公司因扩展业务，需招聘导游员 2 名、财会人员 2 名、计算机操作员 1 名，请你以求职者的身份选择一个岗位，写一封求职信。

3．王芳是一名旅游专业的应届大学毕业生，想到旅行社计调部工作，请你代她写一封求职信。

任务 3　撰写竞聘演讲稿

竞聘演讲稿又叫竞聘讲话稿、竞聘词，是竞聘者为了实现竞争上岗、在竞聘演讲之前写成的演讲文稿。它可以在较短的时间内展示竞聘者的个人优势，体现出竞聘者的政治思想素质和分析问题、概括问题、解决问题的能力，从而接受领导、群众的评判。如今，随着各项考核、选拔制度的日益公开和透明，发表竞聘演说已成为竞聘过程中一个不可缺少的重要环节。

写作任务

章敏是××大学旅游文化系三年级的学生，曾在系学生会担任过学习部、宣传部部长。她想竞聘本年度的系学生会主席一职，请你帮她你一份竞聘演讲稿。

通过完成写作任务，要求学生达到以下目标：

1．掌握竞聘词的写作格式和技巧；

2．能够根据现实需要，写作竞聘演讲稿。

相关知识

竞聘演讲稿的目的在于使听众对演讲者自身的应聘条件有充分的了解和认识，从而鉴别其是否能够胜任该职位。大至竞选总统，小到竞聘上岗，都要用这种讲话稿。在我国，随着竞争上岗制度的普遍实行，竞聘讲话稿的写作越来越重要。

竞聘演讲稿实际上是演讲词中的一类，它除了具有演讲词口语性、群众性、时限性、临场性、交流性等一般特点外，还有自己的个性和特征，主要表现在以下几个方面。

一、目标的明确性

目标的明确性一是指写作时要亮出自己所要竞聘的岗位目标，二是指所有竞聘演讲词都有一个共同明确的目标：使听众投自己一票，赢得竞聘的成功。

二、内容的竞争性

因为竞聘演讲是在诸多候选人之间进行竞争、比较和筛选，所以要在内容上突出自身的条件和优势，做到化劣为优、人无我有、人有我优、人优我特，从而胜人一筹。

三、主题的集中性

主题的集中性是指竞聘稿表达意思要单一，要注意围绕一个中心，突出一个重点，不能旁逸斜出，枝蔓丛生。

四、材料的实用性

材料的实用性是指竞聘演讲稿所选用的材料要从客观实际出发，具有可操作性，这样才有利于自身竞争。

五、行文的程式性

行文的程式性是指竞聘演讲稿在写作上有大致固定的顺序，不像一般演讲词那么灵活自由。

六、语言的准确性

语言的准确性是指竞聘演讲稿在语言表述上要恰如其分地传情达意，不能夸夸其谈，令人生厌。

写作提示

任务中的竞聘演讲稿在今天的大学生活中非常常见。目前，单位、部门在竞争上岗、选拔干部时采用公开竞聘的情况越来越多。竞聘演讲稿可以通过突出个人优势、提出工作措施有效地向有关领导和群众展示自己的才干和能力，赢得进一步发展的空间。

任务实施

竞聘演讲稿的写作格式与一般演讲词大致相同，结构上分为三个部分。

一、标题

标题有三种写法：一是文种标题法，即只标“竞聘演讲稿”；二是公文标题法，由竞聘人（或竞聘职务）和文种构成，如《关于竞聘××旅游公司经理的演讲》；三是文章标题法，既可采用单行标题，也可采用正副标题形式。

二、称谓

称谓即对评委、听众的称呼，一般用“各位评委”“各位听众”即可。

三、正文

这是整个演讲稿的重点和核心，一般围绕以下几个方面展开。

（一）开头

开门见山地叙述自己竞聘的职务和竞聘的缘由。要直截了当、干净利落。

（二）主体

1．自我介绍。简明扼要地介绍自己的基本情况，如年龄、政治面貌、学历、现任职务等。一要真实简要，二要突出亮点。

2．竞聘优势。摆出自己优于他人的竞聘条件，如政治素质、业务水平、工作能力等。注意一要针对竞聘职位的要求凸显自身优势，二要在材料选取上点面结合、突出重点。

3．施政纲领。即表述自己任职后的施政目标、施政构想、施政措施。施政目标要根据听众关心的热点、难点问题而确立，具体实在，施政措施要立足现实、稳妥可行。

（三）结尾

用简洁的语言表明自己对竞聘成败的态度，对竞聘的决心、信心，希望得到评选者的支持。竞聘演讲稿的结尾，犹如乐曲结束时的“强音”，动人心魄。为了给听众留下更深更好的印象，既可以卒章显志、发出号召，也可以借景抒情、自然收束。

当然，竞聘演讲稿由于它要考虑多种临场因素与竞争对手因素，它的结构可以灵活多样，但是其基本内容离不开这样几个部分。

写作提示

写作竞聘演讲稿，首先要了解竞聘岗位的职责要求，然后按照演讲稿的结构进行拟写。重点是要有针对性。这种针对性表现在两个方面：一是竞聘者要根据竞聘职位的要求突出本人亮点和优势，切忌泛泛而谈；二是要针对本单位的实际情况提出任职后的施政措施，切忌脱离实际。

任务评估

竞职演讲作为一种直抒胸臆、发表政见的重要形式，被广泛应用，成为人们考察竞聘人员综合素质的有效途径。竞聘演讲稿作为竞聘者政治素养、理论水平、业务能力等诸多素养的综合反映，除了观点鲜明、内容充实、语言通顺外，还要做到以下几个方面。

1．客观真实，明确具体

竞聘者要注意实事求是、言行一致。竞聘演讲稿中介绍的每一段经历、涉及的每一个数据、取得的每一项业绩都必须是客观实在、真实可信的。施政纲领的制订、任职目标的设置必须立足于客观实际，就职后为国家作出什么贡献，给单位创造哪些效益，给职工提供多少福利，一定要清楚明确、利于操作，不能吞吞吐吐、模棱两可。

2．调查研究，有的放矢

竞聘演讲稿是为获得某一岗位而展开的演说，写作前必须进行认真的调查研究。既要了解竞聘岗位的需要、情况，又要体察民心，了解群众的愿望、想法，同时摸清单位现有的条件，在此基础上展示自身特长、优势，找到解决问题的最佳途径，提出比对手更胜一筹的任期目标，以便战胜对手，赢得竞争。

3．语气委婉，态度自信

态度狂妄、目中无人的竞聘者很难赢得评审人员和群众的信任。竞聘演讲稿在写作上要讲究措辞的分寸，把握好说话的尺度，注意用事实说话，切忌华而不实的夸夸其谈。表述既要内容翔实、底气十足，又要谦逊低调、毫不张扬。

例文评析

例文 1

竞聘演讲稿

各位领导，各位评委，同事们：

大家好！

首先感谢各位领导为我们创造了这次公平竞争的机会！为了响应单位人事制度改革的号召，我参加了这次旅游局科长岗位的竞聘，希望为自己争取一个全面发展的机会。

我叫程凯，今年 30 岁，大学本科学历。2002 年 7 月自海南大学旅游系毕业后，通过公开招考的形式，于当年 12 月到市计经贸局计划科工作。为了提高自身素质，加强业务能力，我在 2004 年 7 月报考了海南大学旅游系研究生班，2007 年通过各种考试和论文答辩顺利结业，获硕士学位。工作以来，在领导和同事们的帮助和支持下，自己在思想上、工作上都取得了不小的进步。借此机会，向所有关心、支持我成长的领导和同事，表示衷心的感谢！

要竞选计划科科长这个职位，我觉得自己具有三个方面的优势：

一是熟悉本科室各项工作。我自大学毕业以来一直在计划科工作，能够得心应手地处理日常的各种常规工作，而对旅游局主办的多个大型活动的积极参与使我对如何组织、开展旅游工作有了更进一步的了解。二是具备比较高的综合素质。经过五六年的工作实践锻炼，自己的写作能力、组织协调能力、判断分析能力都有很大提高，能够准确领会领导意图，工作责任心强，个性稳重细心，能够及时而富有创造性地完成领导交给的任务。三是具有良好的人际关系。本人性格温和，能很好地团结同事，有极强的沟通、协作能力，有利于形成团结、和谐的工作氛围。

如果在座的各位认为我能够演好科长这个“角色”，本人此次竞职成功，我将不辜负大家对我的信任和希望，兢兢业业，恪尽职守，将尽自己最大的努力，和全科室的同志一道，扎扎实实地把各项工作做好。具体来说，我将从以下三个方面具体开展工作：

一、积极实现我区旅游资源的充分、合理利用。立足于区内旅游资源特色，对各项资源特别是人文资源实行系统开发；坚持大旅游观念，打破思维局限，发展与周边的兄弟县区的横向联合，形成热点互动、特色互补的旅游资源群；进一步挖掘文化区的深层底蕴，凸显旅游景区的文化特色，同时，以旅促商，推动旅游业向深广方向发展。

二、全面提升旅游业软、硬件环境。不断提升、完善城市的旅游功能，扩大知名度和美誉度；进一步加大客源市场开发促销力度，在加强对省外、国外宣传的同时，也要加大在省内各县区的宣传力度；一方面注意与餐饮业结合，促进饮食文化的发展，同时要发挥旅行社产业的整合功能，带动全区旅游业的成长，从而提高业内经济水平。

三、走商旅文结合之路。从辖区的旅游资源、区位特点来看，发展都市旅游业，走商旅文相结合的路子，是中心城区旅游业的发展趋势。围绕把我区建设成为中心休闲旅游区这一方针，全面实施全区的旅游发展规划，按照“三个片区、五大产区、三大项目、两大线路”的旅游总体布局，以及一个中心（休闲旅游服务开发中心）、三大支柱（旅游饭馆、旅游商品、旅行社）、四大体系（旅游市场体系、旅游服务体系、旅游管理体系、旅游政策法规体系）的战略构架，建设全区旅游产业体系，加速旅游业发展步伐，形成可观的产业规模。

在我演讲即将结束的时候，我想说的是：如果我没有赢得这次竞聘，说明自身还存在着一些不足，我将一如既往地努力工作，在今后的工作中不断提高、完善自己。我深信，在选拔干部日益公开、透明的今天，真正德才兼备的优秀青年一定会有发挥自己才能的舞台。

最后，请允许我邀请在座的诸位评委、领导和同事们一起用最真诚、最热烈的掌声，为即将当选的青年干部祝福，为所有参赛的选手祝福！

评析：这篇竞聘演讲稿从自我介绍、竞聘优势、施政纲领三方面组织材料，结构完整，层次性强。措辞分寸感把握的很好，既诚恳谦和，又自信从容，符合竞聘演讲词的写作规范。

例文 2

关于竞聘旅行社专业导游的演讲

尊敬的评委、领导、各位老师：

大家好！

首先，非常感谢贵社给我提供了这次应聘的机会。在这里，我先做一下自我介绍：我叫李莉，河南南阳人，2008 年 7 月毕业于××学苑旅游管理专业。

竞聘导游我有以下几个有利条件：

第一，我十分热爱导游工作。俗话说，兴趣是人最大的老师。我热爱自己选择的职业，导游对我来说不仅是谋生的一种手段和途径，同时也是我实现自身价值和人生目标的一项事业。由于热爱，工作起来我会比其他人更有精神动力，更容易把工作做好。

第二，有一定的工作经验。我在大学期间积极参加社会实践活动，大一的时候做过校园导游，给来校参观的领导们做讲解。周末以及节假日就去景区做讲解员，积累了一些经验。大二考取导游证之后，经常在课余时间带团。因为我的热情耐心、讲解精彩，受到了游客们和旅行社领导的认可和好评。

第三，身体健康，能够胜任长途带团旅行的任务。大家都知道，做导游需要常年奔波在外，体力消耗非常大。我喜欢体育运动，经常锻炼身体，有一个健康的体魄，可以从事长途奔波、连续作战的任务。

第四，对这座城市非常熟悉。由于我在本地大学就读，在过去三年的时间里，我逐渐了解熟悉了本地的历史、文化和大小旅游景点。自认为，已具备了初步的导游工作的实际经验。

第五，普通话标准。我的普通话是国家一级乙等，加上这几年的导游实践，我认为自己的普通话和语言表达能力均能胜任导游工作。

第六，性格开朗活泼。我的性格气质属于多血质又称活泼型，适应能力强，善于交际，在新的环境中可以应付自如，反应迅速灵活，这种气质类型最适宜做导游工作。

所以，我来了，各位评委老师，难与青松比碧翠，愿做梅花傲雪霜。我坚信，凡事只要用心去对待，凭着自己坚韧的毅力，必胜的信心，就能搭建起人与人之间沟通的桥梁。如果我能被录取，我一定会做好旅行社和游客之间的桥梁，做好祖国大好河山和优美景色的宣传者，用热心、耐心、诚心为游客服务。

谢谢大家！

评析：这篇竞聘演讲稿针对导游工作谈了自己的六条优势，针对性强，语言也比较简练。不足之处是对任职后如何开展工作交待得有些模糊笼统，难以给人留下深刻印象。

文体实训

1．李辉是某旅行社的一名员工，在计调部工作多年。今年9月，该旅行社准备以公开竞聘的方式选拔一名计调部主管，李辉准备参加竞聘。请帮他写一份竞聘演讲稿。

2．赵伟自1996年从××大学旅游管理系毕业后，一直在市旅游局工作。今年，他准备参加市旅游局副局长的竞聘。请代他写一篇竞聘演讲稿。

3．赵涛是××大学旅游管理专业的博士，2008年毕业后到××工商学院旅游管理系工作。为了提升学校的科研实力，学院要提拔一批高素质、高学历的人才充实到干部队伍中去。赵涛准备竞聘主抓教学、科研工作的旅游系副主任。请代他写一篇竞聘演讲稿。

任务4　撰写述职报告

述职报告是各级各类机关工作人员，如党政机关、人民团体、企事业单位的干部，向上级、主管部门和下属群众陈述自己在一定时期内的任职情况，包括履行岗位职责、工作实绩、问题和设想，进行自我评估、鉴定的书面报告。

写作任务

李强是省旅行社行政部的一名主管。临近年终，按照旅行社惯例，需要对自己一年来的工作进行回顾总结，请你帮他草拟一份述职报告。

通过完成写作任务，要求学生达到以下目标：

1. 掌握述职报告的写作方法；
2. 能够根据现实需要，撰写述职报告。

相关知识

1988年中央组织部制定的《关于试行地方党政领导干部年度工作考核制度的通知》中，规定各级领导干部需要做个人述职。此举有助于沟通干群关系，增强选用干部和工作人员的透明度。

述职报告作为领导干部与所属单位群众交流思想感情和工作见解的渠道，不仅是上级主管部门考核、任免干部的依据，也是述职者本人总结经验、改进工作的一个途径。

一、述职报告的特点

（一）自述性

自述性是指述职报告要求报告人使用第一人称，采用自述的方式概述自己在一定时期内履行岗位职责的情况。表达方式上以叙述为主，要据实议事，议论要画龙点睛，引用数据要真实确切。

（二）自评性

自评性是指述职报告要求报告人依据岗位规范和职责目标，从德、能、勤、绩等方面对自己任期内的情况进行自我评估和鉴定。要从工作实践中去总结成绩和经验，找出不足与教训，从而对过去的工作作出正确的结论。

（三）报告性

报告性是指述职报告要求报告人认清自己的身份，以被审议、监督的人民公仆的身份，履行职责做报告。态度要诚恳，语言要得体。

二、述职报告的类型

（一）按内容不同可分为三类

1. 综合性述职报告，即对一个时期所做工作进行全面、综合的反映总结。
2. 专题性述职报告，指对某一方面的工作进行专题反映总结。
3. 单项工作述职报告，是对某项具体工作进行汇报总结。

（二）按时限不同可分为三类

1．任期述职报告：报告总结担任现职以来的总体工作。由于要写出一届任期内的情况，涉及时间较长、内容较多，篇幅较长。

2．年度述职报告：总结本年度德、能、勤、绩等方面的履行职责情况，是一年一度的述职报告。

3．临时性述职报告：总结汇报担任某项临时性职务的任职情况。

（三）按报告者不同可分为两类

1．个人述职报告：指领导者个人对自己在一段时间内任职情况的总结、评定。

2．集体述职报告：指领导者代表某一集体所做的工作总结报告。

（四）按表达形式不同可分为两类

1．口头述职报告：指向选区选民或本单位职工群众述职，用口语化的语言写成的述职报告。

2．书面述职报告：指向上级领导机关或人事部门报告的书面述职报告。

写作提示

本任务属于年度、综合性的个人书面述职报告。任务中的述职报告作为自我评述性的报告文书，是近年来民主考核干部程序中的一个重要环节，也是广大群众评议干部的一项有效依据。撰写述职报告对于领导干部认真总结经验、汲取教训、强化职责、提高自身素质有着重要的作用。

任务实施

述职报告没有固定的写作模式，根据不同类型和主旨，可灵活安排结构。一般由标题、称谓、正文、结尾、落款组成。

一、标题

居中写在第一行。述职报告的标题，常见的写法有以下三种。

1．直接用文种做标题，只写述职报告四字。

2．公文式标题，用“姓名＋（时限）＋（事由）＋文种”做标题。如《2009—2010年试聘期述职报告》、《我的述职报告》、《××2008年述职报告》。

3．文章式标题，可采用单行标题，或正副标题。如《开拓市场，积极进取》、《思想政治工作要结合教学工作一起抓——××旅游学院张平述职报告》。

二、称谓

1．向上级机关呈送的述职报告，应写明主送机关，如“组织人事部”。

2．向领导和本单位干部职工做述职报告应写明称谓，如“各位领导，各位同志”。

三、正文

述职报告的正文包括以下三个部分的内容。

（一）前言

前言包括两方面的内容：一是任职概况，包括任职时间、工作变动情况及背景、担任职务和主要职责，确定述职的范围和内容；二是述职评估，对任职以来的工作进行整体评价，确定述职的基调。这部分内容应简明扼要，给听众一个大体印象即可。

（二）履行职务情况

这是述职报告的主体，主要写工作实绩、做法、经验、体会，要写得具体、充实、有理有据、条理清楚。由于这部分内容涉及面广，一般都按性质不同分成几个方面（可列小标题）来写，每个方面可以先写实绩，再写自己的做法和发挥的作用，也可以颠倒过来写。但无论是哪种形式，都要注意表现个人的工作能力和管理水平。

这部分写作时要注意材料的点面结合，要重点突出那些最能表现个人素质、才能和领导水平的对敏感、棘手问题，以及突发事件或重大事件的处理，通过分析事实、材料，把零散、感性的事实与材料上升到理性的高度，发现事物本质与必然性，找出规律性的东西。

（三）工作中的不足和今后的努力方向

述职报告的最后，往往要坦率地表明工作中存在的不足、缺陷和问题，并从实际出发，对今后工作在科学分析的基础上作出规划和设想，表明尽职尽责的态度。对存在问题不能避重就轻、含糊搪塞，今后的目标、措施要立足现状、切实可行。

四、结尾

述职报告的结尾一般采用程式化的结束语。如“以上报告，请审阅”、“以上报告，请领导、同志们批评指正”、“以上报告，请领导和同志们评议，欢迎对本人的工作多提宝贵意见，并借此机会，向一贯关心、支持和帮助我的各位领导、同志们表达诚挚的谢意”等。

五、落款

述职报告的落款主要写述职人姓名和述职日期或成文日期。署名可以放在标题之下，也可以放在文尾。

写作提示

撰写述职报告，首先要求对自己过去一段时间内所做的工作进行回顾、归纳和梳理，然后按照述职报告的常规写作模式进行拟写。重点是既要通过运用点面结合的多种材料、有效突出自己履行职务的才能和水平，又不能自我吹嘘，不顾实际地任意拔高、美化自己。

任务评估

一份好的述职报告，一般要做到以下几点。

1. 客观公正，实事求是

述职报告作为对自己任职情况的自我评价，一定要实事求是、客观公正。摆成绩固然可以理直气壮，讲失误时也要诚恳大胆。自我评价应建立在工作实绩的基础上，不能任意拔高，说些无关痛痒、不负责任的空话、废话、假话、套话。

2. 详略结合，重点突出

述职报告是对一段时间以来履行岗位职责情况的总结汇报，内容上不能脱离自己的职责范围和工作目标，既要围绕着德、能、勤、绩几个方面做文章，又要突出最能表现自己才能的典型材料；既要实事求是地写出自己的政绩，又要毫不避讳地直面存在的问题。对最能显示工作实绩的大事件或关键事要详写，对一般性、事务性工作，则宜概括说明；详写任职期内的成绩、做法，略写工作中的失误、不足。注意有详有略、缺一不可。

3. 主题精练，便于记忆

述职报告作为艺术性的论说文，要有一个明确、集中、新颖、深刻的主题。最好能够总结出一个便于记忆、琅琅上口的主题句，甚至是口号、标语、广告语，作为标题贯穿全文、反复突出，使听众产生亲切感、参与感和冲击力，从而给人留下深刻的印象。

例文评析

例文 1

襄樊市旅游局党组班子述职报告

各位领导、同志们：

你们好！

今年是襄樊旅游发展史上极不平凡的一年，整个旅游行业面临着创优迎检、旅游行风评议、国债项目的策划争取和举办中西部旅游交易会等四件大事的考验。一年来，在市委、市政府的正确领导下，我们局党组班子始终坚持发展才是硬道理的指导思想，按照“统筹兼顾、突出重点、促进发展”的总体思路，把完成四件大事与加强景区建设、强化宣传促销、规范行业管理有机结合，实现了创优高分入围、行评顺利过关、生态项目如期申报、交易会硕果空前的预期目标，有力推动了市旅游业的快速发展。全年接待游客总量达到549.8 万人次，实现旅游总收入 24.51 亿元，分别比上年增长 51%和 39.3%。其中，接待海外旅游者首次突破万人次大关，达到 1.049 万人次，实现旅游外汇收入 212.06 万美元，创历史新高，出色圆满地完成了市委、市政府交给的各项工作任务。

一年来，我们主要做了以下几项工作：

一、加强思想政治建设，提高了全局的工作凝聚力（略）

二、发挥职能作用，开创旅游工作新局面

局党组班子牢牢把握发展主题，坚持把加快旅游经济发展作为全年旅游工作的出发点和归宿，围绕市委、市政府下达的各项工作任务，狠抓关键环节，进行重点突破，使各项工作都取得了突破性进展。具体表现在以下几个方面：

第一，完成了创建“中国优秀旅游城市”的工作。市旅游局在人手少、时间紧、任务重的情况下，创新思路、团结拼搏，充分发挥主观能动性，经过多方努力，在全国集中精力整顿市场、暂停创优验收的情况下，我们把全国原定于九月份的验收提前到五月份，成为2002年全国唯一一家通过国家验收的城市，并且以同类城市名列前茅的高分888分入围。（“优秀城市”总分为1000分，地级市入围底线为750分，市政府要求我市以850分高分入围。经过艰苦努力，我市实现超高分入围，受到了市委、市政府及国家旅游局的好评）

第二，成功地举办了旅游交易会。我们主要从两个途径来完成市政府交办的任务：一是邀请北京、上海、广东等大城市的40多家旅行社前来襄樊踏线考察，对外推介襄樊旅游产品，签订意向合同50多份，约定来樊游客数万余人次，预期完成旅游收入2000多万元；二是在诸葛亮广场设置旅游会展区，组织全市景区景点、宾馆饭店和旅行社共46个单位制作高档次的展板，在广场搭建气势恢宏、新颖壮观的展区，并搭建高规格的舞台举办时装表演和富有地方特色的文艺演出。“节会”期间，旅游展区共接待数十万人，成为最受群众青睐的展区。在“节会”闭幕式上，×××市长给予了“最大亮点”的评价。整个“节会”实现旅游收入5028万元，大大超过了预期目标，出色完成了政府下达的全部任务。

第三，旅游开发整体推进。市县两级通过采取政府主导、民营参股等办法，多渠道集中资金用于景点的设施配套和开发建设，使旅游开发向纵深方向推进。一年来，除隆中、米公祠、鹿门寺等传统景点继续加大景区配套建设的力度外，市、县两级还分别结合各自实际，建成、开放了龙王峡、九路寨、黄家湾、锦绣园等一批新的景区景点。由于开发建设力度加大，到2002年年底，全市共有13家旅游景区进入国家A级景区行列，A级景区总量位居全省前列。其中，仅国家4A和3A景区就达到5家。为进一步推进旅游区的开发建设，2002年，在省、市党委政府和上级计委、旅游部门的关心、支持下，编制、评审、通过了荆山生态旅游发展总体规划和项目建设环境评价报告，完成了将该区作为旅游国债资金建设项目的前期申报准备工作，向国家计委和国家旅游局进行了申报，为今后旅游景区的开发建设打牢了基础。

第四，宣传促销高潮迭起。（略）

第五，旅游市场日趋规范。（略）

三、强化机关作风建设，保障各项工作顺利进行（略）

一年来，我们的工作虽然取得了一些成绩，但也还存在一些亟待解决的问题。主要表现为：一是市、县间，县、县间以及旅游企业间发展不平衡，制约了全市旅游经济发展水平的整体提高；二是景区景点的开发建设缺乏详规指导，盲目性、随意性大；三是旅游投入机制不够健全，影响了旅游业的大发展、快发展；四是与旅游相关行业间的协作协调不力，使行业向产业的跨越受到制约，这些都需要我们在今后的工作中逐步加以解决。今后，我们将以党的“十六大”精神为指导，认真贯彻落实全国旅游工作会议和省、市经济工作会议精神，紧紧围绕全市经济工作会议提出的“提高人民生活水平，维护社会稳定，实现全面建设小康社会良好开局”的总体目标，坚持“解放思想、实事求是、与时俱进、开拓创新”的总体思路，按照“发展要有新思路，改革要有新突破，开放要有新局面，各项工作要有新举措”的总体要求，突出荆山生态旅游区开发建设一个重点，做好襄樊旅游交易会和旅游专列两个亮点，打牢宣传开发、行业管理和市场秩序三个基础，抓住旅游开发、宣传促销、行业管理和队伍建设四个关键，努力推动全市旅游经济的快速发展，力争全年旅游工作再上新台阶。

以上报告，请领导、同志们批评指正。

襄樊旅游局党组

二〇〇二年十二月二十四日

（资料来源：莲山课件网，略有改动）

评析：这则述职报告以总体介绍襄樊市旅游局在过去一年中面临的严峻局面和取得的巨大成绩开始，在报告的主体部分，从三个大的方面逐条列举了所做的工作、具体的做法和取得的成效，最后，坦然承认工作中的不尽人意之处和以后的努力方向。条理清晰、结构严谨、语言精练，非常典型地体现了述职报告的文体特点。

例文 2

2008 年旅游局局长年终述职报告

各位领导、各位同志：

大家好！

一年来，在县委、县政府的领导下，在州旅游局的指导下，依靠全县各部门的大力支持，依靠全局一班同仁的密切配合，本人认真履行工作职责，出色完成了各项工作任务。下面就自己一年来的工作情况向各位领导和同志们述职，请予评议。

一、努力学习，全面提高自身素质

具体表现在三个方面：

一是加强党的方针政策和知识学习。（略）

二是注意理论学习与实际工作的结合。（略）

三是加强旅游业务知识学习。（略）

二、勤奋工作，促进旅游业蓬勃发展

2008 年，我县旅游各项工作取得了显著成绩，全年接待游客 17.3 万人次，比上年同期增长 8%；实现旅游收入 2249 万元，比上年同期增长 7%。旅游业带动相关产业的综合收入达 1 亿元。在劳动就业方面，各旅游景点、宾馆、饭店直接吸纳就业劳动力 1000 余人，为相关行业间接提供了 4000 多个就业岗位，有力地推动了我县经济的发展。

（一）积极做好旅游规划工作。旅游开发建设坚持以规划为先导，根据自治州提出的打造大那拉提旅游品牌概念，今年我局积极准备“大那拉提草原旅游景区规划编制工作”所需资料，并聘请大那拉提旅游规划组编制、定位和构建一个覆盖我县东部山区的旅游规划体系，着手编制了县域内连接库尔德宁、大莫合、小莫合、恰西、塔里木 5 大景区旅游建设详规。

（二）实施旅游行业标准化管理，做好 A 级景区、星级饭店的申报工作。积极申报创建自治区旅游强县；严格按照 A 级景区、星级饭店评定标准做了大量的宣传、指导、检查、整改工作。6 月份自治区旅游局评 A 专家组对我县评 A 景区进行了指导，9 月中旬我县野核桃沟景区通过国家旅游局 A 级景区评定专家组 4A 级景区初验；×××贵宾馆通过州旅游局3星级宾馆验收；11月5日，我县以851分的成绩顺利通过自治区旅游专家组验收。

（三）围绕生态旅游，加快基础设施建设步伐，全面提升旅游接待水平和档次。今年旅游项目建设稳步推进。一是在年初成立了招商引资和项目工作建设领导小组，由我担任组长，班子成员共同参与，各景区办公室工作人员组成，并设项目工作联络员一名。按照县委、县政府的要求，我局把项目争取和招商引资工作作为今年旅游工作的重点来抓，多次主动前往县发改委咨询，并积极地和区、州旅游局、发改委沟通联系，了解和掌握国家投资方向和项目政策。二是确定了项目建设主体，制定了我县旅游业“十一五”后三年项目建设规划，做到有的放矢，经过反复筛选推敲，共确定项目五个，项目总投资额16777万元，项目覆盖我县主要景区，项目实施后可大大提高我县景区基础设施的功能，为我县旅游业发展奠定坚定的基础。经过不懈的努力，库尔德宁景区年初被州发改委列入2008年度自治区预算资金项目总盘中，三月已由州发改委报送自治区发改委审批。库尔德宁景区基础设施项目建设总投资为4577万元，其中国补资金3000万元。争取年内完成项目的立项审批工作。

（四）特色农牧家乐蓬勃发展。为了提高农家乐档次，今年我们把巴海农家乐、锁锁农家乐等五家列入创建星级农家乐计划，力争打造为三星级农家乐。为使农（牧）家乐健康稳步发展，我局完善了农（牧）家乐准入标准，引导农牧民转变粗放式营销观念，提高服务档次和经营品味。参照星级农家乐标准，对上述创建三星级农家乐的经营者进行岗位培训，先后对软硬件设施如接待礼仪、服务常识、接待设施、基础设施、环境卫生提出要求，多次进行辅导。近日，由州旅游局农家乐评定委员会公布的2008年州直星级农家乐经营户名单中，我县锁锁农家乐、巴海“拉克”农家乐、得月苑农家乐等3处农家乐经营户榜上有名。

一年来，旅游局的工作得到了县委、政府、上级旅游部门的认可，这是我们团结奋斗、共同努力的结果，我将继续学习十七大和十七届三中全会精神，学习李××书记重要讲话精神，落实科学发展观，以“旅游强县”为契机和新起点，制定、落实好2009年工作思路。抓好旅游宣传促销、行业管理和旅游基础开发建设三个关键，推动全县旅游经济快速发展，力争全年旅游业再上新台阶。

（资料来源：中国教育文摘网，略有改动）

评析：这则述职报告从两个部分八个方面回顾总结了自己过去一年所做的工作和收到的成效，提出了今后的努力方向，大致符合述职报告的文体特点。不足之处是没有点出工作中存在的缺陷和不足，这容易使得今后的工作不能很好地查漏补缺、有所突破。

文体实训

1. 李娜是××学院旅游管理系的学生会主席，在卸任之际，需要对自己在任期内所做的工作进行回顾总结。请替她写一份述职报告。

2. 王卉是阳光酒店客房部的主管，按照酒店惯例，她需要在年底的中层干部考核中进行个人述职，请你代她拟写一份述职报告。

3. 孙强是某旅行社的导游，需要在年末的民主评议会议上对自己一年的工作进行自评，请你代他拟写一份述职报告。

主要参考文献

1．梁静、李国英．经济应用写作[M]．北京：中国教育出版社，2004.
2．陈新华、张振华．财经应用文写作[M]．北京：化学工业出版社，2007.
3．刘云兴、孙德廉．应用文写作综合教程[M]．北京：北京师范大学出版社，2007.
4．徐中玉．应用文写作（第二版）[M]．北京：高等教育出版社，2004.
5．李展、温昊．秘书写作实务[M]．北京：北京大学出版社，2010.
6．任孝珍．旅游应用文写作[M]．北京：对外经济贸易大学出版社，2010.
7．杨文丰．现代应用文书写作[M]．北京：中国人民大学出版社，2005.
8．陈少夫、张振昂．应用写作教程[M]．广州：中山大学出版社，1996.
9．杨国春．公务员实用文书写作[M]．北京：警官教育出版社，1993.
10．任愫．公务员应用文写作[M]．长春：吉林人民出版社，1989.
11．曾昭乐．现代公文写作[M]．广州：中山大学出版社，1999.
12．叶黔达．应用写作[M]．成都：四川人民出版社，1998.
13．陈子典、李硕豪．应用写作教程[M]．广州：暨南大学出版社，1993.
14．欧阳周、彭小平．现代实用经济写作[M]．长沙：中南工业大学出版社，1997.
15．罗奇红．实用商务文书[M]．南宁：广西人民出版社，1998.
16．杨文丰．高职应用写作[M]．北京：高等教育出版社，2006.
17．何小庭．旅游应用文写作（第二版）[M]．北京：旅游教育出版社，2010.
18．罗春祥．旅游应用文写作[M]．北京：清华大学出版社，2009.
19．冯乃康、冯兴炜．旅游应用文写作[M]．北京：旅游教育出版社，1988.
20．李振辉．应用文写作实训教程[M]．北京：机械工业出版社，2007.
21．吴良勤、李展．新闻写作[M]．北京：中国人民大学出版社，2010.
22．吴良勤、李展．民间礼仪常识与应用文写作[M]．南宁：广西人民出版社，2010.